KB123268

제국은 왜 무너지는가

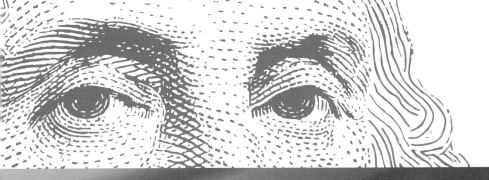

ROME, AMERICA, AND THE FUTURE OF THE WEST

제국은 왜 무너지는가

WHY ★ EMPIRES ★ FALL

피터 헤더·존 래플리 지음 ★ 이성민 옮김

로마, 미국 그리고 새로운 세계 질서

동아시아

일러두기

1. 본문의 각주는 모두 옮긴이 주이다.
2. 시는 「 」로, 책은 『 』, 신문은 《 》, 기사는 " "로 표시했다.
3. 본문에 나오는 외래어는 원칙상 외래어표기법을 따랐다. 그러나 표기법이 관례로 굳어진 경우, 통상적인 표기법을 유지했다.
4. 테오도시우스 황제가 로마 제국을 두 아들에게 나누어 준 서기 395년을 기점으로, 그 전은 '로마 동방'이나 '로마 서방'으로 표기하고 그 후는 '동로마 제국'이나 '서로마 제국'으로 표기했다.

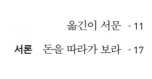

CONTENTS

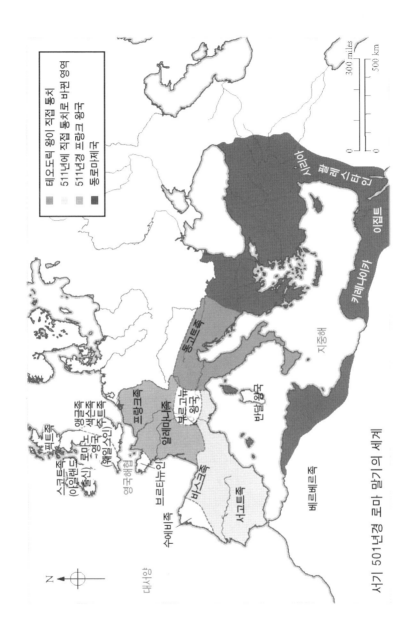

서기 501년경 로마 말기의 세계

지중해

N

대서양

영국해협

스코트족
(아일랜드)
픽트족
스코트족
영국
앵글족
색슨족
주트족
(웨일스인)
영국

수에비족
브르타뉴인
바스크족
서고트족

프랑크족
알레마니족
부르고뉴
왕국
동고트족

반달 왕국

베르베르족

시리아
팔레스타인
이집트
키레나이카

테오도릭 왕이 직접 통치
511년에 직접 통치로 바뀐 영역
511년경 프랑크 왕국
동로마제국

0   300 miles
0   500 km

예수 탄생 무렵 유럽의 발달

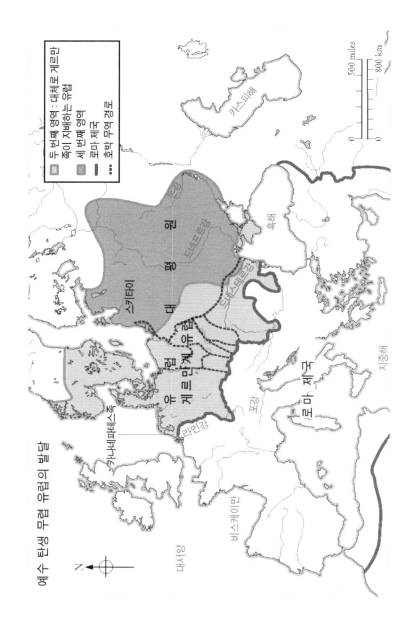

범례
- 두 번째 영역 : 대체로 게르만족이 지배하는 유럽
- 세 번째 영역
- 로마제국
- 호박 무역 경로

카스피해

스키타이

드네프르강

흑해

드네스테르강

카네페테스족

게르만계 부족

라인강

포강

로마 제국

지중해

대서양

비스케이만

N

500 miles

800 km

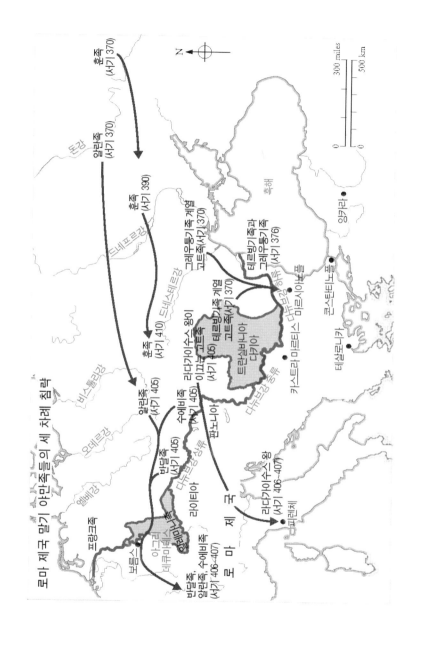

로마 제국 말기 야만족들의 세 차례 침략

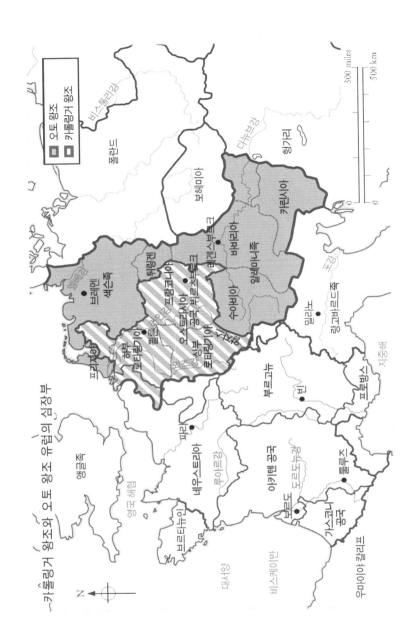

카롤링거 왕조와 오토 왕조 유럽의 심장부

옮긴이 서문

로마 제국과 서구 제국의 몰락을 다룬 이 책『제국은 왜 무너지는
가』가 탄생하게 된 순간에 대해 저자들은 세 줄 정도의 문장으로 간
단하게 이야기한다. 두 학자가 오후 늦게까지 자신들이 전공한 제
국에 관해 서로 이야기하다가 둘 사이의 공통점과 차이점을 발견하
고 이 책을 쓰게 되었다고 말이다. 하지만 책을 옮기면서 그 순간에
대해 좀 더 우아한 상상을 해보았다.

　드물게 햇볕 좋은 어느 날, 런던 브리지가 멀리 보이는 카페의 야외
테이블이다. 연한 금발에 금테안경을 쓰고 웃을 때 입꼬리가 살짝 내
려가는 역사학자와 고슬고슬한 은발에 수염을 대충 정리하고 손 제스
처가 요란한 정치경제학자가 시간 가는 줄 모르고 자기 연인을 뽐내
고 있다. 흔히 학자들은 자신의 연구대상과 사랑에 빠지므로 연인이
라는 말도 과히 틀린 말은 아니다. 먼저 한 사람이, 로마가 융성하며

라인강까지 문화와 제도를 전달하는 대목에서 자기 연인의 황홀한 모습을 형용하다가 고트족들이 로마로 밀려오는 대목에서 로마인의 부실한 대처를 안타깝게 나무란다. 이를 지켜보던 반대편 사람도, 우리 연인 역시 그에 못지않다며 아메리카를 발견하고 금을 실어나르며 인도에서 보석을 받아드는 서구 제국의 화려한 과거를 이야기한다. 마찬가지로 현대 서구에 만연한 경제 쇠퇴와 정치 갈등을 토로하는 대목에서는 아픈 연인을 구할 방도를 애타게 찾는다.

먼저 말한 역사학자는 로마 제국에 관한 여러 책을 낸 중세사 학과장이고, 반대편에 앉은 정치경제학자는 서구가 일으킨 세계화와 발전에 관한 전문가이다. 마침내 해가 뉘엿할 즈음 "우리 연인도 마찬가지인데!"를 연호하던 둘은 의기투합한다. 한 제국은 이미 막을 내렸지만, 그 과정을 비슷하게 되풀이하는 다음 제국이 거기서 배울 것이 있지 않겠냐며, 두 연인의 공통점과 차이점을 책으로 길이 남기자고 약속하고 헤어진다. 당연히 커피값은 로마가 길을 보여줘서 고맙다고 정치경제학자가 낸다.

이 장면은 옮긴이의 상상일 뿐이지만 실제 있었던 일과 그렇게 크게 다를 것 같지는 않다. 우리가 학자들이 쓴 책을 사랑하는 이유는 책 속에 연구대상에 대한 이해와 사랑이 보여서일 것이다. 이렇게 두 작가의 만남이 생생하게 그려질 정도로, 『제국은 왜 무너지는가』는 로마 제국과 서구 제국의 역사를 사랑한 두 학자가 제국의 생명 주기에서 우리가 되짚어야 할 깊은 통찰을 보여준다.

저자들은 먼저 지금까지 로마 멸망의 이유에 대한 학계의 중심이론이었던 에드워드 기번의 주장을 반박한다. 그리고 인구·지리학적, 재정적 설명을 위해 로마 제국 당시 세계를 중심지와 내부 주변부, 외부 주변부, 그리고 그 너머 세계로 나누었다. 내부 주변부는 국경에서 100킬로미터 내외의 지역이고, 로마인과 전혀 관계가 없는 그 너머 세계까지 수백 킬로미터 지역이 외부 주변부이다. 내부 주변부는 끊임없이 로마와 관계를 통해 발전했으며 외부 주변부는 내부 주변부에 영향을 미쳤다. 그에 대응하는 서구 제국의 세계를 로마 세계처럼 나눌 수는 없지만, 그 개념에 따라 내부 주변부는 제국의 식민지이고 외부 주변부는 그 너머의 세상이라고 볼 수 있다.

물론 이 책 『제국은 왜 무너지는가』는 서구인의 눈으로 본 로마 제국과 서구 제국의 모습이며 앞으로 발생할 서구 문제의 치유 방안이다. 한국은 서구 제국의 관점으로, 또는 저자들의 기준으로 외부 주변부 정도에 속한다. 그러므로 독자는 서구가 몰락할 때 그들이 겪는 문제를 강 건너 불구경처럼 우리 문제는 아니라는 식으로 떼어놓고 싶을지도 모르겠다. 하지만 안타깝게도 세계화는 서구가 받는 영향을 고스란히 전달해 한국도 피해 갈 수 없게 만들었으며, 초고속 성장을 한 나라답게 한국에서 그에 따른 문제도 서구를 따라 초고속으로 나타났다. 예를 들어 저성장 문제, 저출산 문제, 이민 문제, 사회·정치적 갈등 문제, 빈부격차 문제, 과도한 공공부채와 가계부채 문제, 연금 문제 등 무엇 하나 현재 서구 제국이 겪는 것과 다른 것이 없다(한국은 서구처럼 세계를 지배하거나 착취하지도 않았으니 더욱 억울하다).

따라서 서구 제국은 아니지만, 우리도 이 책이 제시하는 서구 미래의 전략을 잘 살펴보고 얻을 만한 것을 선택해야 한다. IMF나 미국의 고금리 정책처럼 서구가 취한 전략은 항상 우리에게 영향을 미치고, 때로는 이 책에 나와 있듯이 그 전략 수단에 한국도 들어가기 때문이다(저자들은 중국의 위협에 대한 대응법의 하나로 동맹국 관계를 언급한다). 쉽게 말해 강 건너 서구의 불이 배를 타고 우리에게 옮겨붙었다.

  책에서 저자들이 로마 제국의 몰락 과정에서 현대 서구의 모습을 유추하는 과정은 자연스럽게 흘러간다. 1~2장에서는 로마가 멸망 직전까지도 번영의 기쁨을 누렸다는 새로운 고고학적 사실을 보여준다. 우리가 추상적으로 생각했듯이, 다 쓰러져 가는 지붕에 돌 하나가 떨어져 우르르 무너지는 마지막 모습이 아니었던 것이다. 이것은 번영을 누리다 2000년 이후 이제 막 고난을 겪고 있는 현대 서구가 보기에 섬뜩한 메시지다. 번영에서 멸망으로 가는 길이 매우 짧으며, 번영 안에 멸망의 이유가 숨어 있다는 뜻이기 때문이다. 3~4장에서는 제국과 주변부의 관계, 그리고 돈과 권력의 속성에 관해 이야기한다. 주변부는 제국의 영향을 받아 발전하고 발전한 주변부는 제국의 권위에 도전한다. 서구는 브레턴우즈 체제를 통해 제3세계를 로마 시대 주변부처럼 통제하지만, 이미 세계 부의 흐름에 변화가 생겼고 이는 되돌릴 수 없다. 5~6장은 무너지는 제국 체계에 관한 것이다. 훈족이라는 외부에서 온 충격이 서구 제국에서도 코로나19 팬데믹이나 재정 위기의 형태로 다가온다고 본다. 또한, 로마의 재정과 자원을 소모했던 막강한 경쟁자인 페르시아의 역할을 현대 서구에서는 중국이 떠맡았다고 여긴다. 한 가지 주의할 점은 야만족의 침략이 현대의 이민 물결과는 각각의 과정과 결과가 다르다는 것이다. 트럼프나 보리스 존슨처럼 대중에 영합하는 지도자들은 야만족의 물결로 멸망한 로마처럼 되지 않으려면 이민을 막아 자국을 보호해야 한다고 주장하지만, 저자들은 저출산과 노령화 등 서구의 문제를 들어 체계적으로 그 주장의 잘못을 반박한다. 7~8장 이하에서는 세계화와 주변 세계의 변화, 서구가 취할 수 있는 현명한 방안을 논의한다.

그리고 보면 로마는 우리에게 계속 선물을 내놓는 화수분 같다. 로마는 멸망했어도 현대의 우리에게 남긴 것은 유무형을 가리지 않고 다양하기 때문이다. 과거 수 세기 동안 로마의 고등 문명이 이루어 놓은 건축과 문화, 예술이 송두리째 사라졌었지만, 암흑 같은 수백 년을 지나 12세기에 로마시에서 로마 법전이 발견되며 서방은 문명의 길로 되돌아왔다. 13세기 니콜로 피사노Nicolo Pisano와 14세기 단테Dante, 조토Giotto, 페트라르카Petrarch를 거쳐 서양은 다시 아름다움과 문화를 일깨웠다. 그렇게 르네상스를 거쳐 발전한 인문주의와 법치주의는 고스란히 우리에게 전달되었다.

이제 다시 이 책의 저자들은 로마 역사를 서구에 빗대는 식으로 우리에게 로마가 줄 수 있는 것을 하나 더 제시한다. 바로 로마 멸망의 과정이 보여주는 중심지와 주변부 사이의 관계(서구에서는 서구와 과거 식민지나 제3세계와의 관계), 부의 흐름과 재정 계약의 중요성, 내부 갈등의 해소와 이민 문제의 서술 방식, 외부에서 온 충격에 대처하는 방식 등이 그것이다. 서구는 이를 통해 로마가 걸어간 길이 아닌 재번영의 길을 찾을 수도 있다.

위와 같은 현실적인 소용 말고도 이 책은 선물이 하나 더 있다. 바로 시공을 꿰뚫는 통찰과 현시대를 파악하는 안목의 확장이다. 높은 산에 올라 작은 소로에서 볼 수 없던 것을 보듯이, 이 책 『제국은 왜 무너지는가』로 399년과 1999년이라는 역사의 중요한 시점을 넓게 비교할 수 있기 때문이다. 독자 여러분도 런던의 그 카페에서 두 학자가 만나 생긴 일의 결과를 즐기기를 기대한다.

2024년 6월

옮긴이 이성민

서론
돈을 따라가 보라

서구는 다시 위대해질 수 있을까? 시도라도 해볼 수 있을까? 1800년부터 2000년대 이전까지 서구는 세상을 지배했다. 그 두 세기 동안, 서구는 신흥 세계 경제의 여러 고만고만한 주체 중 하나에서 거의 전 세계 생산량의 10분의 8을 생산하는 곳으로 바뀌었다. 동시에 오늘날 경제협력개발기구OECD 회원국인 서구 세계 선진국의 평균 소득은 나머지 지역 사람들과 거의 비슷하던 수준에서 이제는 50배가량으로 커졌다.

이러한 압도적인 경제적 우위는 서구의 이미지에 걸맞도록 세계를 정치적, 문화적, 언어적, 사회적으로 재창조하는 데 박차를 가했다. 유럽 내부의 진화적 산물인 민족국가는 거의 모든 곳에서 정치 체제의 주축이 되었으며, 다양하고 수많은 도시 국가, 왕국, 또한 칼리프나 주교, 셰이크, 족장이 다스리는 나라, 그리고 제국과 봉건 체제를 대체했다. 영어는 전 세계 상거래의 통용어가 되었고, (훗날

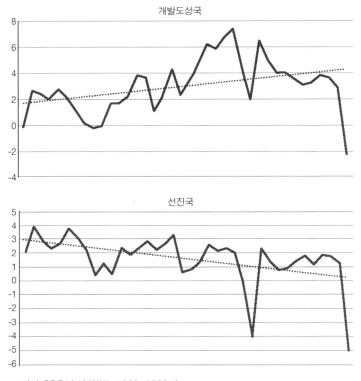

개발도상국

선진국

1인당 GDP의 성장(%), 1983~2020년

자료: 세계은행^{WB}, 세계 발전 지표.

영어로 바뀌지만) 프랑스어는 전 세계 외교의 통용어가 되었다. 세계
는 서구 은행에 잉여금을 처음에는 파운드로, 나중에는 달러로 예
치했고 이 화폐들이 금이 수행하던 국가 간 무역의 윤활제 역할을
대신했다. 서구 대학은 전 세계 야심 찬 지식인들의 메카가 되었으
며, 20세기 말까지도 전 세계는 할리우드 영화와 유럽 축구를 다 같

이 즐겼다.

그러다가 갑자기 역사가 뒤집혔다.

2008년 시작한 대침체Great Recession*가 대규모 장기 침체로 이어지면서 서구의 글로벌 생산량은 80퍼센트에서 60퍼센트로 감소했고 그 이후로도 느린 감소가 이어졌다. 실질임금이 떨어지고 청년 실업이 급증했으며 공공부채와 민간부채가 급격히 증가하면서 공공서비스가 망가졌다. 서구 자유민주주의 정치 담론에서는 회의감과 내부 분열이 1990년대의 강력한 자신감을 대체했다. 동시에, 다른 모델, 특히 중국의 권위주의적 중앙정부가 주도하는 계획은 세계 무대에서 점점 더 영향력을 얻었으며, 지난 40년 동안의 중국 경제 성장에 힘입어 중국의 1인당 소득은 놀랍게도 매해 평균 8퍼센트 이상 증가했다. 이는 실제 중국 국민의 소득이 10년마다 두 배가 되었음을 의미한다. 왜 서구가 지배하던 세계 권력의 균형이 이렇게 극적으로 흔들렸을까? 이것은 반전할 수 있는 쇠퇴일까, 아니면 서구가 차라리 적응하는 게 나은 자연스러운 진화일까?

세상이 이와 같은 극적인 상승과 추락을 목격한 것은 이번이 처음이 아니다. 기원전 2세기에 로마는 세계 지배를 시작했으며, 4~5세기에 추락하기 전까지 그 지배권을 거의 500년간 유지했다. 1,500년 전이었을지 모르지만, 이 책에서 우리는 로마 제국과 로마에서 비롯한 더 넓은 세계를 살펴봄으로써 로마의 쇠망사에 여전히

....

* 대침체는 1930년대 대공황Great Depression에 빗대어 미국 서브프라임 모기지 사태 이후의 전 세계적 경제침체 상황을 일컫는 용어다.

오늘날 역사의 전개와 현대 서구가 마주한 상황을 다시 생각하게 하는 교훈이 있다고 주장할 것이다. 로마의 운명이 현대 세계에 주는 교훈이 있으리라고 생각한 사람이 우리가 처음은 아니지만, 지금까지 로마의 역사는 사태의 파악에 매우 서구 중심적인 진단을 내리려고 동원되었다. 역사가 니얼 퍼거슨Niall Ferguson은 2015년 파리에서 일어난 바타클랑 학살*에 관해 유명한 논평을 했다. 대서양 양쪽의 주요 신문(특히 《선데이 타임스》와 《보스턴 글로브》)에 실린 이 글에서 그는, 유럽이 '쇼핑몰과 스포츠 경기장에서 퇴폐적으로 성장'하는 와중에 '조상의 신앙을 버리지 않고 유럽의 부를 탐내는 외부인'을 허용했다고 말했다. 5세기 초 로마 제국과 마찬가지로 유럽은 자신의 방어가 무너지는 것을 허용했다. 퍼거슨은 이것이 바로 '문명이 무너지는 방식'이라고 결론짓는다. 그의 말은 에드워드 기번Edward Gibbon의 유명한 걸작 『로마 제국 쇠망사』에서 영감을 받았는데, 그 책에서는 로마가 로마 국경 내에서 번성하기 시작한 외부인(기독교인과 야만스러운 고트족, 반달족과 기타 족속들의 이상한 혼합)에 대한 저항을 멈춘 후 서서히 내부로부터 침식했다고 주장한다. 마치 숙주가 침투한 바이러스 때문에 천천히 힘을 잃듯이, 제국은 황금기로부터 의지를 완전히 잃어버린 지점까지 천천히 퇴락했다. 자신의 운명에 대한 책임이 로마에 있다는 기번의 기본 관점은 오늘날까지 영향력이 있으며, 퍼거슨을 포함한 일부 사람은 이

교훈을 전적으로 받아들인다. 그들이 보기에 제국의 쇠퇴를 막을 대응책은 국경을 통제하고, '외국인'을 막고, 장벽을 세우며, 조상들의 신념을 다시 확고하게 만드는 동시에 좀 더 강인한 민족주의를 수용하고 국제적인 무역 거래를 재평가하는 것이다.[1]

그러나 야만족의 침략과 내부로부터 쇠퇴라는 주제가 강력해 보이긴 하지만, 기번은 그 내용을 아주 오래전에 썼다. 그 책이 처음 출판된 것은 미국이 독립을 선언한 1776년과 같은 해였다. 그리고 그사이 250년 동안 로마 역사에 대한 이해는 서구가 처한 현재 상황에 관해 근본적으로 다른 관점을 제공하고 향후 수십 년 동안 서구의 역사가 어떻게 전개할 것인지 알려주는 방향으로 발전했다.

서구의 현재 위치를 대안적이고 탈식민지화한 방식으로 이해할 수 있게 해주는 이러한 로마 역사 다시 보기의 잠재력은 10년 전 두 저자 간의 대화에서 분명해졌다. 피터 헤더는 로마사 및 로마 멸망 후의 역사를 다루는 역사학자로서, 글로벌 제국의 가장자리에 있는 어떤 사회가 변화하는 방식과 그 영향권에 들어가는 이유에 특별한 관심이 있다. 존 래플리는 현대 개발도상국의 현장에서 경험한 세계화에 특히 관심을 기울이는 정치경제학자다. 오후 내내 이어진 긴 논의를 통해 우리 두 저자는 각자 연구하는 매우 다른 두 제국의 전개에 대해 비슷한 결론에 이르렀음을 분명히 알게 되었다.

두 저자 모두 '자기' 제국이 제국 자체 영역 내에서 펼쳐지는 선택과 사건에 의해 미래가 전적으로 결정되기보다는, 근본적으로 주변 세계에 촉발한 종류의 변화 때문에 지배의 종말을 맞이하기 시작했다고 주장한다. 고대 로마와 현대 서구는 중대한 차이가 있음에도,

(그리고 때로는 중대한 차이 때문에) 두 역사는 서로를 비추고 있다. 제국은 경제 발전으로 수명 주기를 시작한다. 제국은 지배적 위치에 있는 제국 핵심으로 향하는 새로운 부의 흐름을 생성하려고 나타나지만, 그 과정에서 정복한 지역과 일부 주변부(공식적으로 식민지화하지 않았지만 발전하는 핵심과 종속적인 경제 관계를 맺고 있는 지역들과 사람들)에도 새로운 부를 창출한다. 그러한 경제적 변화는 정치적 결과를 가져올 수밖에 없다. 부의 집중이나 흐름은 그것을 활용할 수 있는 주체들에게 새로운 정치 권력을 주는 잠재적인 구성 요소다. 주변부의 대규모 경제 발전은 그 즉각적인 결과로서 앞서 생애주기를 시작한 제국의 지배권력에 반기를 드는 정치적 과정의 시작으로 이어진다.

이 경제·정치적 논리는 너무 강력해서, 이에 따르면 오래된 제국 중심지는 어느 정도의 상대적 쇠퇴를 피할 수 없다. 한마디로 이제 단순히 '미국(또는 영국이나 유럽연합^{EU})을 다시 위대하게 만들' 수는 없다. 왜냐하면 지난 몇 세기 동안 서구가 행사했던 바로 그 지배력이 이들 국가가 가진 '위대함'의 기반이 되었던 글로벌 전략에서의 권력 구성 요소를 재배치했기 때문이다. 이는 또한 최근 'MAGA 아메리카'*나 영국의 브렉시트에서 볼 수 있는 것처럼, 상대적인 쇠퇴를 직접 반전시키려는 무모한 시도는 그 과정을 가속하고 심화할 위험이 있다는 것을 의미한다. 그러나 그 전반적인 결과가 반드시

....

* MAGA$^{Make America Great Again}$(미국을 다시 위대하게) 캠페인은 로널드 레이건이나 빌 클린턴도 사용했던 것이지만, 도널드 트럼프가 2016년 대통령 선거에서 사용하며 유명해졌다.

철저한 경제 쇠퇴와 광범위한 사회·정치적, 심지어 문화적 이탈까지 일어나는 형태의 재앙에 가까운 문명 붕괴일 필요는 없다.

로마 제국의 역사가 강조하는 것처럼, 제국은 매우 파괴적인 것에서 훨씬 더 창의적인 것에 이르기까지 다양하고 실행 가능한 조치로 조정 과정에 대응할 수 있다. 현대 서구는 이제 자체 조정 과정을 시작했다고 보아야 한다. 오래전 로마 제국이 거친 조정 과정을 지속해서 비교하면 중요한 통찰력을 얻을 수 있다. 현대 서구의 눈에 띄는 발전 궤적(현재 상대적으로 초기 단계다)은 융성하던 로마 제국이 예수의 탄생 이후 500년 동안 무너졌던 과정의 장기적 변화와 함께 살펴볼 때, 그 진정한 의미가 좀 더 선명하게 드러난다.

이 비교의 잠재력을 완전히 탐구하기 위해 이 책은 두 부분으로 나눠 설명한다. 1부는 로마 역사를 이용해 현대 서구의 부상을 이해한다. 이 책은 지난 몇 세기 동안 현대 서구의 내부 경제·정치적 발전이 로마 제국의 발전과 놀라울 정도까지 일치한다는 것을 밝히고, 왜 세계 경제에 대한 그 놀라운 지배력이 그토록 심각하게 쇠퇴했고 왜 앞으로도 그렇게 계속될 수밖에 없는지 분석한다. 현대에는 주변부의 발전에 따른 도전이 아직 초기 단계에 있지만, 로마 제국을 약화하고 제국 붕괴의 여파로 새로운 세계가 탄생했던 과정에서 부상했던 주변부의 역할을 충분히 탐구할 수 있다. 따라서 2부는 약간 다른 접근법을 취한다. 두 제국 서술 기법은 그들 중 하나가 완전하지 않기 때문에 나란히 놓고 비교할 수 없다. 그 과정에서 작용하는 주요 요인을 식별하기 위해 로마 제국의 붕괴를 자세히 살펴보는 것으로 시작하고, 나머지 장에서는 이러한 각 요인과 현대 서구의 관련성을 조사하며 고대 증거를 사용해 현재 예정된 장기적인 결과의 범위(호전 또는 악화)를 살펴본다. 도전받지 않는 세계적 지배력의 재확보라는 의미로, 서구를 다시 위대하게 만드는 것은 불가능하다. 하지만 필요한 조정 과정은 떠오르는 새로운 세계 질서에 서구 문명의 최장점을 단단히 연결할 수도 있고, 새로 만들어진 세계에서 서구민의 지속적인 번영이라는 낙관적인 희망을 약화할 수도 있다. 궁극적으로 로마 역사가 다시 한번 강조하듯이, 서구의 미래는 앞으로 다가올 중요한 시기에 시민과 지도자들이 어떤 정치적, 경제적 선택을 하느냐에 달려 있을 것이다.

1부 — 번영의 데자뷔

팍스 로마나와 21세기 이전의 서구

1장

399년의 로마, 1999년의 워싱턴

1999년 워싱턴 D.C.

극심한 분열과 심화한 불평등, 정체된 생활 수준, 증가한 부채, 공공서비스의 쇠퇴에 대한 국민의 분노를 겪고 있는 현재의 정치적 풍토 속에서, 불과 20년 전만 해도 서구의 미래가 사뭇 다르게 보였었다는 사실을 기억하기는 어렵다. 20세기의 마지막 해에 들어설 즈음 미국은 현대 세계의 중심이었다. 실업률은 역사상 최저치로 떨어졌고 (세계 최대를 자랑하는) 미국 경제는 미증유의 최대치 성장을 즐기고 있었으며, 주식 시장은 매년 두 자릿수씩 상승 중이었다. 닷컴 붐을 타면서 주식을 소유한 수백만 명의 미국인들은 나날이 더 부자가 되었으며, 경제가 치솟는 것을 의미하는 선순환 속에서 횡재한 재물을 소비했다. 그리고 미국뿐만 아니라 서구 전체(서유럽, 캐나다 및 아시아[오스트레일리아, 뉴질랜드, 그리고 나중에는 일본]

등, 대부분 미국의 친구와 동맹국으로 구성된 부유하고 산업화한 경제)도 거인 같은 세계의 등에 올라탔다. 그 세계에서 개인의 자유와 민주주의 그리고 자유 시장의 번영과 가치는 아무도 의심하지 않는 삶의 실상이었다.

10년 전 동유럽 시위자들은 공산주의 통치자들을 끌어내렸다. 20세기를 대변하는 역사적 순간처럼 느껴지는 사건이었다. 그 후 2년 뒤에 소비에트 연방은 스스로 소멸했고, 미국 경제학자들은 전 세계를 돌아다니며 각 정부에 서구의 모양대로 경제와 정치 제도를 재편했을 때의 장점을 조언했다. 중국 공산당조차도 시장을 수용했다. 독일은 재결합했고 유럽은 경기침체에서 빠져나왔으며 영국은 그 어느 때보다 멋져 보였고 미국의 위상은 급상승했다. 1999년이 되자 세계 생산량 중 서구가 소비하는 비중은 역대 최고에 도달했다. 즉 지구 인구의 6분의 1이 전 세계 상품과 서비스 생산량의 5분의 4를 소비했다.

1999년 국정연설에서 빌 클린턴 미국 대통령은 '우리의 미래에 대한 약속은 한계가 없다'고 선언하며 이러한 좋은 시절이 절대 끝나지 않을 것이라는 낙관론을 물씬 풍겼다. 경제학자들이 그에게 끝없는 성장을 가져올 경제적 안정의 시대인 '대大안정기Great Moderation'가 도래했다고 말하자, 그의 행정부는 정부 흑자가 곧 수조 달러에 달할 것이라고 결론지었다. 클린턴이 의회에 이 막대한 자금 일부를 연금과 건강 관리에 쏟아부을 것을 촉구하자 그의 재무장관은 수십 년간 증가하던 적자가 끝나고 마침내 미국이 지난 2세기 동안 정부가 쌓아온 모든 부채를 갚기 시작할 것이라고 발표했다. 일반 미국인의 주머니에 다시 더 많은 돈을 넣어주겠다는 뜻이었다. 한편, 대서양 건너편에서 토니 블레어 총리의 신노동당 정부는 시대정신을 반영해 공공서비스를 야심 차게 확장했다. 동시에 유럽연합은 침착한 자신감 속에 구소련 블록의 나라 대부분을 서구 민주주의 엘리트 클럽으로 환영할 준비를 했다.

불과 몇 년 후, 낙관론은 증발했다. 2008년의 세계 금융위기는 빠르게 대불황과 대침체로 이어졌다. 1999년 최고점에 도달한 후 겨우 10년 만에 서구의 세계 총생산량GGP, Gross Global Product 지분은 세계 생산량의 80퍼센트에서 60퍼센트로 되면서 4분의 1이 줄어들었다. 정부와 중앙은행이 경제에 돈을 쏟아부으며 붕괴가 불러오는 최악의 즉각적인 영향을 신속하게 억제했지만, 이후 서구 국가들은 예전의 성장률을 회복하지 못했다. 반면, 개발도상국의 주요 지역은 성장률을 높게 유지했다. 결과적으로 서구의 GGP 점유율은 계속해서 하락했다. 그리고 서구가 급격히 입지를 잃은 곳은 경제 분야로 끝나지 않았다. 한때 빛나던 서구 '브랜드'는 그 후광이 바랬고, 민주주의는 심각하게 갈라진 우유부단한 이미지를 외부에 자주 보여줬으며 점점 더 소수 위주로 혜택이 돌아가는 것처럼 보였다. 더불어 권위주의적 지도자와 일당一黨이 경제나 정치 방향을 결정 짓는 체제가 잃어버린 신뢰를 회복했다.

일부 서구 평론가들은 로마의 몰락에 관한 기번의 진단이 이 문제에 분명한 해결책을 제시한다고 본다. 서구는 외국인, 특히 이슬람의 이주로 인해 정체성을 잃어가고 있으니 방어를 강화하고 핵심 문화적 가치를 재확인해야 하며, 그렇지 않으면 로마처럼 제국의 아마겟돈으로 향하는 같은 길을 걷게 되리라는 것이다. 그러나 21세기가 이해하는 로마 역사는 현대 서구에 놀라울 정도로 다른 교훈을 제공한다.

서기 399년 로마

빌 클린턴이 끝없는 가능성을 찬양하기 (거의 날짜까지 정확히) 1,600년 전, 제국 대변인이 로마 원로원 앞에 서서 로마 세계의 서쪽 절반을 대상으로 연두 연설을 했다. 때는 399년 1월 1일이고 로마 세계에서 가장 권위 있는 관직이자 천년을 이어온 집정관의 취임식 날이었다. 이들 집정관은 자신의 이름을 따서 연도를 지정함으로써 영생을 보장받았다. 올해의 행복한 불멸 후보자는 변호사이자 철학자로 행정 역량을 갖춘 플라비우스 만리우스 테오도루스 Flavius Manlius Theodorus였으며, 연설은 새로운 황금기의 시작을 알리는 승리에 관한 것이었다. 대변자인 시인 클라우디안Claudian은 청중에게 짧게 고개를 숙여 비위를 맞춘 후 본론으로 들어갔다. "이 집회야말로 나에게 우주를 가늠해 볼 수 있게 해줍니다. 왜냐하면, 여기에 세상의 모든 빛나는 것들이 모여 있기 때문입니다"(가장 대담한 현대의 공보비서관조차도 시도할 수 없을 것으로 보이는 칭찬이다).

그의 연설에는 두 가지 주제가 있었다. 첫째: 테오도루스 같은 사람이 공직을 맡은 행정이 발하는 빛. "이런 황제 아래에 사는 것을 누가 거절할 수 있겠습니까? 우리의 노고가 이보다 더 풍성하게 보상을 받은 적이 있습니까? 우리 황제만큼 신중함이나 용기를 보여준 시대가 있었습니까? 브루투스(율리우스 카이사르의 숙적)라고 해도 이러한 황제 아래 살게 되면 기뻐할 것입니다." 둘째: 이제 제국으로 굳게 연결된 번영의 흐름. "현명한 사람에게는 영광의 길이 열려 있습니다. 여러분의 노고가 확실히 인정받고 산업은 적절한 보상을 받기 때문입니다."

언뜻 보기에 이 연설은 역사 속에서 실패한 정권이 선호했던 최악의 자화자찬 헛소리처럼 보인다. 당시 제국 서방* 황제 호노리우스는 15세의 소년이었고, 실질적 통치는 스틸리코라고 부르는 장군이 행하고 있었다. 그는 최근 등장한 야만족 출신의 군사 독재자로서 (말 그대로) 그의 등에 칼을 꽂고자 안달이 난 동료 집단에 둘러싸여 있었다.[2] 10년도 되지 않아 로마시는 야만족 전사 무리에게 약탈당하게 된다. 이들은 최근 로마 세계로 들어온 이민자들로서 알라리크라는 고트족 왕이 이끌었다. 그 후 몇 세대 지나지 않아 호노리우스의 세계는 완전히 무너졌다. 서로마는 여러 야만족 왕국으로 나뉘었다. 알라리크의 고트족 후손들이 스페인 대부분과 남부 갈리아를 지배하고, 부르고뉴 왕이 남동쪽 갈리아를, 프랑크 왕이 북쪽 갈리아를, 반달족이 북아프리카를, 여러 앵글로색슨 전투집단이 무질서한 도버 해협 북쪽을 가져갔다. 그렇다면 정말 그 집단의 식에 참여했던 집정관이나 황제, 대변자와 원로원 의원이 모두 고의적인 자기 망상에 빠져 있었던 것일까? 기번은 확실히 그렇다고

....

* 이 책에서는 테오도시우스 황제가 죽은 395년부터는 제국이 동서로 분할되었으므로 '서로마 제국'이라고 적었지만, 그 전까지는 사두정에 의한 황제의 분할 통치에 해당하므로 '서방' 황제라고 칭했다.

생각했다. 그는 로마가 2세기 안토니누스 황제의 경제적, 문화적, 정치적 황금기 이후로 오랫동안 쇠퇴했으며 399년이면 멸망이 코앞으로 다가온 때라고 설명한다.

후세대 역사가들은 기번의 모델을 발전시켰고, 이는 20세기 중반 가장 명확한 이야기를 전달해 준 쇠퇴 점검표가 작성될 때까지 이어졌다. 첫째, 4세기 제국법에서 언급한 아그리 데세르티*Agri Deserti*, 즉 '버려진 경작지'가 있었다. 제국의 농민은 전체 인구의 85~90퍼센트를 차지했다. 압도적으로 농업이 주산업인 세계에서 버려진 경작지는 분명 경제적 재앙의 냄새를 풍기는데, 그 원인은 당대 저작물에서 반복적으로 불평한 징벌적 조세 체제로 거슬러 올라갈 수 있다. 둘째, 상황 악화가 상류층에까지 이르렀다. 기번의 황금기에 로마의 중산층과 상류층은 날짜를 표시한 비문碑文에 삶의 특별한 일을 기록하는 것이 특징이었다. 이 비문은 그들의 명예나 직위, 그리고 여러 기증품을 기념했고, 기증품은 대개 지역 도시 공동체를 위해 지은(로마 세계에서 고도로 소중한 시민의 미덕) 건물이나 기타 편의시설이었다. 하지만 라틴어와 그리스어로 쓰인, 알려진 모든 비문을 수집하고 출판하려는 기념비적인 19세기 연구 기획 두 가지 덕분에 현저하게 중요한 사실 하나가 금세 분명해졌다. 서기 3세기 중반에 이러한 비문의 연간 빈도가 갑자기 이전 평균의 약 5분의 1로 떨어졌다. 이러한 로마 세계 부유층이 자축하는 행위의 극적인 감소는 버려진 경작지처럼 경제적 붕괴의 냄새를 강하게 풍긴다. 셋째, 이집트 파피루스와 남아 있는 제국의 주화에 대한 면밀한 조사가 그 사실을 뒷받침했다. 3세기 후반에 제국 백성은 데나리우스

은화의 점진적인 가치 하락으로 제1차 세계대전 이후 독일에서 겪은 수준과 다를 바 없는 폭발적인 초인플레이션을 맞이해야 했다. 화폐가치 저하, 초인플레이션, 상류층 간의 신뢰 상실, 그리고 경작하지 않는 농지는 명백한 결론을 나타낸다. 테오도루스가 취임하기 한 세기 전, 제국은 이미 경제적으로 파멸한 상태였고, 여기에 기독교의 부상은 혼란의 네 번째 요소가 되었다.

더불어 기번은 제국의 새로운 종교를 근본적으로 부정적인 발전이라고 보는 사고방식을 시작한 사람이다. 그가 보기에 수천 명에 이르는 기독교 성직자와 수행자들은 '게으른 입'이었고, 제국의 경제적 활력을 저하한 자들이었다. 그는 또한 '다른 뺨을 돌려 대라'는 기독교의 사랑의 메시지가 로마 제국을 위대하게 만들었던, 시민의 호전성이라는 덕목을 훼손했다고 보았고, 제국의 목적에 대한 오래된 합의가 내부의 논쟁으로 약화했다며 로마 건국자들의 가르침과 완전히 상반되는 기독교 지도자들의 성향에 철저한 반감을 보였다. 결과적으로 20세기 전반기의 일반적인 로마 역사에 관한 합의는 다음과 같다. 즉 399년까지는 로마 체계 전체가 중앙집권화한 계획경제를 바탕으로 전체주의적이고 비대한 관료제 덕분에 간신히 유지되어, 남은 병사들을 어떻게든 먹여 살리고 있었다는 것이다. 제1차 세계대전 이후 성장한 학자 세대는 처음에는 바이마르 공화국 초인플레이션의 혼란을 관찰했을 뿐만 아니라, 볼셰비키 러시아와 나치 독일의 전체주의적 사례까지 경험했다. 로마의 과거에 관해 널리 받아들여진 추측에 따르면, 로마 제국 말기에는 너무나 많은 일이 잘못된 방향으로 가고 있었으므로 황폐한 제국을 무너뜨리는 데는 한 줌의 야만족 침략자만으로도 충분했을 것이라고 한다. 테오도루스의 집정관이 일명 새로운 황금기에 취임한 지 겨우 몇십 년 만에 정말 그러한 일이 일어났다.

이러한 제국 중심지의 도덕적, 경제적 상황 악화에 관한 이야기(정확하게 로마 지도자들의 어깨에 제국의 종말에 대한 책임을 얹은 것)가 현대까지도 영향을 미친다 해도 틀린 말은 아닐 것이다. 이 이야기는 일부 선도적인 서구 보수 평론가들에게 인기가 있을 뿐만 아니라 사회과학에서도 찾아볼 수 있으며, 국제 관계 분야에서 현대 사상의 영향력 있는 흐름을 형성한다. 심지어 백악관에도 주기적으로 파고들었다. 도널드 트럼프의 전직 책사인 스티브 배넌은 미국의 종교적 유산 포기가 타락을 초래했다고 주장할 때 정기적으로 기번을 인용했는데, 이 세계관은 미국의 현재 상태를 '미국인 대학살'이라고 특징지은 것으로서 새 대통령의 취임 연설에서 명시적으로 언급된 것을 확인할 수 있다. 빌 클린턴의 외교 정책에 깊은 영향을 미친 작가이자 사상가인 로버트 캐플런Robert Kaplan도 기번의 책을 읽으면서 얻은 통찰력을 멋지게 썼다. 특히 세계 주변부로부터 '다가오는 무정부 상태'라고 자기가 한 예측의 영향을 언급했다. 마찬가지로 경제 이론에서 대런 애스모글루Daron Acemoglu와 제임스 로빈슨James Robinson은 『국가는 왜 실패하는가』*에서, 자유주의 체제는 현대 서구의 경제적 승리를 위한 발판을 마련하지만 독재 체제는 쇠퇴를 불가피하게 만든다고 주장했다. 애스모글루와 로빈슨

....
*   원제 *Why Nations Fail*. 한국에서는 시공사에서 2012년 출간되었다.

은 자신들의 이론을 뒷받침하기 위해 기번의 의견에 동의해 인용하면서 로마가 공화국이기를 멈춘 날 운명이 결정되었고 제국 붕괴를 향한 길고도 냉혹한 여정을 시작했다고 주장했다.

기번이 말한 '쇠퇴와 멸망*'에 미국이 특별한 관심을 가졌다는 것은 놀라운 일이 아니다. 아메리카 공화국이 탄생할 때부터 미국 지식인들은 틈만 나면 자신들을 로마의 상속자로 여겼으며, 로마 제국의 역사를 미래에 대한 지침으로 자주 읽었다. 그동안 전체 산업은 기번의 내부 쇠퇴 모델의 다양한 요소를 바탕으로 구축되었다. 각자 가진 의제에 따라 어떤 평론가는 경제적 실패에 더 관심을 보이고 다른 평론가는 도덕적 부패에 더 관심을 보였지만, 모두 내부 요인이 제국 붕괴에 근본적 책임이 있다고 일관적으로 강조했다. 그야말로 아름답게 전개된 훌륭한 이야기다. 기번의 산문 역시 여전히 많은 사람이 읽고 있다. 그의 글은 또한 오래되었다는 덕도 본다. 모든 선생님이 말하듯이 대부분 학생의 두뇌에 확고히 자리 잡은 첫 아이디어는 거의 변화가 불가능하다. 그러나 생각은 변해야 한다. 지난 50년 동안, 다른 식의 로마 과거에 초점이 맞춰졌다.

쟁기와 그릇

1950년대에 한 프랑스 고고학자가 시리아 북부의 작은 구석에서 놀

....

* 기번의 『로마 제국 쇠망사The History of the Decline and Fall of the Roman Empire』의 원 제목을 뜻한다.

라운 발견을 했다. 그가 발견한 것은 서기 4세기에서 6세기 사이에 번영했던 몇몇 로마 말기 농민들의 유적으로서, 석회암 언덕을 가로질러 넓게 펼쳐져 있었다. 이 지역의 자연스러운 건축 재료는 토종 석재였고, 이는 농민의 집이 연대가 새겨진 채 여전히 남아 있다는 것을 의미했다. 제국의 다른 곳에서는 농민들이 목재나 진흙 벽돌로 집을 지었으므로 표면에 흔적이 전혀 남지 않았다. 그렇기에 이것은 독특한 발견이었다. 표준적인 기번 모델에 따르면, 이렇게 부유한 로마 말기의 농민은 그곳에 있으면 안 되었다. 과중한 세금으로 농민은 일터에서 쫓겨나고 경작지는 헐벗었을 텐데 이런 종류의 농촌이 번영할 여지가 남아 있었겠는가?

이어지는 10년 사이에 문화역사가들도 기독교 종교에 대한 기번의 고발장을 상당 부분 훼손할 몇 가지 연구 수단을 탐구했다. 기번의 고발장 일부는 익살맞은 농담에 지나지 않았다. 콘스탄틴 황제 이후 조직화한 종교로서의 기독교의 전반적인 역사를 감안할 때(십자군, 종교 재판, 강제 개종을 모두 포함해서), 너무 심하게 평화주의를 조장해 로마 제국주의를 훼손했을지도 모른다는 기번의 생각은 사악한 유머 감각에서 나온 것이었다. 1950년대 이후 행해진 더 자세하고 균형 잡힌 조사도, 기독교가 고전적인 문화 통일성을 그렇게 심하게 훼손하지 않고도 흥미진진한 새로운 방향으로 이끌었다는 사실을 분명히 밝혀냈다. 기독교는 4세기와 5세기에 발전하면서 성서적 요소와 고전적 문화 요소를 활기차고 혁신적으로 통합했는데, 지금까지 학자들은 종교 분열로 인한 문제를 엄청나게 과장한 것이었다. 실제와 이론 모두에서 황제들은 빠르게 교회 구조의 수장 역할을 맡았고, 이는 광대한 제국 통치 전반에 걸쳐 새로운 유형의 문화적 통합을 키워나가는 데 꽤 큰 역할을 했다. 기독교 성직자와 관련해 '게으른 입'이라고 부른 주장도 그다지 확실한 이야기가 아니다. 속주의 로마 상류층은 기독교 고위직을 빠르게 차지했으며, 그들은 교회 예배를 인도하고 기존의 사회적, 정치적 질서를 유지했다. 하지만 일반적으로 그동안 있었던 엘리트 로마 지주 계급보다 더도 덜도 '게으르지' 않았다. 실제로 모든 종류의 성직자들은 세상을 뒤엎는 적대적인 문화의 대표자가 아니라 주로 국가 공무원 역할을 했다.

새로운 학문은 로마 말기 정부의 실패한 권위주의 국가 이미지 역시 문제가 있다는 것을 밝혀냈다. 1964년 전직 전시 영국 공무원이었던 존스A. H. M. Jones는 고대사를 가르치는 교수가 되었는데, 그는 로마 제국의 작동에 관한 철저한 분석을 발표해 낡은 정통 교리를 무너뜨리는 데 상당한 역할을 했다. 4세기에 제국의 관료제는 확대되었지만, 제일 긴 대각선 거리로 따져서 스코틀랜드에서 이라크까지 뻗어 있는 로마 세계의 광활한 지역을 엄격히 통제하기에는 상대적인 의미에서 여전히 너무 작은 규모였다. 사실 제국의 중심지가 그 과정을 담당했던 것도 아니었다. 2장에서 살펴보겠지만, 로마 구조 내에서 새로운 지위를 요구함으로써 관료적 확장을 추진한 것은 속주 로마 엘리트들 자신이었다. 언뜻 보기에 이는 권위주의적 정부의 확장처럼 보이지만, 실제로는 제국의 기존 지배계급이 호의와 영향력을 행사하려는 전통적인 분투에서 새로운 사회·정치적 맥락으로 위치만 바꾼 것이었다. 확실히 사소한 발전이라고는

할 수 없으나, 어떤 식으로든 제국 체제의 종말을 예고한 것은 절대
아니었다. 이러한 관찰들은 전부 로마의 쇠퇴에 관한 낡은 패러다
임을 상당히 크게 바꿀 수 있었지만, 주의를 끌지 못한 채 대안적인
로마 역사를 얼핏 보여주는 모습으로만 남겨졌다. 그러다가 1970
년대의 혁명적인 새로운 발견 하나가 이러한 개별적인 관찰을 하나
로 모아 근본적인 패러다임 전환을 가져왔다. 이는 인간 손의 서투
름이 어디에나 있다는 놀라운 증거를 담고 있다.

그릇이 깨지면 두 가지 중요한 양상을 보여준다. 일단 부서지면
대개 쓸모가 없어진다. 그러나 개별 파편은 세월을 견뎌낸다. 그 결
과, 깨진 그릇은 떨어뜨린 곳에 그대로 남는 경향이 있고, 목재가
썩고 진흙 벽돌이 먼지로 돌아간 후에도 오랫동안 원래 소유자의
집과 마을에 대한 지도를 제공한다. 그러나 툭하면 그릇을 떨어뜨
리는 인간의 손 덕분에 로마 경제 발전의 거시적 역사가 완전히 밝
혀지려면 두 가지 기술적 혁신이 필요했다. 첫째, 그릇 파편의 연대
를 파악해야 했다. 로마 정찬 식기 세트(고고학자끼리 쓰는 말로서 '질
좋은 그릇'이라는 뜻)와 저장 항아리(암포라)의 디자인은 시간이 지남
에 따라 바뀌는 것으로 이미 오래전부터 알려져 있었다. 하지만 연
구자들이 시간순으로 정확하게 디자인이 진화하는 모습을 구축하
기 위해서는 연대를 측정할 수 있는 장소에서 유물을 충분히 찾아
야 했다. 둘째, 연구자들은 지표면 그릇 밀도가 어느 정도 돼야 고
대 정착지가 지하에 숨겨져 있음을 나타내는지 알아야 했다. 1970
년대에 두 가지 문제가 모두 해결되었다. 먼저 하층토를 깊게 파는
최신 쟁기 덕분에 오래 묻혀 있던 물건을 표면으로 다시 끌어올릴

수 있게 되었다.

그다음 내용은 실제 고고학이 일반적으로 인디애나 존스보다 훨씬 재미가 덜하다는 것을 보여준다. 그 후 20년 동안 학생과 교사로 구성된 소규모 부대가 옛 로마 풍경을 가로질러 줄을 서, 자기 바로 앞에 놓인 1제곱미터 크기의 정사각형 안에서 찾을 수 있는 각종 깨진 그릇 조각을 집어냈다. 찾은 것은 전부 라벨이 붙은 비닐봉지에 담았다. 그런 다음 줄을 1미터 전진시키고 그 과정을 반복했다. 목표 지역 전체 조사가 끝나거나 시즌이 끝날 때까지 이 과정을 하고 또 했다. 겨울은 봉지의 내용을 분석하는 시간이었다. 놀랄 것도 없이 대규모 농촌 조사는 완료하는 데 10년 이상 걸리기도 했다. 그러나 고고학자들은 인내심 빼면 남는 게 없는 사람들이어서, 1970년대와 1980년대는 봉지를 손에 들고 고대 로마 세계의 넓은 지역을 조사하는 고고학자들로 가득 차 있었다.

과정은 따분했지만, 결과는 훌륭했다. 로마 제국은 엄청나게 큰 나라였다. 지도에서도 크게 보이지만, 고대는 모든 것이 지금보다 적어도 20배는 느리게 움직였다는 사실을 고려해야 한다(적어도 육로로 도보나 마차, 또는 말을 탈 때). 거리의 실제 척도는 임의의 측정 단위가 아니라 실제 사람이 A에서 B로 이동하는 데 걸리는 시간이다. 따라서 로마 제국의 여러 지역은 실제 현대인이 보는 것보다 20배 더 멀리 떨어져 있는 셈이고 전체 제국은 실제 20배 더 넓었다고 봐야 한다. 그러나 이 모든 놀라운 크기에도 불구하고, 결과가 나왔을 때 시리아 북부의 석회암 언덕뿐만 아니라 로마 세계의 거의 모든 농촌 정착지가 정치적 붕괴 바로 직전인 4세기에 정점을 찍었다는 사실이 밝혀졌다. 남부 영국, 북부 및 남부 갈리아, 스페인, 북아프리카, 그리스, 튀르키예, 중동 등, 예상했던 것과는 달리 모두 비슷한 결과가 나왔다. 농촌 인구밀도, 그리고 결과적으로 전체 농업 생산량은 제국 말기에 최대 수준에 도달했다. 또한 로마는 압도적인 농업 경제국이었으므로, 제국 총생산(로마 세계의 경제 총생산량)이 로마 역사를 통틀어 이전 어느 시점보다 4세기에 더 높은 정점에 도달했다는 것은 조금도 의심할 여지가 없다.

이것은 엄청난 발견이다. 거대하고 끊임없이 확장되는 자료 모음(숫자 이상의 의미가 있는 땅에 묻힌 그릇 조각의 수)은 로마의 거시경제 발전 궤적이 로마 제국의 쇠퇴에 관한 서술이 예상했던 것과 정반대라는 점을 보여주었다. 그 결과, 이렇게 축적한 새롭고 확고한 증거의 양에 따라 필연적으로 기존 정통파의 기반이 되었던, 훨씬 더 한계가 있는 쇠퇴 점검표를 다시 생각하게 되었다.

면밀한 조사를 통해 아그리 데세르티는 세금을 부과할 가치가 없는 생산적이지 않은 토지의 기술 용어인 것으로 밝혀졌다. 결정적으로, 이 용어는 문제의 밭이 경작된 적이 있다는 필연적인 의미를 지니지 않았다. 비문이 더는 만들어지지 않는 것은 좀 더 중요한 역사적 현상이지만, 다시 생각해 보면 그것이 경제적 쇠퇴를 나타내는 명확한 척도는 아니다. 3세기 중반까지 제국의 지역 상류층은 고향의 지배권을 놓고 경쟁하는 데 시간을 보냈다. 지배권이 있으면 상당한 의회 예산을 쓸 수 있었다. 선물을 기부하는 것은 정치적 경쟁에서 중요한 무기였고 그 내용은 비문에 기록했다. 그러나 3세기 중반에 제국 중심지는 이러한 예산을 몰수했으며(곧 우리가 살펴

볼 이유 때문에), 지역 정치 경쟁의 모든 이유가 사라졌다. 야심 찬 속주 지주들을 위해 도시에서 벌어지는 새로운 게임으로는 돈줄을 통제하며 급속도로 확장되는 제국 관료제가 있었고 이제 그들은 여기에 뛰어들었다. 그에 맞춰 속주 지주들은 성공으로 가는 길을 지역 사회를 위한 관대함에서 값비싼 법률 교육을 통해 삶을 다시 꾸미는 것(399년 집정관으로 변신한 우리의 변호사 테오도루스의 예처럼)으로 바꿨다. 이러한 새로운 환경에서는 값비싼 비문을 의뢰해 자신의 관대함을 기록하려는 동기가 훨씬 적었다. 과세와 관련해 기본적으로 기억해야 할 사항은 집중적인 역사 비교 조사를 해보아도 지금까지 스스로 과세가 불충분하다고 생각하는 인간 사회를 아직 밝혀낸 적이 없다는 점이다. 로마 제국 말기 납세자들의 불만은 특별한 일관성이 없으며, 농촌 번영에 대한 새로운 고고학적 증거는 그들이 과하게 징벌적인 재정 체제하에서 고통을 받는 중이 아니었다는 것을 분명히 보여준다. 초인플레이션은 분명 사실로 보이지만, 그 영향은 이전에 생각했던 것보다 더 제한적이었다. 부풀려진 것은 가치가 하락한 은화로 매겨진 (전적으로 모든 것의) 가격이었다. 그러나 로마 지주들은 부의 대부분을 순수 귀금속의 형태로, 무엇보다도 실제 토지와 그 생산물로 보유했다. 이 중 어느 것도 점점 심해지는 은화 가치 하락의 영향을 받지 않았으므로 독일 바이마르 공화국과 달리 로마의 초인플레이션은 제국 지주 엘리트의 실질적인 부를 그대로 유지했다.

과거에는 경제 쇠퇴의 명백한 증거로 여겨졌던 것들이 이제는 아니다. 기번은 틀렸다. 로마 제국은 2세기 황금기부터 5세기에 몰락이 불가피해질 때까지 길고도 느린 쇠퇴를 겪은 것이 아니다.[3] 제국은 붕괴 바로 직전까지도 번영의 정점에 있었다. 서기 399년의 대변자는 확실히 자신과 자신을 고용한 정부 모두의 이익을 위해 봉사하며 새로운 황금기를 선포할 때, 어리석지도, 악의적으로 이중적이지도 않았다. 4세기 말까지 유명한 팍스 로마나*Pax Romana*(로마 군단의 정복으로 인해 정치적, 사법적으로 광범위한 안정이 이루어진 시대)는 거의 500년 동안 지속하며 제국의 속주들이 수 세기 동안 번영을 누릴 수 있는 거시경제적 조건을 조성했다.

이와 대조적인 1990년대의 사치스러운 서구의 승리주의와 현재의 암울한 파멸의 분위기를 고려한다면, 로마 제국 말기를 이해하는 이러한 혁명은 잠재적으로 중대한 의미가 있다. 로마 역사의 첫 번째 교훈, 즉 제국의 붕괴가 반드시 장기적인 경제 쇠퇴를 따라 생기는 것은 아니라는 점은 분명하다. 로마 제국은 서부 유라시아 역사상 가장 크고 가장 오래간 국가였지만, 그중 절반은 경제의 정점 이후 수십 년 이내에 무너져 내리며 사라졌다. 그 자체로는 임의적인 우연의 일치일 수 있다. 그러나 로마와 현대 서구의 역사를 장기적으로 더 깊게 탐구해 보면 그것이 절대 우연이 아니라는 것을 알 수 있다.

2장
제국과 풍요로움

371년에 오늘날 보르도 출신의 데시미우스 마그누스 아우소니우스 Decimius Magnus Ausonius라는 기독교 시인은 로마 세계의 특정 북서쪽 구석, 즉 현재 독일에 있으며 라인강으로 흘러드는 모젤강 계곡의 영광을 선포하는 데 483행의 라틴 6보격 시를 바쳤다. 그의 눈길을 끈 것은 이 지역의 잘 가꾸어진 농업과 그 주변에서 번성하는 인간의 문화였다.

> 강둑 위에 높이 자리한 시골집의 지붕, 덩굴이 무성한 초록색 언덕, 그리고 아래로 부드럽게 졸졸 소리를 내며 흘러가는 기분 좋은 모젤 강의 개울.

아우소니우스는 자신의 주제에 열의를 보이면서 강에 사는 맛 좋은 물고기(그들의 명칭은 그에게 라틴 운율에 대한 숙달을 뽐낼 좋은 기회였다), 농민 생활의 소박한 즐거움, 그리고 그 지역 영주 저택의 웅장함에 대해 장황하게 이야기했다.

셀 수 없이 다양한 미사여구와 형식을 전개하며 각 영지의 건축학적 아름다움을 다 보여줄 수 있는 기술을 가진 사람이 과연 있을까?

시『모젤강』은 오래된 라틴어 문학 장르(에크프라시스*ekphrasis* 혹은 확장 묘사)에 속하긴 하지만 과격한 숨은 뜻을 한 가지 품고 있다. 아우소니우스의 요점은, 강둑을 따라 살아가는 로마인의 생활이 너무 풍요로워서 (로마 도시에 대한 은유로 사용하는) 티베르강조차도 '감히 그의 영광을 당신의 영광보다 더 높이지 못할 것'이라는 내용이다. 결국 아우소니우스는 오만하다는 비난을 받지 않으려고 장난스럽게 요점을 철회했지만, 시의 나머지 부분은 의심할 여지 없이 시인의 실제 감정이 어떤지 청중이 알도록 남겨두었다. 또한, 아우소니우스의 시는 우리에게 그의 주장을 시적 자유로 일축하고 픈 유혹을 들게 하지만, 실제로는 깨진 그릇 파편에서 나타나는 극도로 놀라운 변칙적 현상 때문에 정곡을 찌른다.

움직일 수 있는 부

비록 로마 제국 말기의 부유한 별장이 즐비했던 아우소니우스의 소중한 실제 모젤 계곡을 포함해 제국 전체가 황금빛 4세기를 즐기고 있었지만, 그릇 조사를 통해 일부 특정 지역의 쇠퇴가 확인되었다.

두 곳은 쉽게 설명할 수 있다. 영국 북부와 벨기에의 시골 정착지는 3세기에 이 지역에 영향을 미쳤던 야만족의 극심한 약탈에서 결국 회복하지 못했다. 그러나 훨씬 더 혼란스러운 것은 제국의 이탈리아 심장부에서 나온 결과다. 이탈리아는 3세기에 그렇게 심한 고통을 겪지 않았지만, 그곳의 정착지와 농업 생산량은 그리스도 탄생 전후 200년 동안 정점에 달했다가 서기 3세기와 4세기에 상당히 낮은 수준으로 꾸준하게 감소했다. 제국의 가장 먼 지역이 호황을 누리고 있을 때 제국의 원래 중심지의 경제가 축소한 이유는 무엇일까? 우리가 시계를 1,000년 정도 빨리 감아 결과적으로 현대 서구가 부상하는 과정을 분석하면 해답이 나난다.

서기 1000년이 시작할 무렵, 현대 서구는 경제적 강국이 절대 아니었다. 몇몇 바이킹이 대서양을 건넜지만, 그 시점에서 북미는 광범위한 유럽 경제 및 정치 연결망에서 의미 있는 역할을 하지 못했다. 북아프리카와 중동의 이슬람 군대는 스페인 남부를 통치했고, 동로마 제국 소유의 남부와 동부 지중해 배후지역 대부분을 빼앗아 콘스탄티노플을 조그만 황위 계승국으로 축소했다. 그 둘 사이에는 가난하고, 기술적으로 낙후하고, 정치적으로 분열하고, 질병에 시달리는 지구의 한갓진 구석이 끼어 있었다. 그러나 다음 1,000년에 걸쳐 이 소박한 작은 지역이 세계를 지배하게 될 것이었다.

그러한 극적인 전환을 촉발한 것이 무엇인지에 대해서는 여전히 격렬한 논쟁이 남아 있다. 정치적 요인이 일부 관련이 있었다. 유럽 국가들은 너무 강력하지도 너무 약하지도 않았기 때문에 기업가들은 위험한 모험을 수행하는 데 필요한 자유와 안정성을 모두 누렸다. 자연환경도 도움이 되었다. 유럽은 가축화할 수 있는 동물 종이 풍부했고(초기 자본의 형태), 값싼 항해를 위한 많은 수로小路가 있었으며, 각종 농작물을 생산할 수 있는 다양한 토지가 있었다. 이 모든 것이 교역을 장려하고 촉진했다. 문화도 어떤 역할을 했을 수 있다. 일부 분석가들은 서구 기독교의 합의 결혼 중시로 핵가족이 나타났고 그 때문에 저축에 대한 동기가 생겼다고 보았다. 또한, 기독교의 보편주의적 도덕성과 신뢰 기반 경제가 낯선 사람과의 계약을 촉진해 장거리 무역을 실질적으로 지원했다고 여겼다. 다른 분석가들은 완전히 발전한 사유 재산에 대한 법률적 개념이 출현한 것이 그 과정의 중심이었고, 이러한 개념은 유럽 중세 대학(로마 선례를 따른 것)의 산물이라고 보았다.

그러나 다음에 일어난 일에 대해서는 의견의 불일치가 거의 없다. 중세 시대의 기술 발전, 예를 들어 점토질 토양에서 최상의 효과가 있는 충분히 무거운 쟁기를 채택하고 돌려짓기 계획을 더욱 정교하게 하여 좀 더 많은 잉여농산물을 얻은 것이다. 이는 유럽 엘리트들의 사치품 소비 증가로 이어졌고, 십자군 전쟁의 경험으로 동방의 설탕, 향신료, 비단 의류에 대한 선호가 더욱 커졌다. 발전하는 유럽의 경제는 더욱 세련된 모직물을 생산했고, 무역의 대상으로 동양에서 준비된 시장을 찾았다. 이러한 장거리 무역의 증가 덕분에 시장과 장터의 연결망이 단단해졌다.

이들 중 가장 초기에 생겼으면서 가장 중요한 곳은 이탈리아 중부와 북부였다. 이곳의 지리(특히 장거리 무역을 위해 지중해에 쉽게 접근할 수 있었다)와 지주 엘리트가 상대적으로 약하다는 점이 합쳐져 상인들은 지역 사회의 정치 의제를 지배할 만큼 부유해졌다. 이렇게 생긴 도시 국가는 무역을 더욱 확대하는 데 도움이 되는 사회적, 정치적, 법률적 기반 시설을 구축했다. 예를 들면 신용 및 금융 시장, 계약 집행 메커니즘, 해상 항로 확보 및 대외 무역 협정 등이 있다. 유럽과 동양의 교차로에 자리 잡은 이탈리아 상인들은 유럽 수출품(특히 옷감과 밀)과 동방 상품의 교환을 대부분 통제했다. 11세기부터 피렌체, 베네치아, 제노바를 선두로 하는 이탈리아 도시 국가들은 유럽 무역을 지배했다.

그러나 이 초기 이탈리아 핵심 도시가 번영하면서 다른 곳의 개발이 빠르게 촉진되었다. 이탈리아 도시 국가들이 유럽의 직물을 동양에 팔긴 했지만, 가장 좋은 제품은 저지대 국가에서 왔고 그 국가들은 대부분 양모를 영국에서 수입했다. 따라서 이탈리아 무역 연결망을 바탕으로 북유럽 경제가 확대되고 다양화했다. 일부 북부 도시, 특히 12세기와 13세기에 직물 공장이 등장한 플랑드르에 있는 도시들이 1400년대 후반과 1500년대부터 무역과 상업의 중심지로서 이탈리아 도시와 경쟁하기 시작했다. 좀 더 일반적으로 말하면, 이탈리아 도시 국가가 동방 무역을 통해 얻은 막대한 이익을 보고 다른 유럽 정부도 이에 참여하도록 자극받았다. 동부 지중해에 대한 이탈리아의 지배에 맞서는 대신, 대서양 국가들은 아시아로 향하는 대체 항로를 찾기 위해 서쪽으로 가는 것을 선택했다. 포르투갈과 스페인의 주도로 유럽인들은 항해 기술과 선박 건조 기술을 먼바다에 진출할 정도까지 발전시켰다. 도중에 우연히 아메리카 대륙에 부딪혔지만, 그들은 이 새로운 땅이 어떻게 유럽 자체를 변화시킬지 예상하지 못했고, 수십 년 동안 유럽은 지중해를 경유하는 동양 무역에 계속 집중했다. 그러나 장기적으로 아메리카의 금과 은이 스페인과 포르투갈의 국부를 키우기 시작하고 북유럽 상인들이 동양으로 가는 새로운 항로를 열자 유럽 자본주의의 초점은 이탈리아에서 이탈리아 외곽으로 이동했다.

하지만 아메리카의 부*로 부풀어 오른 스페인과 포르투갈 제국은 기존 유럽 산업 지역에서 사치품을 수입하는 특징이 있었고, 잉여금을 자국 경제의 변화에 쓰기보다는 다른 곳(특히 독일)에 저축하는 경향이 있었다. 이는 북부 지역의 추가적인 확장을 촉발했다. 특히 영국 직물에 대한 수요는 결국 도버 해협 북쪽에서 극적인 경제 혁명을 일으켰는데, 이는 주로 영국 의회가 토지보유권 규칙을 변경할 권한을 갖고 있었기 때문이다. 새로운 기회를 노리는 부동산 소유주들은 급성장하는 섬유 산업을 좇아 양을 사육하고자 농민을 쫓아내고 땅에 울타리를 두르게 해달라며 청원했다. 지주들이 부자가 되고 투자를 할 수 있는 새로운 자본원이 생겨남에 따라, 또한 울타리가 절실하게 일자리를 찾는 토지 없는 노동자 세대를 만들어냄에 따라, 영국은 성장하는 산업 부문에 다른 모든 경쟁국보다 좀 더 빠른 시기에 값싼 노동력을 풍부하게 공급받았다. 18세기 후반에는 이러한 변화한 환경을 활용하려는 수공에 작업장이 영국 시골 전역으로 퍼져나갔다. 동시에 네덜란드, 영국, 프랑스는 해외 자산을 탈취할 수 있는 함대를 구축하는 능력 면에서 이베리아 국가들을 따라잡았다(그리고 추월했다).

제조 분야의 성장으로 원자재에 대한 끝없는 욕구가 생겨나자 영국은 식민지 소유물을 공격적으로 이용했는데, 그중에서도 북미 지역이 가장 중요한 식민지로 빠르게 떠올랐다. 그러다가 결국 미국은 정치적으로 영국에서 벗어났지만, 여전히 영국 산업 제품의 공급자와 시장으로서 핵심 역할을 했으며, 마침내 미국의 면화는 성장하는 영국의 의류 산업에 인도의 것보다 훨씬 더 중요해졌다. 19세기에 이르러 이 산업의 상당 부분이 영국의 도시로 이전했는데, 그곳에서는 풍부한 노동력 덕분에 사업주들이 훨씬 더 큰 공장을 운영할 수 있었고, 노동자 집단은 당시 매우 빠른 속도로 발명되고 있던 새로운 기계를 작동시켰다. 그리고 19세기가 지나면서 미국은 영국이 하던 방식인 자유 시장에 제조업을 맡기는 대신, 영국의 다른 유럽 경쟁자인 프랑스, 독일처럼 자국 제조업의 발전을 육성하기 위해 정부 정책을 사용하는 국가 대열에 합류했다.

19세기 말이 되면서 영국 인구는 이미 대부분 도시에 거주했다. 그에 비해 프랑스는 인구 중 도시에 거주하는 경우가 4분의 1밖에 되지 않았다. 그 시점에서 영국은 원주민 거주자들을 몰아내고 정착을 위해 광대한 서부 영토를 개척하던 미국의 과거 신민들 덕분에 벌써 도약하고 있었다. 미국은 19세기와 20세기 초에 걸쳐 대규모 이민을 환영했으므로 몇 년마다 인구가 두 배로 늘어났다. 이는 유럽의 어떤 경쟁자도 따라올 수 없는 팽창 속도였다. 생산량이 엄청나게 증가하면서, 동시에 국가의 성장하는 산업 부문을 위한 거대한 새로운 시장을 창출했다. 대규모 착취와 그에 따른 시위의 결과로 나중에는 인건비가 오르기 시작했다. 미국도 당시 유럽 도시들에 확산한 것과 같은 종류의 폭동과 사회주의적 동요를 목격했지만, 이 나라에는 인건비를 억제하는 중요한 방출 밸브가 있었다. 즉, 불만을 품은 사람은 서부에서 행운을 시험할 수 있었고, 그들을 대체할 새로운 일꾼은 미국으로 들어가는 입구인 엘리스^{Ellis}섬의 관문에서 언제든지 찾을 수 있었다. 이러한 끊임없는 성장의 결과로, 미국은 19세기 말이 되자 경제 총생산량에서 영국을 능가하며 황금기에 접어들었다.

이런 식으로 1,000년간 서반구에서 일어난 경제적 발전에는 최대 번영을 누리는 지리적 중심지의 주기적 이동이 중간중간 끼어 있었다. 자본주의의 성장은 새로운 시장, 새로운 제품, 새로운 공급원에 대한 끊임없는 수요를 촉진했고, 이것이 성장의 장소를 원래의 북부 이탈리아 심장부에서 바깥쪽으로 꾸준히 밀어냈다. (노동력과 원자재의 가용성에 기초한) 간단한 논리가 중세 후기와 현대 시대 동안 떠오른 서구 전체에 걸쳐 놀라운 수준의 경제 성장을 가리키고 있다. 처음에는 북부 이탈리아, 그다음에는 스페인과 포르투갈, 네덜란드, 프랑스, 영국이 차례로 등장했으며, 마침내 미국이 경제적 지배력을 갖게 되었다. 새로운 기회가 새로운 원자재와 노동력의 출현과 상호 작용해 순서대로 가치 있는 수출 무역 지배권을 장악하게 했다. 지배력이 전환할 때마다 교통수단의 개선돼 새로운 무역망이 나타나도록 촉진하긴 했지만, 지역 생산량의 대부분은 현지나 부근 지역에서 거의 소비되었다.[4] 그렇지만 번영의 진원지를 실제로 변화시킨 결정적인 변수는 다양한 시대에 걸쳐 수출 무역이 창출한 추가적인 부였다.

이제 로마로 돌아가 보면, 현대 서구의 부상은 제국의 원래 이탈리아 심장부가 처음 불가사의하게 쇠퇴했던 이유를 설명하는 데 도움을 준다. 여기서도 역시 간단한 경제 논리가 경제 지배력이 원래의 제국 중심지에서 벗어나 이동하는 모습 아래 깔려 있다. 로마의 경우, 본질적으로 압도적인 농업 경제를 유지하고 있던 제국 국경 내에서, 산업 생산은 번영의 양상 변화에 거의 아무런 역할을 하지 못했다. 기원전 1세기와 서기 1세기에 이탈리아에 기반을 둔 포도주와 올리브유 산업(비록 고고학적으로는 찾을 수 없지만, 어느 정도 그릇류도, 그리고 아마도 곡물까지도)은 대량으로 제품을 수출했다. 특히 로마가 새로 획득한 유럽 영토로 제품을 보냈다. 시간이 지남에 따라 팍스 로마나로 만들어진 거시경제적 조건에서 제국 나머지 지역의 농업 자원은 훨씬 더 완전하고 철저하게 개발돼 이러한 초기 이탈리아의 지배력을 잠식했다. 그 이유는 특히 운송 기술이 너무 제한적이고 비용이 많이 들었기 때문이다. 수레는 하루 최대 40킬로미터를 이동하므로 육로로 제국의 속주 간에 물품을 이동하는 데는 몇 주가 걸릴 수 있다. 이는 현대 제국을 하나로 묶는 기차와 선박과는 상당한 차이가 있다. 그뿐만 아니라 서기 300년 디오클레티아누스의 물가 칙령Prices Edict에 적힌 것에 따르면 밀 마차 가격은 80킬로미터를 이동할 때마다 두 배로 올랐다. 소도 먹여야 하고 제국 내부 통행료도 많이 지급해야 했기 때문에 생긴 증가 비용이다. 이러한 맥락에서, 정복된 땅이 자체적으로 집약적인 생산을 시작함에 따라, 지역에서 생산하고 그래서 기본적으로 더 저렴한 제품이 이탈리아 수입품을 몰아낼 수밖에 없었다.

제국 말기에 이르면 장거리 무역은 품목을 현지에서 물리적으로 생산할 수 없는 경우(예를 들어 비˟지중해 지역의 포도주와 올리브유)나, 특별히 높은 가격 웃돈이 붙을 때(흔한 것이거나 지역에서 기르는 품종과 비교해, 드문 대리석 종류나 비싼 포도주 종류)에만 우세했다. 다른 예외는 국가가 주로 제국의 수도에 식량을 공급하거나 군대에 공급하려는 자체적인 목적으로 보조금을 지급하는 운송 구조에 편승할 수 있는 경우였다(국가의 요청에 따라 지중해를 횡단해 곡물, 포도주, 오일 등을 운반한 선주들은 다른 물품을 화물창에 싣는 부업을 한 것으로 보인다). 그러나 이러한 중개는 매우 드물었고, 운송 비용의 논리 때문에 오랫동안 옛 이탈리아 심장부의 희생으로 로마 제국 속주의 발전이 촉진되었다. 팽창한 로마시 자체는 스페인이나 북아프리카, 그리고 더 넓은 지중해에서 포도주, 오일, 기타 필수품을 대규모로 수입하는 곳이 되었다.[5]

속주Provincials

이러한 거시경제적 변화와 그 변화를 미는 힘에는 수백만 명의 개인 역사가 숨어 있다. 아우소니우스도 그중 하나였다. 그의 시 시작 부분에 갈리아 지역에 대한 자부심이 배어 있지만, 그는 모젤강 계곡 출신이 아니었다.

> [모젤강 계곡의] 모든 우아한 풍경은 내 고향, 우아하게 잘 가꾸어진 땅 보르도를 떠올리게 했다. [ll. 18~19]

우리가 그의 가문의 가장 깊은 뿌리는 모르지만, 그들은 원래 아우소니우스가 모젤강 계곡의 트리어에 오기 4세기 전에 율리우스 카이사르가 정복했던 비티구레스 비비시 부족에 속했다. 한때 부르기달라의 켈트족 언덕 요새였던 보르도는 정복 후 지역 부족의 귀족들이 모인 의회가 있는 로마 도시로 재건되었으며, 이들은 결국 제국 문화에 필요한 모든 요소(라틴어를 배우고, 빌라와 목욕탕, 신전을 짓는 등)를 획득하고 로마 시민권을 얻기 위한 길로 지역 관직을 이용했다. 아우소니우스의 아버지는 이러한 배경에서 나타나 새로운 동로마 제국 수도 콘스탄티노플의 저명한 대학교수가 되었다. 아우소니우스 자신은 대학을 졸업한 뒤 통치하는 황제의 아들을 위한 가정교사가 되었으며, 그다음 황제 때는 집정관직을 포함해 몇 가지 국가 최고 직위를 맡았다.

2대에 걸쳐 이어진 가문의 성공 이야기는 탄탄하게 발전하는 농업 번영을 기반으로 펼쳐졌다. 보르도 지역은 이미 로마 시대에 포도주 생산의 중심지였으며, 팍스 로마나가 제공한 정치적, 경제적 안정 덕분에 더욱 부유해졌다. 그 가문은 이에 더해 로마의 문화적 요구 사항인 공적 생활 참여에 적극적으로 뛰어드는 것과 더 큰 번영을 향한 최선의 길을 찾는 예리한 안목을 결합했다. 4세기에는 시의회에서 봉사하는 것이 더는 매력적인 선택이 아니었다. 첫 번째 장에서 보았듯이 제국이 의회가 통제했던 수입을 몰수했기 때문이다. 아우소니우스 부자父子의 예에서 보듯이 현재 모든 돈과 영향력이 놓여 있는, 발전하는 제국 체제에 참여하는 것이 훨씬 더 나았다. 아우소니우스의 동료 중 다수는 확장되는 제국 관료제에서 다양한 수준의 일자리를 요청해 얻었으며, 다른 일부는 테오도루스 같은 변호사가 되었고, 아우소니우스 부자는 문화적 구별을 지나 세속적 성공으로 가는 확고한 길을 걸었다. 로마 엘리트에 관한 한, 그들이 공유한 서로 다른 문화(언어와 문학에 관한 집중적인 연구를 기반으로 했다)는 로마를 독특하게 문명화한 합리적인 사회로 만들었다. 그러므로 로마 엘리트에게 배움은 자기 출세 게임에서 쓸 강력한 카드였다.[6] 그러나 이 모든 경우에 제국의 구조에 참여하여 얻은 이익은 고향의 토지 자산 목록을 확장하는 데 다시 사용되었다. 궁전에서 얻은 아우소니우스의 학문적, 정치적 경력도 예외는 아니었다. 다른 대안이 없다면 압도적인 농업 경제를 가진 로마에서 토지는 유일하게 흔들림 없는 투자였다.

현대 서구에서도 유사한 개별적인 성공이 제국의 발전을 주도한 사례 모음을 볼 수 있다. 고대 아우소니우스 가문과 마찬가지로 위대한 밴더빌트*Vanderbilt* 가문의 기원도 불분명하다. 17세기에 유럽 무역 회사들이 해외 식민지를 열성적으로 획득하고 있을 때, 네덜란드서인도회사가 네덜란드에서 인가를 받았다. 첫 번째 사업은 맨해튼 섬의 남쪽 끝에 교역소를 설립하는 것이었다. 나중에 뉴암스테르담의 수도가 되는 곳이다. 요새에 식량을 대려고 농부들을 네덜란드에서 데려왔는데, 그들은 맨해튼 동쪽에 있는 긴 섬인 브루쿨룬*Breuckelen*(나중에 영어식인 브루클린으로 바뀐다)의 토양이 더 비옥하다는 것을 곧 발견한다.

이 농부 중 한 명이 얀 애르트센*Ian Aertsen*('애르트의 아들')이었다. 그는 빌트의 위트레흐트 마을에서 왔기 때문에 밴더빌트*Vanderbilt*

('빌트에서 온')로도 불렸다. 1640년 이민 당시 무일푼이었던 이 13세 소년은 3년간의 네덜란드 정착민 고용계약이 끝나자 자기 농장을 세웠다. 1661년부터 그의 이름이 서면 기록에 나타나기 시작했고, 세기 말쯤에 밴터빌트 가족은 롱아일랜드에 확고한 기반을 마련하게 된다. 이즈음 영국이 그 식민지를 점령하고 이름을 뉴욕으로 바꾸었지만, 밴더빌트 가족은 여러 네덜란드 정착민과 함께 새로운 체제에 기꺼이 적응했다. 그들은 새 정부와 점점 더 늘어나는 영국 식민지 개척자들과 교류하기 위해 영어를 배웠지만, 그 외에는 이전과 마찬가지 생활이 이어졌다. 18세기 후반에도 대다수 네덜란드 가족들은 여전히 사업과 사회 문제 대부분을 모국어로 수행하고 있었다.

유연하고 실용적이었던 그들은 1776년 미국이 독립을 선언했을 때 또 다른 새 체제에 쉽게 적응했다. 새로운 국가가 더욱 번영함에 따라 무역도 늘어났고, 1776년에 12세였던 얀의 증손자, 첫 코넬리우스 밴더빌트Cornelius Vanderbilt는 농산물을 도시로 운반하는 작은 배로 농업으로 얻는 수입을 보충하기 시작했다. 1794년에 태어났으며 그의 이름을 딴 아들은 결국 농업을 완전히 그만두었고, 도시를 오가는 물품과 사람들을 수송하려고 가족 돈을 조금 써 약간 더 큰 배를 샀다. 이 사업은 너무나 성공적이어서 그는 신속하게 더 많은 배를 확보했고, 1812년 영국과 미국 사이에 다시 전쟁이 발발했을 때는 미국의 해안 항구에 물건을 공급할 배의 수요가 더 늘어났다. 이후 증기선으로, 그리고 대서양 횡단 정기선으로 확장한 '제독'은 19세기 중반에 마침내 철도까지 발을 넓혔으며, 연방정부가 유립인에게 서부를 개방했을 때 크게 번창했다. 대초원이 산더미 같은 곡물을 유럽 시장에 쏟아붓고 수백만 명의 유럽인이 농장으로 몰려들면서 밴더빌트의 바다와 철도 제국은 폭발적으로 성장했다.

몇 가지 중요한 면에서 두 가족의 역사는 서로 유사한 점이 거의 없다. 아우소니우스는 상대적으로 경제나 기술이 정체기에 있을 때 사회적 지위를 올릴 수 있었다. 로마 체계 내 생산성 양상은 해가 지나도 거의 변하지 않았기 때문에 발전할 기회에 제한이 있었다. 그들은 포도주와 기타 농산물로 초기 자본을 모으고, 이를 사용해 제국의 사회적, 정치적 연결망에서 더욱 번영하는 데 필요한 문화 자본을 획득한 다음, 수익을 토지 자산 목록을 확장하는 데 재투자했다. 반면에 밴더빌트 가문, 특히 두 코넬리우스는 지금까지 알려진 가장 극적인 기술과 경제 혁명 시기에 살았기 때문에 주변의 무역과 생산이 변화함에 따라 완전히 새로운 가능성을 활용할 수 있었다. 그러나 또 다른 좀 더 근본적인 측면에서 두 역사는 실제로 동일한 기본 양상을 반복한다. 즉, 야심 찬 속주 씨족이 가족 역사의 궤적을 변화시키기 위해 제국에서 기회를 포착한다는 점이다.

항상 그들처럼 엄청난 성공을 거둔 것은 아니지만, 이 두 가지 서로 다른 맥락의 밴더빌트 가문과 아우소니우스 가문의 역사는 각자의 제국 역사 속에서 백만 번 이상 되풀이되었다. 영국에서 시리아에 이르기까지 (대개) 로마 정복 이전에 지역 엘리트였던 수천 명의 구성원은 제대로 된 번영하는 제국의 시민이 되기 위해 자신의 지위를 극대화했으며, 적절한 숫자의 로마 군단 퇴역 군인과 소규모 이탈리아 행정관이 급성장하는 속주 사회에 합류했다. 당연히, 원래 외곽 지역이었던 지역을 경제적으로 성장하게 하고 옛 이탈리아 제국의 심장부가 상대적으로 쇠퇴하도록 힘을 실어준 것은 이러한 가문들의 번영이 꾸준히 증가했기 때문이다. 군단이 멈춘 지점에서 로마 제국의 경계가 형성되었고, 그 경계 내에서 이민자와 로마화한 원주민이 혼합하며 제국 체계를 지탱하는 농업의 번영을 이뤄냈다.

마찬가지로 현대 서구 제국도 정복자와 정착민이 최근 획득한 토지, 노동, 천연자원 덕분에 열린 새로운 기회를 활용해 만들어졌다. 현대의 이주 규모는 로마 제국주의의 활동으로 발생한 그 어떤 것과도 비교할 수 없을 정도로 광대했다. 20세기로 넘어가는 수십 년 동안 최고 약 5,500만 명의 유럽인이 '신세계'를 향해 떠났다. 이 과정에서 미는 힘과 당기는 힘이 만났다. 유럽 제국이 개방한 땅을 사람들이 높이 평가한 데서 당기는 힘이 생겼으며, 기술 변화와 결합한 노동 공급의 급증 때문에 사람들을 그 땅에서 떠나도록 강요한 유럽 내부의 미는 힘도 작용했다.

의료 기술의 발전, 특히 백신 접종의 확산과 공공 위생의 개선으로 서구인의 기대 수명이 놀라울 정도로 늘어났다. 특히 아동 사망률이 급격하게 떨어지기 시작한 1870년경부터 그랬다(58쪽 그래프). 독일의 유아 사망률은 19세기 중반에 50퍼센트에 달했으나 이후 수십 년 동안 급격히 감소했다. 다른 유럽 국가들은 독일보다 약간 낮았지만, 여전히 끔찍한 출발점인 약 30퍼센트에서 시작해 내려갔다. 그러나 더 많은 아이가 살아남는 동안 평균 가족 규모가 줄어드는 조정은 몇 세대가 걸렸다. 그 결과, 인구학 역사상 유럽인이 전 세계 인구에서 차지하는 비율이 엄청나게 증가하는 특별한 순간

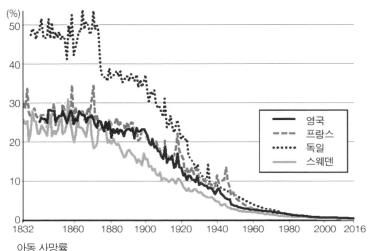

아동 사망률

다섯 살이 되기 전에 사망한 어린이(사산 제외)의 비율을 보여준다.

자료: Gapminder(2017), UN IGME(2018).

이 나타났다. 약 15퍼센트의 인구 점유율이라는 역사적 수준(대략 그 이후로 줄어들었다)에 이르렀고, 제1차 세계대전 당시 지구상의 네 명 중 한 명은 유럽인이었다. 이 시대에 토지를 더욱 집약적으로 경작할 수 있게 된 농업 기술의 발전으로 농장 노동의 필요성도 대폭 줄어들었다. 더욱이, 남부 유럽처럼 전통적인 농업 형태가 새로운 대규모 농장과 함께 이어진 곳에서는 세대가 지날수록 토지가 더 분할됨에 따라 평균 농장 규모가 꾸준히 작아졌다. 그 결과 그 땅에 남아 있는 사람들도 먹고살 수 없게 되었다. 식민지의 매력은 많은 사람에게 거부할 수 없는 것이 되었다.

그 당시 상대적으로 경제적 오지였던 미국과 캐나다 같은 독립국 정부는 발전을 가속하려고 그 매력을 제국의 옛 심장부에만 국한하지 않고, 노동력이 풍부한 유럽 지역, 특히 남부 및 동부 유럽에까지 뿜어냈다. 오펜하이머가※, 카네기가, 록펠러가, 브론프만가 같은 일부 이민자들은 밴더빌트가를 따라 가난한 정착민으로 시작해 막대한 부를 쌓았다. 19세기 말에 나타난 전반적인 효과는 세계에서 가장 부유한 가족이 더는 유럽 왕족이나 영국 산업가가 아니라 대서양을 건너 재산을 모은 신흥 거물이라는 것이다. 그리고 고대의 아우소니우스 가문과 마찬가지로, 이 새로운 가문 중 가장 위대한 가문은 승리를 거두고 옛 제국 중심지로 돌아와 유럽 귀족 가문과 결혼해(밴더빌트 가문이 그랬던 것처럼) 자신들의 부를 보완하는 계급 규준을 획득함으로써 흔히 자신들의 부상을 강화했다. 주로 농업에 기반을 둔 유럽의 귀족들이 당시 적어도 상대적인 경제적 쇠퇴에 직면했다는 점을 고려하면, 이러한 방식은 양측 모두에게 적합했다.

대부분 이민자는 그러한 규모의 부와 사회적 지위를 획득하지 못했고, 다른 많은 사람은 그 과정에서 전혀 원치 않는 역할을 맡았다. 16세기에서 19세기 사이에 대서양 노예무역으로 약 1,200만 명의 아프리카인이 배에 강제로 태워졌다. 설탕과 목화를 재배하는 아메리카 대륙의 농장으로 끌고 가기 위해서였다. 알려지지 않은 숫자의 수많은 사람은 도착하기도 전에 사망했다. 오랫동안 이어진 이러한 끔찍한 인구이동은 세계가 변화했던 방식으로 아메리카 대륙의 경제 궤도를 바꾸었다. 그러나 그들이 자발적으로 이주했든 강제로 이주했든, 인류의 거대한 집단 이동은 이전 제국의 속주 변두리 지역이 마침내 원래의 심장부를 넘어 번영을 누렸다는 것을 의미했다. 이러한 개별 가족의 역사는 제국 번영의 진원지가 수 세기에 걸쳐 이동해야 했던 이유를 더 깊이 알게 해주고, 아우소니우스의 「모젤강」이 품은 추가적인 차원의 모습은 완전히 기저를 이루는 그 과정에 우리를 집중하게 만든다.

두 개의 서구 제국

고대 문학 작품이 사람들에게 즉시 받아들여졌다는 증거가 있는 경우는 매우 드물다. 하지만 「모젤강」은 매혹적인 예외를 보여준다. 퀸투스 아우렐리우스 심마쿠스Quintus Aurelius Symmachus라는 명문가 출신의 로마 원로원 의원이 이 시에 대해 즉각적인 항의 서한을 보냈다. 문제는 아우소니우스가 그에게는 시의 사본을 보내지 않았다는 점이다. 심마쿠스는 그 작품에 감탄했다고 말했다. 하지만 아우소니우스가 언급한 물고기에 대해 (가볍든 아니든) 약간 조롱을 섞었다. ('그렇다 하더라도, 내가 종종 당신의 식탁에 앉아 다른 대부분 음식에 놀란 적은 있어도 (…) 당신이 묘사한 것과 같은 물고기를 그곳에서 본 적이 없습니다.') 그러나 그 원로원 의원은 로마를 돌아다니며 다른 사람에게 보내진 사본을 엿보아야 했다. 좀 더 깊이 파고들면 배포 목록에서 그를 빠트린 것이 실수가 아니었음이 분명해진다.

　2년 전, 심마쿠스는 당시 발렌티니아누스 1세의 서쪽 궁정이 있던 모젤강 계곡의 트리어시로 원로원 방문단을 이끌고 갔다. 트리어에서 심마쿠스는 아우소니우스를 알게 되었고 그와 식사를 했다.

아마도 아우소니우스가 제공한 물고기 요리 코스에 압도되었을 것이다. 이 방문 동안 그는 발렌티니아누스 궁정에서 여러 차례 연설했는데, 그 연설은 단편적으로만 남아 있다. 그렇지만 그중 하나는 매우 흥미로운 사실을 드러낸다. 로마의 북서쪽 국경에 대한 심마쿠스의 견해는 아우소니우스의 「모젤강」의 것과 현저하게 달랐다. 심마쿠스는 이 지역의 근본적인 로마적 성격에 집중하지 않고, 제국 문명의 중심지인 티베르('로마'라고 읽어야 한다)를 보호하는 데에서 '반†야만적인 라인강'이 수행한 영웅적인 역할에 집중했다. 이것은 갑자기 아우소니우스 시의 진정한 의미를 보여준다. 즉 「모젤강」은 그 지역을 손님처럼 취급하는 로마 고위 귀족의 태도에 대한 자랑스러운 갈리아 속주 사람의 대답이었다. 예상할 수 있듯이 아우소니우스의 버전은 트리어 궁전에서 심마쿠스의 연설보다 훨씬 더 오래 전해졌다. 심마쿠스는 방문 후 '3등 백작'이라는 경멸적인 품계를 받고 집으로 돌아왔다(나쁘게 들리겠지만, 부여받은 제국의 품계*를 사용하지 않는 것은 반역 행위이기 때문에 심마쿠스는 자신의 성공 부족을 영원히 광고하고 다녀야 한다는 재미까지 더해졌다). 반면 아우소니우스는 370년대 중반에 황실 스승직을 마치고 여러 고위직을 거쳐 379년에 집정관직을 맡았다. 아우소니우스와 심마쿠스 사이의 이 흥미로운 긴장 속 대화는 로마와 현대 서구의 비교에서 나타난 또 다른 핵심적인 통찰력, 즉 정치 발전의 문제를 가리킨다.

....

* 로마 제국에서 백작count 칭호는 봉건제처럼 세습되는 칭호가 아니고 제국 행정부 내의 지위와 관련한 계급이었다. 백작은 1등, 2등 3등의 세 가지 계급이 있었고 모든 백작은 자동으로 원로원의 일원이 되었다.

로마 제국은 다른 제국들처럼 정복 국가로 시작했다. 로마의 칼날 아래 공식적인 지배를 받게 된 대부분의 속주는 초기에 잔혹한 정복을 당했을 뿐만 아니라 그 이후에 적어도 한 번 이상 대규모 반란을 일으켰다. 서기 60년 부디카가 콜체스터, 세인트 올번스, 런던, 그리고 제9군단 일부를 회오리처럼 몰아쳐 파괴한 사건도 거의 비슷한 과정이었다. 그러나 이러한 반란은 일반적으로 로마 통치 첫 수십 년 동안에만 발생했으며, 시간이 지남에 따라 그러한 속주와 아우소니우스 같은 가문이 있던 엘리트 속주의 정치적 지위는 몰라볼 정도로 변했다. 아우소니우스와 심마쿠스 사이의 입씨름이 보여주는 것처럼, 이전에 정복했던 속주들의 경제적 지배력은 근본적인 정치적 변화와 일치했다. 서기 2세기부터 제국은 명목상으로는 로마를 중심으로 한 통일체로 남아 있었지만, 그 광대한 규모와 초보적인 통신 수단 때문에 외곽 지역에 대한 수도의 통치는 점점 더 제한을 받았다. 제국 말기까지 제국 체계를 하나로 묶은 것은 지배적인 중심지가 아니라 훨씬 더 강력한 것이었다. 즉, 이제는 훨씬 더 광범위하게 정의된 로마 지배계급 안의 속주 지주들이 공유하는 것으로서, 깊이 있는 문화적 가치를 바탕으로 한 공통의 경제적, 법률적 구조에 의해서였다.

제국 통치 400년이 지난 399년 무렵까지, 로마에 정복당한 옛 신민들은 군단이 처음 개척한 멋진 신세계에 오랫동안 적응했다. 초창기에 이 거대한 구조 내로 들어가고 싶다면 먼저 로마 시민권을 획득하고 그다음 제국 문화에 참여해야 했는데, 두 가지 모두 속주 엘리트들은 수준 높은 제국 문화와 어느 정도 가깝게 자신의 것을 재창조해야 했다. 아우소니우스의 경력에서 알 수 있듯이 4세기에는 가장 수익성이 높은 직업 경력은 황실에 대한 봉사였다. 따라서 관료제가 광범위하게 확장된 것은 전체주의적 관료제 계획에 따른 것이 아니라 속주 소비자 수요의 산물이었다. 전반적으로, 속주 엘리트들은 성공을 위해 제국의 그리스-로마 문화 규범을 전적으로 (그리고 값비싸게) 받아들여야 했고, 그 결과 4세기에는 하드리아누스 성벽에서 유프라테스강에 이르는 지역의 속주 주민들이 정복자들의 라틴어, 도시, 토가, 그리고 삶의 철학을 기꺼이 받아들였다. 심지어 기독교조차도 지배계급의 문화에 편입됨으로써 퍼져나갔고, 아우소니우스와 심마쿠스 사이에 벌어진 입씨름에서 분명히 알 수 있듯이, 보르도의 한 지방 관리는 이제 라틴어 문학을 사용해 명문가 출신 원로원 의원에게 예리한 교훈을 가르칠 수 있게 되었다.

로마에서 출발한 최초의 정복 국가는 군대를 유지하는 데 사용하는 공통 과세 구조를 갖춘, 광대한 서부 유라시아 연방으로 발전했다. 한편, 군대는 법률적 구조인 제국의 체계를 보호했는데, 이 구조는 속주 엘리트들의 번영과 교육으로 주입받은 자신들의 도덕적, 윤리적 우월성에 대해 공유하는 감각을 정의하고 보존하는 것이었다. 제국은 더는 로마에서 경영할 수도 없었는데, 이는 로마가 유럽의 라인강과 다뉴브강, 페르시아를 바라보는 유프라테스강 같은 주요 국경에서 너무 멀리 떨어져 있었기 때문이다. 이 시기는 '뒤집힌 제국' 시대로서, 제국은 국경에 훨씬 더 가까운 새로운 정치 및 경제 중심지에서 운영되었다. 실용적인 이유로 동쪽 절반은 콘스탄티노플에서 경영하고, 서쪽 절반은 라인강 언저리의 트리어나 북부 이탈리아의 밀라노에서 경영하는 식으로 제국을 정치적으로 나눌 필요가 있음이 입증되었을 때도 제국은 법률적, 문화적 통일성을 유지했다. 테오도루스가 집정관직을 받았을 때 로마는 훌륭한 교육적, 문화적, 상징적 중심지였지만 그게 전부였다. 즉 4세기의 한 주석가가 말했듯이 로마는 '공공 도로에서 멀리 떨어진' '신성한 구역'이었다.

로마 제국 역사에서 얻을 수 있는 두 번째 교훈은 평범하지만 심오하다. 제국은 정적인 실체, 즉 '사물'이 아니다. 제국은 경제·정치적 통합을 위한 역동적인 체계다. 따라서 오랫동안 지속한 제국은 체계의 다양한 요소가 서로 관계를 변화시킴에 따라 차차 진화하고, 체계 자체의 전체 구조를 바꾼다. 결과적으로, 경제력을 가진 곳의 위치가 크게 바뀌면 그에 상응하는 정치적 영향력의 변화가 빠르게 일치해 나타날 것이다.

이는 우리에게 현대 서구 제국의 진화를 볼 수 있는 렌즈를 제공한다. 서구 제국의 존재 자체를 부정하는 사람들(우리가 연이은 정복으로 세워졌거나 하나의 대도시 중심으로 조직된 단일 국가를 다루고 있지 않다는 합리적인 근거에 따르는 사람들)조차도 1999년까지 세계 GDP에서 엄청난 비중을 차지한 서구 경제의 전반적인 연속성을 부정할 수 없다. 당시 간혹 폭력적인 경쟁으로 시작하긴 했지만(인류 역사상 최초의 진정한 전 지구적 분쟁은 18세기에 걸쳐 영국과 프랑스 사이에 벌어진 일련의 전쟁이다), 서구 진영이 세계를 지배하는 지위는 무역, 자본의 흐름, 인구의 이주 측면에서 깊은 수준의 내부 경제 통합을 기반으로 구축되었다. 옛 유럽 제국의 중심지에서 온 수

많은 이민자가 그들의 후계자(현대 미국)를 만드는 데 도움을 주었다. 따라서 미국과 유럽 엘리트가 결혼한다든지 미국이 유럽 문화 모델을 모방하는 식으로 둘이 중요한 유대와 가치까지 함께한다는 것은 놀라운 일이 아니다. 밴더빌트가 훗날 자기 이름을 따게 되는 대학을 기증해 유럽 고급문화의 정점을 미국에 이식했을 때, 대학의 지원자는 라틴어와 그리스어를 유창하게 구사할 것이 요구되었다.

결국, 라틴어, 도시, 토가togas에 상응하는 현대 제국의 이러한 공통 문화는 공식적인 법률적, 경제적, 제도적 표현을 찾았다. 즉 이러한 문화는 안팎이 뒤집힌 4세기 로마 제국 체계 내에서 경제·정치적 지배력으로 속주가 떠오른 것에 대한 현대적 대응물이다. 제2차 세계대전 후, 미국이 서로 아웅다웅하는 동맹국들의 규율을 다잡을 수 있을 정도로 완전한 패권의 시대를 누렸을 때, 미국은 서구 정부들의 세계적 지배력과 그들이 옹호하는 원칙들, 즉 시장질서, 자유주의, 민주주의, 국가 주권, 다자간 질서를 신봉하는 일련의 제도(유엔UN, 세계은행WB, 국제통화기금IMF, 북대서양조약기구NATO, 관세 및 무역에 관한 일반협정GATT, 경제협력개발기구OECD, 서방선진7개국회의G7 등) 창설을 주도했다. 각자의 국가 모델 세부 사항(특히 정부 서비스와 외교 정책의 공급에 관해서)에 대해 의견 차이를 인정한 서구 국가들은 높은 수준의 협력을 가능하게 해주는 관계 속에서 공유 가치 체계를 중심으로 단결했다. 고대 로마에서와 마찬가지로 이 모든 것을 감독하는 것은 지배적인 군사 강국인 미국이었으며, 제국의 가장 먼 곳에서도 어느 정도의 연속성과 안정성을 보장할 수 있었다.

로마와 미국을 지속적이고 발전하는 제국 체제라고 올바르게 이 해한다면, 이 두 서구 제국의 정치적 진화는 초기 모습이 시사하는 것과 달리 크게 차이가 없다. 로마 제국은 정복으로 세워졌지만, 경 제적, 문화적, 법률적 구조 기반을 공유하며 전 세계를 지배하는(맥 락 그대로) 연방으로 발전했다. 로마 제국의 현대적 대응물은 훗날 의 파트너끼리 벌어진 격렬한 내부 갈등 속에서 등장했지만 1999년 에는 거의 같은 위치에 도달했고, 자신을 공통의 법률이나 금융 기 관을 통해 작동하며 중요한 공통 가치를 가진 것으로 규정한다.

이제 로마의 역사와 현대 서구의 역사 사이에 두 가지 강력한 유 사점이 보이기 시작한다. 두 체계 모두 명백히 최대 번영을 누리는 시점에 위기가 닥쳤고, 장기적으로 두 체계 모두 경제·정치적 지배 력의 내부 진원지가 주기적으로 변하는 것을 겪었다. 이러한 유사 점은 결코 우연이 아니다. 어째서 최대 번영의 시점에 굳건히 자리 한 제국 체제에 위기가 강타하는지는 우리가 관심을 외부로 돌릴 때 명확하게 드러난다. 왜냐하면, 제국 체제는 형식적인 국경을 넘 었다고 작동을 멈추는 것이 아니기 때문이다. 두 제국은 지배력을 행사하며 주변 세계를 통해 부유해졌다. 그러나 그렇게 함으로써 두 제국은 의도치 않게 자신들이 활동하고 있던 전략·지정학적인 맥락을 변화시켰고, 여기에 몰락의 뿌리가 놓여 있었다.

3장

라인강의 동쪽, 다뉴브강의 북쪽

서기 30년경, 가르길리우스 세쿤두스Gargilius Secundus라는 로마 상인이 스텔로스Stelos라는 사람에게서 소 한 마리를 샀다. 스텔로스는 국경 너머에서 온 사람(로마인이 야만족으로 치부하고 열등한 존재로 여겼던 부류의 사람)으로서 라인강 동쪽에 있는 현대 네덜란드의 도시 프라네커 근처에 살고 있었다. 거래 비용은 115실버 누미*다. 우리는 이 사실을 네덜란드의 강에서 파낸 나뭇조각에 새겨진 기록 덕분에 알고 있다. 소규모이고 전혀 눈에 띄지 않는 교환이다. 즉 로마의 유럽 국경에서 한 번 있었던 일이지만 실제로는 백만 번은 일어난 일이다. 그리스도 탄생 전후 수 세기에 걸쳐 라인강 국경에는 로마 군인들이 엄청나게 많이 주둔했다. 이들은 광대하고 전례

....

* 누미nummi는 로마 동전의 한 종류다. 안쪽은 은이 약간 섞인 청동이고 표면은 은銀 녹청이 얇게 덮여 있다.

없는 경제적 수요의 원천이었다. 예를 들어, 2만 2,000명의 로마 군인이 최근 진압한 약 1만 4,000명 정도밖에 되지 않은 토착민(카나니파테스족이라고 알려졌다)의 영토 북서쪽 모퉁이에 주둔하고 있었다. 토착민은 식량, 마초나 건설 및 요리용 목재, 가죽 같은 여러 천연 재료에 대한 군인의 수요를 다 채워줄 수 없었다. 5,000명으로 구성된 군단에는 하루에 약 7,500킬로그램의 곡물과 450킬로그램의 사료가 필요했다. 즉, 한 달에 각각 225톤과 13.5톤이 필요했다. 군인들이 필요로 하는 것 중 일부는 제국 중심지에서 직접 공급되었지만, 밀의 가격이 80킬로미터마다 두 배로 오르는 세계에서 이것은 번거롭고 병참상의 문제가 있었다. 가능하다면 현금을 지급하고 현지 공급자가 수요를 맞추도록 하는 것이 훨씬 나았다. 백부장두 명이 세쿤두스의 구매 중인이 되었다는 것은 그가 군수품을 공급하고 있었음을 암시한다.

서기 9년 토이토부르크 숲(아르미니우스의 지도력 아래 부분적으로 정복된 게르만족 야만족 동맹이 정치적 독립을 재주장할 수 있었던 곳) 전투에서 로마의 장군 바루스와 그의 군단 세 개를 잃은 후, 라인강 동쪽 지역으로 파고들던 로마의 확장은 서서히 멈췄다. 더 남쪽으로 가면 동서로 흐르는 다뉴브강이 빠르게 비슷한 국경선을 형성했고, 1세기 중반이 되면 두 강의 선이 이루는 호가 맹렬한 경제적, 문화적 속주 발전의 넓은 지리적 경계를 표시하게 된다. 결국 아우소니우스와 수많은 그의 동료를 탄생시킨 발전이었다. 이러한 맹렬함의 강도가 국경을 넘으면서 낮아지긴 했지만, 이 거대한 제국주의 체제의 혁신적인 경제적 효과는 국경에서 멈추지 않았다.

더 넓은 로마 제국 체제 내에서 이웃 주민들을 위한 기회는 두 가지 기본 형태를 취했다. 하나는 국경 근처, 안팎에서 발생했는데, 우연히 살아남은 기록인 스텔로스의 소 판매 기록이 상기시켜 주듯이 군단에 물자를 공급하는 것이었다. 두 번째는 중부 유럽까지 훨씬 더 멀리 뻗어 있는 장거리 무역망과 관련이 있다. 가장 잘 알려진 것은 호박 무역이다. 호박琥珀은 땅에 묻힌 고대 삼림 지대의 수액이 응고된 것으로서 지중해 세계에서 보석으로 매우 높은 평가를 받았다. 이 호박을 발트해 해변에서 씻은 후 지정된 경로를 따라 남쪽 로마 다뉴브강 국경의 여러 지점으로 운반했다. 인간 노동에 대한 수요도 끊임없었다. 군단은 로마 시민으로 구성되어 있었지만, 군대의 절반은 국경 양쪽에서 징집할 수 있는 비非시민 보조병으로 구성되었다. 비문에는 로마 세계에서 오래 살며 번성한 수많은 국경 바깥 출신 신병들이 기록되어 있지만, 다른 많은 사람은 은퇴하면 집으로 돌아갔다. 이러한 자발적인 인구 흐름과 함께 잘 확립된 노예무역망도 있었다. 서기 1000년 무렵의 바이킹이 지배했던 노예무역이 잘 기록되어 있는 것과는 달리, 로마 시대에는 누가 노예 생활을 했는지, 그리고 일반적으로 유럽의 어느 지역으로 노예를 데려갔는지에 관해 명확한 출처가 남아 있지 않다. 그러나 유아 사망률이 높고(모든 어린이의 절반이 5세 이전에 사망했다) 인구밀도가 낮은 로마 세계에서는 가사 노예와 밭에서 일할 추가 노동력이 끊임없이 필요했다.

이용할 수 있는 자료의 한계 때문에 좀 더 가까운 과거인 현대 서구의 경우와 달리, 국경 너머에 사는 사람들의 개별적인 삶을 통해 제국의 경제 부양책의 효과를 탐구하기가 쉽지 않다. 그러나 최근 수십 년 동안 밝혀진 좀 더 광범위한 고고학적 모습은 충격적이다. 첫 밀레니엄이 시작될 때 유럽은 뚜렷하게 불평등한 발전을 보이는 세 개의 넓은 지역으로 나뉘었다. 먼저 가장 인구밀도가 높고 가장 큰 정착지가 라인강 서쪽과 다뉴브강 남쪽에 자리 잡고 있었다. 이 지역은 농업 기술의 생산성과 교역망의 복잡성을 보여주는 곳이다. 두 번째로는 좀 더 동쪽으로 가서, 현대 폴란드의 비스툴라강까지 이어진 북중부 유럽 지역이 있었다. 이곳은 어떤 종류의 교역에 대한 증거도 찾기 힘들고, 자급자족 수준의 농업을 통해 낮은 밀도의 인구와 더 작고 더 일시적인 정착지를 유지하는 곳이다. 이 지역의 어떤 곳에서는 묘지를 제외하고 한두 세대 이상 사용한 인공 구조물을 찾아볼 수 없다. 이러한 묘지는 수 세기에 걸쳐 다양한 유형의 사교 모임을 포함해 여러 목적으로 지속해서 사용되었다. 주가 되는 작물 경제로는 장기적인 정착지가 생길 만큼 오랫동안 한 토지의 비옥함을 유지할 수 없었으므로, 결국 공동체의 매장지가 가장 영구적인 중심지가 되었다. 유럽의 세 번째(외곽) 지역은 비스툴라강과 카르파티아산맥의 바깥쪽 호^弧 너머에 있었다. 이 지역은 숲이 우거지고 농업 체제는 좀 더 단순하며 인구밀도는 낮은 곳으로서, 지역을 벗어난 교역망의 흔적이 전혀 없는 곳이다.

이렇게 좀 더 광범위한 양상을 밝혀냄으로써 추가 사항을 두 가지 설정할 수 있게 되었다. 첫째, 로마의 팽창이 중단된 이유를 알 수 있다. 고대 중국의 사례에서도 관찰된 것처럼, 곡식을 경작하는 농업 생산에 의존하는 제국은 새로운 영토의 생산 잠재력이 정복

비용을 감당할 가치가 있는 지점에서 바로 멈추는 경향이 있다. 이러한 기본적인 비용-편익 방정식은 대체로 맞는 말이지만, 야망이 있는 제국은 순이익 선을 살짝 넘어 군대를 보낼 것이다. 로마의 경우, 우리가 가진 일부 자료에는 군단이 라인강과 엘베강 사이 지역에서 상대적으로 만연한 빈곤 때문에 실제로 멈추었을 때 한 논평이 있다. 그들은 클라우디우스가 서기 43년에 해협 북쪽으로 네 개 군단을 보냈을 때 영국은 실제로 정복할 가치가 없었고, 바루스의 패배(다음 10년에 걸쳐 완전히 복수했다)도 그만한 가치가 없었다고 적었다. 둘째 사항은 더 중요한 것인데, 이를 통해 우리는 제국의 바로 배후지에서 로마의 경제적 수요 때문에 이어진 300~400년간의 후속 혁명의 규모를 표로 만들 수 있게 되었다.

로마인들은 계속해서 모든 이웃을 야만족이라고 치부했지만, 큰 변화에 탄력이 붙는다. 두 번째 구역인 북유럽 중부 지역에 널리 퍼져 있던 간신히 자급자족하는 수준의 농업 형태는 4세기가 되자 곡물 작물에 훨씬 더 중점을 두는, 좀 더 생산적인 농업 체제로 바뀌었다. 이러한 국경 바로 너머의 넓은 지역에서는 일반적으로 가축을 기르는 것보다 헥타르당 훨씬 더 많은 식량을 생산했다. 이 소규모 농업 혁명은 더 많은 인구, 더 크고 안정적인 정착지, 건전한 잉여 농산물을 가능케 했으며, 그중 일부는 국경에서 현금이나 로마 상품과 교환되었다. 서기 1세기 후반부터 철기 시대 유럽 중부 지역인 이곳에 규모가 크고 영구적인 마을이 처음으로 나타난다. 그리고 제국과의 경제적 관계가 너무 얽혀서, 4세기가 되면 여러 변경 지역에서 로마 동전이 일상적인 교환 수단으로 사용된다. 예를 들면, 다뉴브강 하류의 고트계 테르빙기족과 라인강 상류의 알레마니족 등 게르만 부족들 사이에서 사용되었다. 로마의 수입품, 특히 포도주와 올리브유는 물론이고 일상적인 품목까지도 로마의 국경 너머로 100킬로미터 이상 뻗어 있는 이와 같은 영토의 4세기 유적에서 풍부하게 나타난다. 그중 일부에서는 소소하지만 공예품 제조와 교역이 눈에 띄게 확대된 것도 볼 수 있다. 물레의 도입으로 특징지을 수 있는 지역 도자기 산업이 일부 지역에서 성장했으며, 로마산[註]이 아닌 새로운 지역의 유리 산업도 국경 너머의 수요를 충족시켰다. 두 산업 모두 확실히 로마의 예를 따르고 있으며 아마 로마인의 전문 지식도 직접 활용했을 것이다. 역사적 참고자료를 통해 고고학적으로는 눈에 보이지 않는 수출(식료품, 동물, 노동)이 4세기까지 반대 방향으로 이뤄진 것과 철광석 생산이 부분적으로는 로마의 수요를 맞추기 위해 야만족이 사는 유럽의 특정 지역에서 극적으로 증가한 것의 지속적인 중요성을 확인할 수 있다.

이러한 거시 경제의 변화 뒤에는 결국 국경 양쪽에 나타난 스텔로스 같은 수많은 소규모 혁신가와 사업가가 있었다. 이들은 유례없는 군단 병사들의 수요로 생긴 경제적 기회에 좀 더 집약적인 농업 방식을 개척해 부응한 사람들이다. 개별 거래는 주로 나무나 파피루스 같은 부패하기 쉬운 재료에 기록되었기 때문에 이러한 개별적인 성공 사례를 말할 수는 없지만, 모든 고고학적 증거는 한결같이 국경을 넘어 비로마 사회로 흘러 들어가 그 안에서 동시에 창출되고 있던 새로운 부에 대한 놀라운 물질적 반영을 던져준다. 또 중심지와 주변부가 이 새로운 부를 동등하게 공유하지 않았다는 점도 분명하다. 첫 번째 밀레니엄이 시작될 때 유럽의 두 번째 영역 대부분을 지배하며 주로 게르만어를 사용했던 인구가 광범위한 사회적 평등을 특징으로 한다는 것은 오래된 민족주의 신화에 지나지 않는다. 새로운 부의 전반적인 영향은 기존의 차이를 더 크게 하는 것이었고, 아마 새로운 차이도 어느 정도 만들었을 것이다. 변경 지역의 사회 엘리트들은 관례적으로 그들이 평생 착용했던 장신구나 의복 액세서리와 함께 매장되었으며, 시간이 지남에 따라 이러한 것들은 점점 더 로마 데나리우스를 재가공한 은으로 만들어졌다.

더불어 로마 제국주의와의 경제적 접촉으로 인한 혁신 효과도 지리적 측면에서 동일하지 않았다. 우리가 아는 한, 비스툴라강과 카르파티아산맥의 북쪽과 동쪽에 있는 유럽의 세 번째 지역은 로마 국경에서 너무 멀리 떨어져 있어서 이러한 변화 과정의 영향을 전혀 받지 않았다. 실제로 그곳에서는 로마에서 온 수입품이 거의 발견되지 않았으며 역사적 자료에 보고된 어떤 서술 작업에도 그곳 사람은 등장하지 않았다(일부 노예사냥 연결망이 희생자를 찾기 위해 국경 너머까지 뻗어 있었을 가능성은 있다). 고도의 기술적 지원 없이는 이 지역의 기원전 500년의 유물과 서기 500년의 유물을 구별하는 것 역시 일반적으로 불가능하다. 로마의 흥망성쇠로 뒤덮인 1,000년 전체 동안 이 세 번째 지역에서는 실질적인 변화가 거의 또는 전혀 없었다.

로마 국경 너머 개발의 전반적인 이야기에서는 중심지와의 근접성이 전부였다. 서기 4세기까지, 두 번째 구역 내에서 일어난 전체적인 사회·경제적 변화의 가장 강력한 증거는 (교통이 너무 느리고 운송비용이 많이 드는 세계에서 예상할 수 있듯이) 제국 내부 주변부, 즉 너비 100킬로미터가 조금 넘는 지역에서 나타난다는 제한이 있었다. 이 범위에서는 지역 주민들이 제국의 경제적 기회에 가장 효과적으로 대응할 수 있었다. 이 내부 주변부와 손길이 닿지 않은 세 번째 구역의 세계 사이에, 외부 주변부가 제국의 국경에서 수백 킬로미터 더 뻗어나가며 개발되었다. 여기에는 로마산 수입품이 나타나지만, 내부 주변부에 비하면 양이 적다. 그리고 이 지역은 아마 더 먼 거리로 운송할 가치가 있는 좀 더 사치스러운 품목(호박이나 사람 같은)의 공급원이었을 것이다. 왜냐하면 군단 보급망에 참여하기에는 국경에서 너무 멀기 때문이다. 그렇다고 해도, 제국과의 접촉은 눈에 띄는 효과를 가져올 만큼 여전히 중요했다. 최근 발트해 남부 배후지역에 수백 킬로미터에 달하는 둑길과 도로가 확인되면서 그러한 흥미로운 모습을 엿볼 수 있게 되었다. 이 도로는 아마도 급성장하는 호박 무역에 이용하거나 그것을 통제하기 위해 건설되었을 것이다(노예무역에도 사용되었겠지만 확인할 방법은 없다). 원래 이 길은 첫 밀레니엄의 후반의 슬라브식 공사였을 가능성이 크다고 여겨졌지만, 연륜 연대학 분석(나이테에 의한 연대 측정)을 통해 로마 시대의 것으로 확실하게 밝혀졌다. 여기에 들어간 엄청난 규모의 수고를 보면, 이러한 연결이 제공하는 교역망의 전반적인 가치가 분명해진다.

　로마 제국의 세력은 지중해 연안에서 육로로 퍼져나갔다. 왜냐하면 로마 제국의 군대를 지구의 다른 지역으로 수송할 수단이 없었기 때문이다. 또 마찬가지로 수송 수단의 제한 때문에 이러한 방식의 초기 정복으로 형성한 로마 제국 체제의 장기적인 운영도 상대적으로 단순한 지리적 양상을 보이게 된다. 공식적인 정복은 그리스도의 탄생 전후의 여러 세기에 걸쳐 합병의 가치가 있을 만한 영토가 고갈될 때까지 로마에서 바깥쪽으로 퍼져나갔다. 그 경계선 내의 영토는 완전한 속주의 지위를 향해 느린 여정을 시작했고, 반면 그 너머에는 결국 내부 주변부가 나타나 그곳 사람들이 좀 더 집중적인 경제 교환망을 생성할 수 있을 만큼 제국에 충분히 접근하게 되었다. 그 지역 너머인 외부 주변부는 장거리 운송에 드는 비용과 수고의 가치가 있는 사치품을 제외하고는, 제국의 요구를 충족시키기에는 너무 멀었다. 그보다 더 멀리 떨어져 있는 비스툴라강 너머의 세계에서는 로마 체제와 눈에 띄는 관계가 전혀 없었다.

대조적으로, 현대 서구 제국주의는 전 세계로 확장되었다. 광대한 제국망을 구축할 정도의 해군과 철도 건설 능력을 갖춘 강대국에 의해 탄생한 현대 서구는 훨씬 더 복잡한 지리적 양상을 만들어냈다. 그러나 자세히 살펴보면, 그것의 서로 맞물린 경제 구조는 대응 관계에 있는 고대 로마의 경제 구조와 대체로 유사한 방식으로 운영되었다.

'우리는 그 어느 때보다 광대한 제국을 보유하고 있습니다'

1853년에 한 10대 소년이 구자라트의 나브사리시를 떠나 뭄바이에 있는 아버지와 합류했다. 타타 가족은 여러 세대에 걸쳐 나브사리에서 파시교* 사제로 일했지만, 19세기 전반기에 누세르완지 타타Nusserwanji Tata가 가족의 전통을 깨고 뭄바이에서 작은 수출 사업을 시작했다. 그의 아들 잠셋지Jamsetji는 훗날 엘핀스톤 칼리지가 될 새로운 학교에서 영어 교육을 받을 예정이었다. 당시 영국의 지배를 받고 있던 이 도시는 호황을 누리고 있었다. 동인도 회사의 지역 본부인 뭄바이 관구가 그곳에 있었고 지역 전역의 교통망을 바쁘게 개선하면서 뭄바이 항은 대영 제국 내의 중요한 무역 중심지로 빠르게 확장되고 있었다. 영국이 제1차 아편전쟁(1839~1842년)에서 중국의 여러 항구를 장악하자, 아들 타타는 인도의 말와Malwa 지역에서 중국 시장으로 아편을 운송하겠다는 원대한 야망을 품었다.

1859년, 영국의 통치에 대항하는 인도 반란이 널리 확산한 지 2년 후, 그리고 영국이 동인도 회사의 자산을 직접 통제하게 된 지 1년 후, 잠셋지는 스무 살이 되었다. 교육을 마친 그는 홍콩으로 가게 되었는데, 그곳에서 아편보다 면화로 더 많은 돈을 벌 수 있다는 것을 재빨리 알아냈고 아버지를 설득해 사업의 초점을 바꿨다. 1861년 미국 남북전쟁이 발발하고 북군이 남부 동맹의 항구를 봉쇄하자, 이 전환으로 두 사람은 상상할 수 있었던 것보다 더 많은 수익을 올리게 된다. 영국의 공장에 대한 미국의 면화 공급이 줄어들면서 인도의 면화와 직물 수출 가격이 급등했고 뭄바이의 수입은 세 배로 증가했다. 이 갑작스러운 대규모 부의 유입은 인도 섬유 회사들의 주가를 끌어 올렸고 투기 벤처를 대량으로 촉발했다.

....

* 파시교Parsi는 인도와 파키스탄에 있는 조로아스터교 공동체 중 규모가 큰 공동체를 말한다. 8세기 페르시아에서 조로아스터교에 대한 박해를 피해 이주한 후예들이다.

잠셋지는 다시 행동에 돌입해, 원면을 실은 배를 타고 영국으로 간 다음 재빨리 일부 랭커서 공장 소유주와 긴밀한 관계를 맺었다. 그는 그들로부터 면화 산업의 제조 과정에 관해 좀 더 깊은 기초지식을 얻었다. 잠셋지의 타고난 사업 수완은 뭄바이의 사업 클럽이 인도 사업가들에게 개방되어 인종 간의 차이를 넘어 실용적인 노하우의 상호 이전을 촉진한 것에 크게 도움을 받았다. 이는 캘커타의 사업 클럽과는 다른 모습이었다. 또 런던의 파시교 공동체는 인도의 대표적인 민족주의 지식인 중 한 사람이자 후에 인도 국민회의당의 창립 회원이 된 다다바이 나오로지Dadabhai Naoroji의 집에서 열린 일종의 비공식 클럽에 모이는 습관도 발전시켰다. 이 두 사람 사이에서 잠셋지는 사업 성공을 위한 관계망의 가치(좋은 정치적 인맥을 가진 것의 장점은 말할 필요도 없다)를 배운다. 뭄바이로 돌아온 그는 자신의 클럽을 설립했는데, 이 클럽은 나중 그의 아들이 계속 이어나간다.

1869년, 잠셋지 타타는 좀 더 광범위한 직물 사업을 이해한 자신감으로 뭄바이 남쪽의 친치포클리에 있는 파산한 제유소를 매입한다. 그는 그것을 방적 공장으로 바꾼 다음 팔아 상당한 이익을 남겼다. 그리하여 오랫동안 매우 성공적으로 이어질 이 가문의 직물 제조업(단순히 원면을 수출하는 것과는 반대로) 참여가 시작된다. 잠셋지는 여러 벤처 사업의 성공으로 얻은 자본과 그동안 터득한 랭커서의 제조 기술(인도인과 영국인 직원을 함께 고용하는 관행으로 인해 지식이 크게 향상되었다)을 가지고 다음으로 나그푸르Nagpur시에 거대한 공장 단지를 만들었다. 공장 부지는 면화와 석탄 공급, 저렴한 토지 가격 및 뭄바이와 철도로 연결된 것 때문에 선택되었다. 이곳의 제품을 제국 전역에 판매하고 연평균 20퍼센트의 수익을 올리면서 타타 가족 사업은 급성장했다. 다음 두 세대에 걸쳐 사업은 철강, 엔지니어링 및 기관차 제작, 수력 발전, 석유 화학, 호텔, 인쇄, 보험, 시멘트 및 항공 운송(나중 에어 인디아가 되는 회사를 설립했다)으로 다각화되었다.

근세近世*부터 유럽의 제국들이 지구 전역으로 뻗어나가면서, 경제적 기회가 뒤따라왔고, 타타 가족 같은 수많은 개인과 가문들이 그 기회를 잡았다. 이 제국 중에서 영국은 확실히 가장 큰 제국이었다. 1898년에 발행된 캐나다의 유명한 크리스마스 우표에 붉은색으로 생생하게 묘사하고 있는 것처럼(79쪽 사진), 대영 제국이 가장 클 때는 육지의 거의 4분의 1을 덮고 있었다. 그러나 같은 시대에 상응하는 프랑스 우표도 거의 같은 푸른색**을 자랑했을 것이며, 그 면적은 구舊네덜란드, 스페인, 포르투갈의 옛 영토, 또는 미국, 독일, 벨기에나 이탈리아에서 온 비교적 새 이민자들이 최근에 획득한 영토를 고려하지 않은 것이다.

타타의 성공 이야기는 초기 로마 제국 주변부의 비로마인들 이야기를 떠올리게 하지만, 현대 서구 제국 체계를 전임자인 로마 체계

....

* 근세는 서양 역사상의 시대구분으로서 중세와 근대 사이의 기간이다. 참고로 근대는 대개 영국 산업혁명부터 20세기 초반(제1차 세계대전)까지를 가리킨다.
** 영국군은 17세기 청교도 혁명기부터 사용한 붉은색 군복을 입었으며, 프랑스군은 카페 왕조의 문장인 푸른 바탕의 백합에서 유래한 푸른색 군복을 입었다. 당시 붉은색과 푸른색은 각각 영국과 프랑스의 상징색이다.

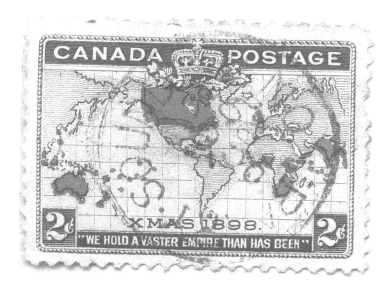

와 비교할 때 명백한 차이점이 몇 가지 드러난다. 그 차이점 중 가
장 분명한 것은 우표에 극명하게 드러난다. 바로 규모다. 근대 서구
제국주의는 말 그대로 지구적이었다. 세계의 많은 부분을 직접 통
치 아래에 두었으며, 세계의 거의 모든 곳을 어떤 방식이나 형태,
형식으로든 경제망 안으로 끌어들였다. 20세기까지도 지구의 일부
지역들(아마존 내륙의 광활한 지역, 파푸아뉴기니의 고원지대, 중앙아시
아의 일부 지역)은 제국주의 체제 바깥에 남아 있었지만, 서구 경제
력의 촉수는 이전에는 상상할 수 없었던 정도로 지구 표면 위로 뻗
어 있었다. 그에 비해 로마 제국주의는 지역적이었다. 즉, 지중해와
그 인접 배후지 대부분이 로마 제국주의의 직접적인 지배하에 들어
가고, 중북부 유럽에서 우크라이나에 이르는 광범위한 영토가 로마

제국주의의 무역망에 어느 정도 참여하는 식이었다. 그러나 상대적인 이동 속도를 고려하면 이 명백한 차이의 상당 부분이 증발한다. 가장 긴 대각선 길이로 로마의 직접 통치는 5,000킬로미터에 달했다. 고대에는 땅 위의 모든 것이 오늘날 쉽게 이용할 수 있는 속도의 약 20분의 1로 움직였다는 것을 감안할 때(39쪽), 이것은 지구 둘레(거의 정확히 4만 킬로미터)의 2.5배에 해당하는 10만 킬로미터 이상 뻗어 있는 현대 국가와 맞먹는다. 크기 자체로 로마 제국은 현대 서구의 제국들만큼이나 세계적인 강대국이었다.

명백한 차이점의 두 번째 요점은 로마 제국이 지중해 분지의 다양한 배후지에서 모인 연속적인 영토 블록을 형성했지만, 현대 서구 열강의 소유물은 세계 전역에 걸쳐 다양한 크기의 조각으로 흩어져 있다는 것이다. 그러나 다시 말하지만, 두 체계가 실제로 작동하는 방식에는 좀 더 근원적인 유사점이 있다. 오래된 식민지 지도(와 우표)에 있는 빨갛고 파란 커다란 얼룩은 중요한 의미에서 오해의 소지가 있다. 얼핏 보기에는 타타가 밴더빌트 가문과 매우 비슷해 보이지만, 가장 큰 차이점은 밴더빌트 가문이 유리한 출발을 했다는 것이다. 코넬리우스 밴더빌트는 잠셋지 타타가 면화의 잠재력을 막 탐구하기 시작했을 때 이미 세계에서 가장 부유한 사람 중 한 명이었다. 그러나 두 가족 역사 사이에는 연대기의 더 깊은 바탕에 흐르는 차이점이 있다.

지도와 우표는 제국의 모든 종속 영토가 같은 기반에 존재했음을 암시하는 경향이 있다. 영국의 영토는 모두 붉은색이기 때문에 프랑스의 파란색 얼룩처럼 모두 같은 지위를 가졌을 것처럼 보인다.

하지만 그렇지 않았다. 제2차 세계대전이 발발할 때까지 발전하면서 속주 및 주변부가 근대 서구 제국으로 통합하는 양상은 그리스도 탄생 후 처음 3세기 동안 로마 세계 안팎에서 전개된 것과 매우흡사했다. 지도의 빨간색과 파란색을 들춰 보면 제국 체제에 참여하는 유사한 양상이 세 가지로 나타난다. 완전히 통합한 속주, 실질적으로 통합한 내부 주변부, 그리고 훨씬 덜 통합한 외부 주변부가그것이다.

속주와 주변부

로마의 속주(시간이 지나면서 아우소니우스가※ 같은 가문이 제국 구조에 완전한 경제적, 문화적, 정치적 참여를 하게 될 곳)에 해당하는 현대지역은 정착민 식민지였다.

이 지역에서 정착민들은 인구 대다수를 차지하게 되었고(폭력, 협상, 질병의 조합을 통해), 결국 유럽의 수많은 문화적, 제도적 구조를도입해 지리적으로 어느 곳에 있든 서부 제국의 확장된 핵심의 일부가 되었다. 밴더빌트 가문의 본거지인 북아메리카가 가장 명백한예이며, 그곳에서 원래 지방 공동체였던 것이 너무나 극적으로 부상해 20세기 초에는 이미 광범위한 서구 제국 내에서 지배적인 경제 세력이 되었다. 그러나 캐나다, 오스트레일리아, 뉴질랜드 같은대영 제국의 이른바 '백인 자치령White Dominions'도 이 범주에 속한다(원래 미국도 그중 하나였다). 20세기 초에 이르러서는, 현재 자치권을 가진 이들 국가의 1인당 GDP는 이미 모국인 대영 제국의 1인당

GDP를 넘어섰다. 유럽의 다른 제국주의 열강 중 어느 나라도 영국처럼 토착 인구를 식민지로 수출하거나 식민지 내에서 충분한 부를 창출해 20세기 제국 핵심 구성원이 돼가는, 장기적으로 유사한 궤도를 밟을 만한 식민지를 만들지 못했다. 프랑스는 뉴프랑스, 아카디아, 루이지애나의 경우 잠재적으로 그렇게 할 수 있었지만, 이들 대부분은 18세기에 영국의 지배 아래 들어갔고 세 곳 모두 캐나다와 미국의 일부로 발전했다.[7]

20세기가 될 무렵, 이 확장된 제국의 핵심 너머에는 제국의 주변부가 놓여 있었다. 고대와 마찬가지로 이 주변부의 구성 요소는 제국과의 직접 무역의 상대적 가치에 따라 내부 및 외부 부분으로 나눌 수 있다. 교환이 주로 육상 운송에 의존했던 로마의 경우, '내부'와 '외부'는 지리적 설명 문구로도 작용한다. 내부 주변부는 직선거리로 제국의 국경에 더 가까웠고, 국경 바로 너머에 있는 100킬로미터 너비의 지역은 군단의 물품 보급을 돕고 그 대가로 수많은 일상용품을 받았다. 언뜻 보기에 현대 서구의 제국 체제는 이것과 매우 다르게 보인다. 그들의 영토는 해로와 (점차) 철도망의 조합으로 서로 연결되었기 때문에, 여러 무역 상대국은 경제적 측면에서는 내부 주변부에 속했지만, 거리 측면에서는 외부 주변부보다 서구 제국의 심장부에서 더 멀리 떨어져 있었다. 예를 들어 물리적으로는 아프리카가 유럽에 더 가까웠지만, 인도 아대륙과 극동 지역 일부는 그보다 제국의 무역망에서 훨씬 더 중요한 역할을 했다. 하지만 (항상 그래야 하듯이) 제국의 지도를 좀 더 자세히 들여다보며, 절대적인 마일이나 킬로미터로 측정되는 거리 자체가 아니라 특정 거리에 도달하는 데 실제로 걸린 시간의 관점에서 근접성과 분리를 측정하면, 1920년대와 1930년대에 발전한 현대 서구의 주변부는 대응 관계에 있는 로마의 것을 효과적으로 반영한다. 배와 기차로 연결된 제국 내부 주변부는 사실 이동 시간 면에서 외부 주변부보다 제국의 유럽 심장부에 더 가까웠다.

따라서 실제로 20세기 초의 제국 해운 및 철도 시간표는 지도의 빨간색이나 파란색 얼룩보다 내부 주변부의 정체성에 대해 훨씬 더 나은 지침을 제공한다. 부분적으로 내부 주변부는 공식적으로 인정한 서구 식민지들, 더 정확하게는 그러한 식민지 내의 특정 지역으로 구성되었다. 인도의 면화, 남아프리카의 금, 영국령 동아프리카의 차와 커피, 극동의 고무, 카리브해의 설탕 등. 이 모든 것들은 서구의 필요를 충족시키기 위해 수요가 많았으며, 이러한 상품 중 상당수는 공식적으로 제국의 통제를 받는 영토에서 생산되었다. 내부 주변부의 다른 부분들은 정치적으로 독립된 상태로 남아 있었지만, 이곳도 경제 활동의 상당 부분을 제국의 요구에 부응하는 데 집중했다. 세계 일부 지역에서는 이러한 경제 통합이 총구에서 시작되었다. 예를 들어 일본과 중국은 정식 식민지가 아니었지만 19세기에 서구 제국주의 열강들은 군사적으로 약한 국가들에 자신의 의지를 강요하기 위해 매번 무력을 사용하면서 시장과 천연자원이 힘으로 개방되었다('함포 외교').

이 두 종류의 영토를 내부 주변부에 속하는 것으로 정의한 것은 항로와 철도였다. 20세기 초반에는 전 세계적으로 연결된 항구망이 생겼으며, 각 항구는 제국 상품을 찾는 수요가 많은 배후지역을 위해 전략적으로 배치되었다. 원래 이 항구들은 강을 통해 배후지와 연결되어 있었지만, 19세기 후반부터 점점 더 조밀하고 편리한 철도망(그중 하나는 잠셋지 타타가 뭄바이 외곽에 면직물 공장을 지을 수 있게 해주었다)이 더 많은 교통량을 수송하기 시작했다.

대응점에 있는 로마의 경우와 마찬가지로, 심장부와 근대 내부 주변부 교역의 총액은 (비례적으로) 외부 주변부 교역 총액을 능가했고, 사회경제적 변화라는 중요한 과정을 시작할 만한 새로운 부를 거뜬하게 창출했다. 이들 중 일부는 스스로 풍요해질 여러 기회에 매력을 느낀 유럽 이민자들이 주도했다. 그들은 대부분 도시의 상업 및 행정 중심지, 특히 케냐의 화이트 하이랜드나 서인도 제도 및 네덜란드령 동인도*의 농장처럼 유럽인이 거주하도록 지정한 지역에 몰려 있었다. 그러나 완전한 속주 지위를 얻기 위한 궤도에 오른 식민지들과는 달리, 이곳의 유럽 이민자들은 전체 인구에서 작은 비율을 넘지 못했다.

그 대신 내부 주변부의 생산은 대부분 토착민이 수행했는데, 이들은 때로 가격의 이점과 상업적 기회 때문에 제국 수출 경제에 끌려 들어갔다. 현대의 스텔로스에 해당하는 인물들은 누세르완지와 잠셋지 타타와 같은 거창한 사람들뿐만 아니라 알려지지 않은 수백만 명의 개인이 있다. 이들은 가족을 제외한 모든 이에게 잊혔지만, 새로운 기회를 찾아 내부 주변부로 이주한 사람들이다. 그보다 불우한 토착민들은 선택의 여지가 없다는 것을 알게 되었다. 많은 식

....

* 오늘날의 인도네시아.

민지 정권은 강제노동법을 시행해 (철도와 도로 같은) 공공사업 기획에 동원하거나, 때로는 (프랑스령 서아프리카에서처럼) 유럽인 농장의 노동력을 보충하는 데 사용했다. 물론 노예 제도도 아메리카 대륙의 농장 경제를 운영하기 위해 오랫동안 사용했으며, 공식적으로 폐지한 후에도 이름을 제외한 모든 유형의 노예 제도가 특히 벨기에 콩고의 고무 농장에서 계속 이어졌다. 또한, 제국주의 열강의 통화로 내도록 요구하는 식민지 조세 제도도 생산자들에게 생산이 제국 시장으로 향하도록 강요할 수 있었다. 네덜란드령 동인도 제도에서는 농장 부문 건설을 위해 이 메커니즘을 사용했지만, 영국과 프랑스령 아프리카에서는 오두막세와 인두세를 식민 행정 비용 충당과 제국 통화 강화에 사용했다(모든 세입이 모국의 중앙은행에 예치되었기 때문이다).

시간이 지남에 따라 자발적 및 비자발적 경제 참여의 강력한 조합은 내부 주변부의 인구와 부의 분배를 크게 변화시켰다. 많은 유럽인과 타타 가족 같은 소수의 토착 사업가들이 재산을 모은 것 외에도, 양차 대전 사이에 더 크고 구조적인 영향 한 가지가 매우 두드러지게 나타났다. 바로 재배치다. 인도의 뭄바이 같은 도시는 19세기 중반에 이미 10년마다 인구가 두 배로 늘어났고, 아편과 면화를 생산하는 배후지는 막대한 노동력을 빨아들였다. 이러한 효과는 중국과 일본 제국의 조약 항구 주변, 알제리의 프랑스 정착 지역, 카리브해의 플랜테이션 식민지 등 내부 주변부에 걸쳐 반영되었다. 이는 점점 더 많은 인구가 해안 항구, 또는 내륙 생산 지역과 연결된 강과 철도망에 더 가깝게 이주함에 따라 생긴 일이다.

이와는 대조적으로, 외부 주변부는 핵심 경제 체계와의 직접 교역량이 적었다. 제국의 생산자들이 갈망하는 자원이나 시장, 또는 제국의 행정가들이 대규모 수출작물 농업을 시행할 생태계가 부족했던 이 지역은 (공식적인 식민 통치 아래에서도) 교통 인프라에 대한 투자를 덜 끌어들였으며 지리적인 면에서 상대적으로 계속 고립되었다. 외부 주변부 상당 지역에서 대부분 사람은 백인을 만날 일이 거의 없었는데, 이는 그들의 고향이 지도에 빨간색이나 파란색으로 표시되어 있더라도 마찬가지였다. 그렇지만 시간이 지나면서 제국의 무역망이 강력해짐에 따라 이 외부 주변부에 살았던 많은 사람도 그들의 삶의 형태가 실질적으로 재편되고 있음을 알아챌 수 있었다.

내륙의 도시들은 종종 유럽과 북아메리카로 가는 수출 무역에 편리하게 접근할 수 없어서 쇠퇴했다. 한 극단적인 사례로, 팀북투 Timbuktu는 고대 사하라 사막 횡단 무역로에 자리 잡은 부유하고 인구가 많은 중심지였지만, 프랑스의 도로와 철도가 해안을 따라 측면으로 무역의 방향을 바꾸면서 거의 완전히 사라졌다. 지금은 서구에서 최대한 외딴곳이라는 속담으로 사용하는 팀북투는 한때 광대한 상업망 속의 매우 부유한 중심지였다. 보다 일반적으로 말하면, 외부 주변부의 농업 생산자는 물리적으로 내부 주변부로 끌려가지는 않더라도 때로 그곳의 소비자에게 식량 작물을 공급했다. 특히 내부 주변부 생산자가 수출용 농작물 생산으로 전환하거나 농업을 완전히 떠나 자급자족할 수 있는 능력을 모두 상실했을 때 더욱 그러했다. 오트볼타*나 말리 같은 식민지 영토, 부탄과 레소토 같은 명목상 독립 국가, 심지어 제2차 세계대전 이전까지는 사회적, 경제적 조직이 거의 변하지 않았던 인도나 중국 내륙의 넓은 지역도 모두 제국 주변부에서 효과적으로 운영되었다. 부탄과 영국령 인도 사이에는 약간의 교류가 있었고, 오트볼타, 말리, 레소토의 상당한 노동력이 세계 경제와 연결된 이웃 지역의 농장과 광산으로 이동했다. 외부 주변부의 총생산과 1인당 소득이 때로 이 무역에 힘입어 상승했지만, 일반적으로 내부 주변부보다는 훨씬 적었다. 같은 식으로 내부 주변부는 속주보다는 상승이 덜했다.

그 결과, 1939년까지 대부분의 (내부와 외부) 주변부 사회들은 서구 제국의 속주들보다 훨씬 느린 경제 변이 과정을 겪었다. 실제로 세 범주 사이의 경계는 변동할 수 있었으며, 지도에 그려진 경계선과 항상 깔끔하게 일치하는 것도 아니었다. 중국과 인도의 경우처럼 같은 관할권 내의 다른 지역이 각각 내부 주변부나 외부 주변부에 속할 수 있었다. 논란의 여지가 있지만, 남아프리카 공화국은 제국 체제의 세 가지 요소를 모두 하나에 포함하고 있었다. 즉, 상당한 백인 정착촌과 주요 도시들이 있는 속주 핵심, 일부 광산과 수출 농업 지역이 있는 내부 주변부, 그리고 효과적인 노동력 보유고로 기능하는 외부 주변부가 그것이며, 이 외부 주변부는 1948년 이후 아파르트헤이트 경제에 사용된다. 그렇지만 로마의 이웃 국가들이 그랬던 것처럼, 제국 경제에 어느 정도 통합될 때의 결과는 관련된 모든 사람에게 혁명적인 것으로 판명되었다.

....
* 오트볼타Upper Volta는 아프리카 서부의 공화국이다. 부르키나파소의 옛 이름.

어떤 경우에는 전반적인 영향이 심각하게 부정적이었다. 중국이 서구에 강제 개방을 한 후 중국 경제는 후퇴했다. 19세기 동안 영국의 1인당 국민소득이 두 배 이상 증가했지만, 중국의 국민소득은 10분의 1로 떨어졌다. 19세기 후반과 20세기 초반에 중국 영토 내에서 여전히 개인적인 부가 창출되고 있었다 하더라도, 전반적인 영향은 위기의 세기라고 할 수 있었다. 그러나 이런 종류의 절대적 쇠퇴는 내외부 주변부의 정상적인 거시경제적 결과가 아니었다. 인도가 더 대표적이었다. 인도의 경제는 제국 체제의 핵심 속주보다 느린 속도로 성장했다. 이것은 타타 가족처럼 상황을 파악할 수 있을 만큼 유능하고 기민한 사람들에게 새로운 기회를 제공했지만, 경제 전체는 제국 모국보다 상대적으로 떨어졌고, 영국 동인도 회사의 고관들은 막대한 개인 재산을 쌓으며 보석과 다른 형태의 부동산을 빼앗고 새로운 소유물을 철저히 약탈했다(그들이 고향에 지은 시골 저택을 상당량의 전리품으로 채웠다). 그러나 주변부의 장기적인 경제 발전은 토착 기업 계급의 제한된 성장이나 인구통계 및 생산 양상이 탁월하게 재구성된 것을 훨씬 넘어서는 의미를 지녔다. 즉각적으로 드러나지 않더라도, 부의 재분배를 통한 모든 주요 경제적 변화는 필연적으로 광범위한 정치적 결과를 낳게 된다.

4장

돈의 힘

1973년 9월 11일 이른 아침, 자동차 한 대가 산티아고 거리를 질주했다. 조금 전, 살바도르 아옌데 칠레 대통령은 항구 도시 발파라이소에서 해군 반란이 일어날 것이라는 경고 전화를 받았다. 소식을 듣기 위해 육군 사령관에게 전화를 걸었을 때, 아우구스토 피노체트 장군은 조사 후 다시 전화하겠다고 말했다. 몇 분간의 침묵만으로도 대통령은 피노체트가 전화를 걸지 않으리라는 것을 알 수 있었다. 쿠데타가 진행 중이라는 사실을 동맹국들에 알리기 위해 아옌데는 서둘러 대통령궁으로 달려갔다.

칠레 사회주의 유토피아를 건설하려는 대통령의 시도는 늘 위험했다. 그는 1970년 선거에서 3분의 1도 되지 않는 득표율로 승리했다. 이것만으로도 그는 칠레 선거 제도하에서 대통령직을 얻을 수 있었지만, 권한이 약했고 냉담한 의회에서는 소수만 그를 지지했다. 그가 물려받은 경제는 병약할 정도는 아니었지만 새 예루살렘을 건설할 정도의 자금은 거의 없었고, 꾸준하지만 별 볼 일 없는 성장과 높은 인플레이션이 이어졌다. 아옌데는 처음에 변화를 시작하려고 관대한 재정 지출 프로그램을 시행했지만, 단기적인 호황에 그쳤고 1973년이 되자 경제는 좌초했다. 생산량이 줄고 인플레이션은 급등했으며 연속적인 파업이 일어났고 빵을 사려는 줄은 꾸준히 길어졌다. 국내 불만이 증가하는 이러한 우려스러운 상황인데도 칠레 군부는 다른 라틴아메리카 장군들의 특징인 정치 개입을 자제하면서 전통적인 전문성을 고수했다. 피노체트가 마침내 행동에 나서게 된 것은 미국의 지원 때문이었다.

미국 대통령들의 기준으로 보아도 리처드 닉슨은 공산주의적인 모든 것을 혐오하는 사람에 속했다. 1960년대 후반, 이전 칠레 정부는 토지 재분배와 미국 소유 구리 산업의 부분적인 국유화를 포함한 극적인 사회 개혁 프로그램에 착수했다. 이 일이 닉슨의 인내심을 시험했지만, 칠레가 서구와 동맹을 유지하는 한 워싱턴은 싱긋웃으며 참아냈다. 그러나 아옌데는 과욕을 부렸다. 그는 미국의 이익에 대한 추가 보상 없이 국유화 과정을 완료했을 뿐만 아니라, 칠레가 소련 세력권으로 들어가겠다고 위협했다. 워싱턴에게 이것은 선을 넘은 일이었다. 미국은 쿠바가 1959년 혁명 이후 공산주의 진영에 넘어간 것을 여전히 씁쓸해하고 있었고 제2의 사회주의 국가가 뒷마당에 세워지는 것을 용납하지 않았다. 반 아옌데 정치인과 언론에 비밀리에 자금을 지원하거나, 칠레군에 압력을 가하거나(미국 정보요원이 동정적인 장교를 발견한 곳), 쿠데타가 처음 속닥거려질 때 산티아고 권력층이 반응하도록 장려하는 등의 비밀 활동을 통해 백악관은 아옌데의 몰락을 환영할 것임을 분명히 했다.

그날 하루가 끝날 무렵, 아옌데는 스스로 목숨을 끊었고 피노체트가 군사 정권을 맡게 된다. 그 후 그는 17년 동안 칠레를 통치한다. 전 세계적으로 자유주의자들이 아옌데의 전복과 사실상의 처형에 CIA가 개입한 것을 놓고 분노했지만, 닉슨 행정부는 명확하게 서구 제국주의 권력 한도 내에서 행동하고 있었다. 제2차 세계대전 이후 19세기와 20세기 초의 함포 외교는 일반적으로 새로운 형태의 지배력을 갖게 되었다. 너무나 많은 개발도상국이 새로운 서구 제국에 경제적으로 의존하고 있었으므로 그 지도자들, 특히 미국은 명백한 침해가 아닌 방법으로도 막대한 영향력을 행사할 수 있었다. 반항적인 정부를 다룰 수단은 다양했다. 예를 들어 원조 중단, 무역 협상 방해, 국내의 적에 대한 지원, 지도자에 대한 여행 제재 부과, 은행 계좌 동결 등이 있었다. 그리고 이것으로 충분하지 않다면 그때는 칠레에서처럼 비밀 조치로 좀 더 순응적인 정권을 확립할 수 있었다. 살바도르 아옌데는 이란의 모하마드 모사데크나 과테말라의 야코보 아르벤츠처럼 1945년 이후 지나치게 독단적으로 되어 서구의 패권을 위협하자 자리에서 쫓겨나는 서구 제국 주변부의 긴 통치자 목록 중 한 명에 지나지 않았다. 이러한 사례를 잘 알고 서구에 적대하는 것을 꺼리는 다른 많은 통치자는 필리핀의 페르디난드 마르코스와 자이르(현재의 콩고민주공화국)의 모부투 세세 세코가 그랬던 것처럼, 처음의 적대감을 누그러뜨렸고, 심지어 신뢰할 만한 동맹자 또는 대리인 역할을 함으로써 서구의 후원을 극적으로 구애하기까지 했다. 이 모든 것은 말기 로마 제국이 자신의 내부 주변부를 통제하는 방법과 놀랄 만큼 유사하다.

크노도마리우스와 마크리아누스

서기 첫 3세기 동안 로마의 라인강과 다뉴브강 국경 너머의 주민들은 새로운 부를 일부 사용해 다양한 로마 상품을 수입했다. 무역 관계는 이러한 부의 원천 중 하나였으나 유일한 원천은 아니었다. 수세기에 걸쳐 수천 명의 사람이 로마군으로 복무를 마친 뒤 저축 및 퇴직 보너스를 가지고 집으로 돌아왔다(69쪽). 사회적 규모를 더욱 확대하면, 로마 황제는 대체로 로마의 이익에 맞춰 자신의 국경 지역을 통치하고자 하는 의존국 왕을 지원하려고 외교 보조금을 체계적으로 사용했다. 우리 자료에서 '연례 선물'이라고 부르는 이것은 때로 고급 의류와 이국적인 식료품뿐만 아니라 현금 지급의 형태를 취했으며, 왕은 고국에서 지지를 확고히 하려고 선물을 일부 재활용했다. 약탈 경제는 다소 공식적이지 않았지만 역시 고질적이었다(때로 표리부동한 게임을 완벽하게 수행할 수 있는 동일한 의존국 왕이 승인했을 가능성이 꽤 컸다). 국경을 넘는 그 모든 팽창(3장)이 있었음에도 로마 경제는 야만족 주변부보다 훨씬 더 발전한 상태로 남아 있었고, 로마의 매우 다양한 제품은 특히 국경을 쉽게 넘을 수 있는 내부 주변부의 욕심 많은 눈에 매우 매력적인 표적이었다. 1967년 로마 도시 슈파이어 근처 라인강에서 자갈을 파던 중 로마 시대 별장을 약탈한 보물을 발견했다. 3세기 말, 약탈자 몇 명이 별장을 약탈하고 전리품을 실은 수레를 뗏목에 태워 강 건너로 되돌아가려고

했다. 그러다 사고를 당했는데, 아마도 로마 순찰선에 의해 침몰했을 것이다. 수레에는 약탈자들이 손에 넣은 각종 금속 제품을 포함해 700킬로그램에 달하는 엄청난 양의 훔친 물건이 들어 있었다. 별장의 모든 농기구는 말할 것도 없고 식당에서 가져온 은접시뿐만 아니라 가마솥 51개, 그릇과 대야 25개, 쇠 국자 20개도 있었다. 국경 반대편에서는 로마의 금속 제품은 어떤 것이라도 재사용하거나 재활용할 수 있었다. 그곳에서는 언제나 약탈한 물건을 사용했고 금속에 대한 수요가 끊임없이 있었다. 300년 동안 이어진 로마 세계와 부를 창출하는 접촉(평화적이든 아니든)은 4세기에 이르러 더욱 강해졌고, 로마의 이웃 국가에 대한 혁명적 영향이 눈에 띌 정도로 나타났다.

357년에 크노도마리우스Chnodomarius라는 이름의 야심찬 패왕覇王이 이끄는 알레마니족 연맹의 무장 추종자들이 오늘날의 스트라스부르 도시 근처에서 제국 서방 카이사르(부제)*인 율리아누스의 로마 군대와 맞섰다. 알레마니족은 일련의 지역 군주들이 통치하던 로마의 라인강 상류와 다뉴브강 상류 국경 바로 너머에 있는 영토 일부를 차지했으며, 이들에게 크노도마리우스는 어느 정도 패권을 확립한다. 350년대 초 크노도마리우스는 제국의 내전을 틈타 자신의 팽창주의 계획을 밀어붙여 띠 모양의 로마 쪽 국경 땅을 점령한다. 크노도마리우스가 3만 5,000명, 율리아누스가 1만 3,000명을

....

* 로마 말기 '4두정' 체제에서 아우구스투스는 '정제正帝'를, 카이사르는 제위후계자인 '부제副帝'를 뜻했다.

동원하며 전투를 시작했지만, 알레마니족은 엄청난 패배를 겪는다. 그들의 지도자는 수행원들과 함께 포로가 되었고, 6,000명의 병력이 전장에서 사망했으며, 많은 이들이 라인강을 건너 도망하려다 전사했다. 로마인들은 단지 247명만을 잃었다고 전해진다. 특히 이름이 유사하다는 점까지 고려하면, 율리우스 카이사르 이후 400년 동안 변한 것이 전혀 없다고 생각할 수도 있겠다. 갈리아 전쟁에 대한 카이사르의 직접적인 설명인 기원전 1세기 중반의 『갈리아 전기 Commentarii de Bello Gallico』에는 일방적인 대결로 가득 차 있으며 로마의 적들은 한결같이 재앙적인 결과를 맞았다. 하지만 4세기에 벌어진 이 전투 이후에 일어난 일은 로마 너머의 세계가 얼마나 많이 변했는지를 분명히 보여준다.

기원전 1세기, 또는 서기 1세기라면 그러한 패배는 관련된 적敵 연맹의 완전한 파괴를 가져왔을 것이다. 기원전 58년, 전前 로마 동맹 수에비 왕 아리오비스투스가 율리우스 카이사르에게 패배한 후 연맹이 완전히 무너진 경우가 이에 해당한다. 그 지도자는 두 번 다시 소식을 들을 수 없었다. 승리하더라도 이 시대의 게르만 동맹은 와해하는 경향이 있었다. 서기 9년에 케루스키족의 족장 아르미니우스('독일인 헤르만')는 연맹을 구성해 토이토부르크 숲에서 로마 군단 셋과 그들을 지원하는 보조 부대(2만 명이 훨씬 넘는 병력) 전체를 매복해 섬멸했다(68쪽). 이렇게 놀라운 승리를 거두었음에도 그의 동맹은 빠르게 와해했고 그 자신도 배신당해 죽었다. 초기 게르만어권 세계의 광범위한 정치적 불안정에 대한 근원적인 설명은 전혀 복잡하지 않다. 서기 1세기에 그들이 차지한 상대적으로 작은 북중부 유럽 지역(그리스도의 탄생 당시 유럽 풍경의 두 번째 지대: 70쪽)은 50~60개의 서로 다른 정치 단위의 본거지였다. 이러한 규모로 알 수 있듯이 각 정치 단위는 크기가 작았으며 이들 중 다수는 강력하게 인정받는 중앙 지도자('왕')의 통제 없이, 느슨한 족장 회의를 통해 운영했다. 이는 이 지역의 전반적인 경제적 저개발을 반영했으며, 대규모의 안정적인 정치적 권위가 전혀 불가능하다는 것을 뜻했다. 연합을 결성할 수 있었지만, 일단 눈앞의 목표가 달성되면 (승리하든 패배하든) 언제나 뿔뿔이 흩어졌다.

그러나 4세기 중반이 되자 스트라스부르 전투와 같은 명백히 파국적인 패배조차도 전혀 알레마니 연맹의 종말을 가져오지 않았다. 연맹은 정치적으로 빠르게 재편성되어 곧 다시 싸울 준비를 했다. 10년도 지나지 않은 364년, 샬롱 전투에서 또 다른 로마 군대는 또 다른 대규모 알레마니족 군대와 맞섰다. 이번에도 로마가 승리했지만, 더 많은 사상자가 발생했다. 1,100명의 로마 군인이 사망했다. 그런데도 알레마니 연맹은 계속해서 존재했고, 5년 만에 또 다른 뛰어난 패왕인 마크리아누스Macrianus를 내놓았다. 마크리아누스는 곧 로마의 군사적, 외교적 압력의 주요 대상이 되었다. 알레마니족만 그런 것은 아니었다. 훨씬 더 동쪽인 다뉴브강 어귀도 마찬가지였다. 그곳에서는 고트계 테르빙기족이 주도하는 또 다른 대규모 정치 연맹이 로마가 방어하는 국경선 바로 너머 지역을 통제했다. 테르빙기족은 310년대에 두각을 나타냈지만, 332년 콘스탄티누스 황제의 손에 큰 패배를 당했다. 그러나 이번에도 패배가 해산을 촉발하지는 않았다. 같은 왕조 일련의 지도자들 아래서 테르빙기족은 이 지역의 지배적인 세력으로 남았다. 로마 시대 말기(71~72쪽)의 내부 주변부에서도 동일한 전반적인 변화가 뚜렷하게 나타난다. 기원전 1세기와 서기 1세기의 문서에 기록된 복잡하게 얽힌 다양한 족장과 부족회의는 훨씬 더 강력한 중앙 지도부를 가진, 소수의 더 크고 내구성이 뛰어난 정치 연맹에 자리를 내주었다.

일반적으로 이렇게 좀 더 굳건해진 정치적 안정은 수 세기에 걸친 로마 제국과의 혁신적인 상호작용을 통해 내부 주변부에 모인 부와 좀 더 많은 인구의 산물이었다. 그러나 제국과의 접촉이 좀 더 구체적인 방식으로 이러한 정치적 변화를 추진하는 데 이바지했음을 시사하는 증거가 있다. 서기 4세기 무렵, 로마의 유럽 국경선 대부분을 따라 고대 게르만어를 주 언어로 쓰는 무리의 모든 분파에서, 좀 더 합의된 정치적 지도력을 나타내는 오래된 어휘가 군사 지휘를 뜻하는 단어에서 유래한 새로운 명칭으로 대체되었다. 한때 통치자들은 '사람들의 지도자'라는 칭호를 가졌으나 이제는 모두 '전투연합warband의 지도자'가 되었다. 이것이 우연이 아니라고 볼 증거는 차고 넘친다.

1955년에 슐레스비히 북부의 에이스볼 모세Ejsbol Mose에서 몇몇 덴마크 노동자들이 배수로를 파던 중, 한 구획에서 무려 600개의 금속 물체가 뭉쳐 있는 것을 발견했다. 9년이라는 시간을 들여 1,700제곱미터를 조사한 고고학자들은 한때 얕은 호수였던 그곳에서 서로 다른 퇴적물을 여러 개 발견했다. 가장 큰 것은 서기 300년경의 잘 조직된 군대의 완전한 장비였다. 그것들은 약 200명분의 창병 장비로 구성되었으며(발굴자들은 미늘이 있는 투창 머리 193개와

찌르는 창에서 나온 창끝 187개를 발견했다), 그중 3분의 1은 검도 장비하고 있던 것으로 보였다(허리띠 63개와 허리띠에 꽂혀 있던 검 60개와 단검 62개를 발견했다). 처음에 발굴자들은 세계에서 가장 큰 로마의 검 보관소를 발견했다고 생각했지만, 실상은 훨씬 더 흥미로웠다. 검 중에는 수입한 것도 일부 있었지만 대부분은 로마 제품을 직접 복제한 현지 생산자의 작품으로 밝혀졌다.

이 발견과 이와 유사한 다른 발견은 주변부에 사는 사람들이 제국과 접촉으로 만들어진 새로운 부를 서로 균등하게 공유하지 못했다는 것을 분명히 보여준다. 그렇다기보다는 제국과의 장기적인 상호작용으로 특정 집단에 더 많은 부와 첨단 군사 기술이 집중되었다. 외교적 보조금, 교역품에 부과하는 통행료, 군 복무 수당, 노예무역으로 인한 이익(무력 행사가 필요했다), 심지어 성공적인 국경 습격으로 얻은 전리품까지. 이 모든 새로운 부는 특히 내부 주변부에서 확고한 군사력이 있는 사람들의 손에 우선해서 들어갔지만, 외부 주변부에서도 어느 정도 비슷한 일이 일어났다. 또한, 부를 이용해 더 많은 전사를 고용하고 우수한 장비를 사들여 군사적 잠재력을 더욱 발전시킬 수 있었다.

이러한 발전은 북중부 유럽 사회에 원래 있던 일부 특징을 도드라지게 했다. 로마인들이 야만적 유럽이라고 불렀던 이 지역 문턱에 도달했을 때, 이곳은 이미 평등주의와는 거리가 멀었고 대체로 군사주의적이었다. 그러나 로마 부의 새로운 흐름은 특정 지도자들이 내부 경쟁과 군비 경쟁 확장을 통해 더 크고 지속적인 권력 구조를 구축할 수 있는 메커니즘을 제공했다. 이는 4세기 무렵 로마가 국경 너머에서 맞닥뜨린 좀 더 크고 지속적인 연맹에서 분명하게 드러났다. 때로 이 경쟁은 잔인한 결과를 가져왔다. 에이스볼 모세에서 발견한 장비는 호수에 던져지기 전에 모두 부서졌다. 조사자들은 아마 마지막 소유자도 비슷한 운명을 겪은 일종의 희생 의식일 것이라고 (합리적으로) 추측했다. 그러나 다른 경우에는 경쟁적 대결이 새로운 동맹의 창출로 이어진 때가 좀 더 흔했던 것으로 보인다. 이 경우 약한 부족은 더 강하다고 인정한 이웃 패왕의 지배권을 확실하게 받아들였다.

여기서 추론은 간단하다. 문서에 남아 있는 모든 새로운 연맹은 과거에는 나뉘어 있던 군사 지도자들 간의 동맹이었다. 이러한 방식의 관계 때문에 많은 하위 참여자들은 중급 지휘자로서 자신의 군대를 직접 통제할 수 있었다. 그렇다 해도 전반적으로 극적인 정치적 효과가 나타났다. 로마 제국과의 혁신적인 접촉은 군사화 및 정치적 중앙집권화라는 상호 강화 과정을 불러왔다. 이러한 과정은 가장 좋은 위치에서 로마 세계로부터 새로운 부와 첨단 군사 장비 획득 기회를 활용할 수 있는 주변부 그룹이 추진했다. 그 결과, 로마 제국과 4세기 내부 주변부 사이의 관계는 초기의 군단 강압식 외교gunboat diplomacy에서 벗어나 실질적으로 변화했다.

새로운 연맹은 3세기 중반에 처음으로 존재감을 드러냈는데, 당시 그들의 공격적인 야망과 늘어난 군사력은 제국에 즉각적인 손실을 입혔다. 이 시기에 영국 북부와 벨기에는 너무나 큰 피해를 보는 바람에 4세기 황금기가 돼서도 정착밀도를 회복하지 못했다(40쪽). 로마인의 별장은 크고 방어력이 없는 영지의 주택이었기 때문에 국경 경계선은 어떤 구역에서든 치안이 무너지면 항상 반대 연맹의 표적이 되었다. 이렇게 농업 경작지의 기능이 중단되면 영향을 받는 지역의 국지적인 경제 혼란이 항상 따라왔다. 보다 전략적으로 보았을 때, 이러한 연맹의 좀 더 커진 군사력은 로마의 유럽 국경선 배치를 조정하게 만들기도 했다. 로마의 완전한 속주 지위 궤적에 있던 일부 지역은 로마 군인과 행정이 철수하면서 내부 주변부로 전락했다. 가장 큰 손실을 본 곳은 다뉴브강 너머의 트란실바니아 다키아였지만, 하드리아누스 성벽 너머 로마노-영국의 북쪽 끝도 포기했고, 라인강 상류와 다뉴브강 사이에 있는 알레마니족이 점령한 지역인 아그리 데쿠마테스*Agri Decumates*도 포기했다. 이 영토는 새로운 연맹이 외부에서 가하는 군사적 압력이 전반적으로 증가함에 따라 포기한 것이지만, 각각의 예에서 가장 마지막으로 행해진 조치는 로마 군인과 행정관의 계획적 철수인 것으로 보인다.

동시에, 내부 주변부의 새로운 연맹도 로마에 유용한 기회를 제공했다. 4세기까지 로마 제국은 정기적으로 그들의 군사력을 끌어들였다. 고트계 테르빙기족 연합 파견대는 페르시아가 대상인 세 차례의 제국 원정에 참여했으며, 알레마니족과 라인강 프랑크족 출신의 유사한 전사 무리도 제국 서방 황제의 원정에 동원되었다. 이러한 파견대는 보수를 줘야 했고(지배적인 군사 집단의 손에 더 많은 부를 쥐여주었다) 관련한 인원도 많지 않았지만, 이들은 각 원정이

....

* 아그리 데쿠마테스는 타키투스가 그의 책 『게르마니아』에서 언급한 단어다. 학자들은 고대 켈트족 용어로서 '10개의 주州'라는 뜻으로 보고 있다.

끝나면 고향으로 돌아가므로 로마 군인을 추가로 모집하는 것보다 훨씬 저렴했다. 어쨌든 일단 필요한 조정이 이루어지고 나면, 4세기의 로마는 새로운 연맹들 사이에 더 높은 수준의 군사·정치적 조직이 나타났음에도 뚜렷한 지배력을 주장하고 유지할 수 있었다.

크노도마리우스가 대가를 치렀듯이, 새로운 연맹 중 어느 것도 로마의 군사력에 대놓고 도전할 만큼 강력하지 않았다. 심지어 주기적으로 로마와의 긴장이 고조되는 곳에서도, 야심 찬 전사 패왕들은 그들만의 정치적 문제를 갖고 있었기 때문에 스트라스부르 같은 정면 군사 대결은 거의 일어나지 않았다. 로마의 국경 파트너들은 예상되는 결과를 잘 알고 있었고, 공개적인 대결 국면까지는 저항을 이어가지 않는 경향이 있었다(비록 그들이 약간의 불법적인 약탈을 조장하고 그로부터 이익을 얻을지라도). 따라서 일반적으로 말하자면, 로마 제국 말기 유럽 변경 지역의 관계가 변하는 과정은 다른 패턴을 따랐다. 3세기 후반과 4세기에 로마 황제는 정치적 세대에 한 번씩(대략 25년마다) 유럽 국경선의 네 개 주요 구역 각각 건너편에 대규모 원정을 떠났다(라인강 하류, 라인강 상류, 다뉴브강 중류, 다뉴브강 하류). 그때마다 제국의 불우한 이웃 중 일부는 공포 원정으로 집이 불타고 거주자들이 붙잡혀 노예로 팔리는 것을 목격했다. 이러한 초기 군사력 시위는 대개 지역 군사 지도자를 공식적으로 복종하게 만드는 데 충분했다. 그런 다음 황제는 정치적 영향력이 극대화하는 이 순간을 이용해 로마의 이익에 맞게 지역 연맹 정치의 형태를 재조정했다. 새로운 정착지의 기대 수명은 로마식 교육을 받기 위해 궁정으로 끌려간 고위층 인질, 그리고 협력하는 사람들에게 제공하는 가치 있는 교역품 거래와 연례 외교 선물 및 보조금으로 연장되었다. 이러한 것들은 로마에 복종하는 파트너에게 정착지를 보존해야 하는 확실한 이유가 되었다. 이러한 채찍과 당근의 조합은 일반적으로 다음 수십 년 동안 모든 국경 지역에서 광범위한 평화를 유지하기에 충분했으며, 그사이 지나치게 야심 찬 왕은 납치나 표적 암살로 제거될 가능성이 컸다(살바도르 아옌데를 다시 떠올리지 않을 수 없다).

모든 일이 순조롭게 진행되었다는 뜻은 아니다. 이러한 정착지는 국경을 넘는 습격을 최소화했으나 완전히 없애지는 못했다. 제국의 다양한 정권은 때로 자신의 정치적 의제를 추진하려고 정책 조합을 임의로 변경하기도 했다. 360년대 초반 발렌티니아누스 1세는 야만족들에게 강인하게 보이고 싶어서 알레마니족에 대한 연례 보조금을 일방적으로 낮추고, 요새를 짓지 않을 것이라고 합의한 곳에 요새를 건설했다. 그 결과 스트라스부르 전투 이후 율리아누스가 라인강 상류 국경 지역을 최근에 (그것도 효과적으로) 정복했음에도 국경 폭력이 심각하게 분출했다. 외적인 사건도 황제가 손을 쓰게 만들었다. 360년대 후반 무렵, 발렌티니아누스가 라인강 상류에 대해서 가장 불안하게 여기는 것은 우리가 본 것처럼 새 알레마니족 패왕의 등장이었다. 바로 마크리아누스다. 황제는 먼저 암살을 시도했고, 그다음엔 그를 납치하기 위해 특별 납치 부대를 보냈다. 두 가지 모두 성과를 내지 못하고 다른 국경 구역에서 심각한 문제가 발생하자 발렌티니아누스 1세는 방침을 바꿔야 했다. 마크리아누스를 라인강 중앙에서 열린 선상船上 정상 회담에 초대했고 두 사람은 거래에 도달했다. 발렌티니아누스는 마크리아누스의 지위를 알레마니족의 패왕으로 인정하고 그에게 유리한 조건을 부여했으며, 그 대가로 그는 국경에서 평화를 유지하고 확장 야망을 북부 프랑크족 이웃에게 풀기로 했다.

그러나 이 모든 것들은 상대적으로 사소한 문제였다. 새로운 군사-정치 연맹은 전반적으로 로마 제국의 정책을 조정 외교 쪽으로 바꿨지만, 로마는 여전히 지배적인 위치를 유지했다. 변경의 왕조들은 자신들의 지위를 극대화하고 싶었지만, 감히 로마의 세력에 직접 도전하는 자는 거의 없었다. 주변부 개발은 로마 제국의 지배력 행사에 일부 제약을 주었지만, 그 지배력을 뒤집지는 못했다. 야심 찬 마크리아누스조차 자신의 특별 거래에 매우 만족해, 남은 생애 동안 신뢰할 수 있는 동맹으로 남았다. 훗날, 제국 힘의 행사에 대한 로마의 변화한 접근 방식은 여러 해가 흘러 20세기가 전개되면서 강한 반향을 불러일으켰다.

인도(그리고 아프리카…)의 독립

18세기 후반과 19세기에 신흥 서구 제국의 특징인 군주제 통치는 새로운 신조의 도전을 받고 그 때문에 일부는 전복했다. 이 신조는 권위가 위에서 오는 것이 아니라 아래에서, 즉 국가를 구성하는 국민에게서 나온다고 주장했다. 빠른 시간 안에 이를 통해 많은 아메리카 식민지 주민이 대영 제국(그리고 스페인, 포르투갈)의 직접적인 통치를 무너뜨릴 힘을 얻었고, 프랑스 국민도 자국 군주에 맞서 봉기할 수 있었다. 이윽고 민족주의가 19세기와 20세기 초에 걸쳐 유럽 전역에서 주기적으로 심화하는 정치적 불안에 이념적 정당성을 제공했다. 이는 또한 식민 통치하의 유럽 제국 주변부에 사는 수많은 인구, 특히 대영 제국 왕관의 보석*에 영향을 미치게 된다.

유럽 제국주의는 늘 지역적 저항을 불러일으켰고, 19세기 제국주의가 대대적으로 확장될 때도 예외는 아니었다. 줄루 전쟁, 수단의 '미친' 마흐디, 의화단 사건, 네덜란드령 자바에서 디파느가라의 저항 전쟁, 서아프리카에서 프랑스와 사모리 투레의 싸움 등이 이어졌다. 이러한 봉기는 항상 손실을 입혔고 때로는 그 손실이 심각하기도 했지만, 일반적으로 로마 통치하의 영국에 대한 부디카의 공격과 같은 운명을 맞이했으며, 그러한 운명을 따르는 이유도 거의 비슷했다. 제국주의 확장에 저항하는 세력은 상대적으로 규모가 작았고, 기술 발전이 떨어졌으며, 행정도 취약했다. 불가피한 패배를 당한 이후, 식민시대 이전의 엘리트들은 대개 정치적으로 무의미하게 사라졌고, 그들의 자리는 제국의 관행과 기술, 때로는 유럽 핵심의 문화와 수사학 요소를 성공적으로 통달한 새로운 집단이 차지했다. 특히 민족의 독립을 분명하게 요구하는 집단이 그러했다.

19세기 말 인도에서 최초의 식민지 민족주의 운동이 나타났다. 다른 곳에서 흔히 볼 수 있는 양상과 마찬가지로, 이 운동은 토착 중산층이 모이는 클럽과 살롱(일부 식민지 모델을 따라 만든 것)에서

....

* 인도를 뜻한다. 대영 제국 왕관에는 인도에서 빼앗은 코이누르 다이아몬드가 박혀 있다.

시작했다. 영국령 인도에는 내부 주변부의 여러 영토와 마찬가지로 수적으로 많은 유럽인 정착민과 행정가 공동체가 있었지만, 그들이 전체 인구에서 차지하는 비중은 거의 전적으로 현지 신병으로 이루어진 정치 권력 피라미드의 아주 작은 갓돌에 지나지 않았다. 만일 식민 행정 기구 전체를 '모국'에서 이전했다면, 들어가는 돈과 인력 비용 때문에 식민 사업은 경제적으로 유지할 수 없었을 터였다. 영국은 고위 관료들과 장교들만 인도에 파견했고, 그 외에는 현지에서 훨씬 적은 비용으로 나머지 직원과 중간 관리직을 채용했다. 이것이 바로 영국이 단 4,000명의 공무원으로 3억 명의 인도인을 통치한 방법, 또는 10명의 프랑스 관리가 서아프리카 내륙의 수백만 명을 통치한 방법이다. 그 결과, 원래 폭력과 위협으로 확립한 우월한 지위를 유지하기 위해 인도의 영국 행정부는 유럽인들에게 지위와 권력의 정점을 준, 효과적인 카스트 제도처럼 작동했다. 이는 대부분의 식민지 주변부에 있는 대다수 다른 제국 행정부와 같은 모습이었다. 그들은 뭄바이 곳곳에 흩어진 클럽이나 학교처럼 고국의 기관을 재창조했으며 때로는 지역 엘리트 구성원을 자기들의 서열에 흡수하기도 했다. 그러나 식민지 사회에서 진정한 권력이 어디에 있는지 모르는 사람은 아무도 없었다.

처음에 뭄바이의 사업가들은 발전하는 민족주의 대화에 재치 있게 거리를 두었다. 민족주의는 대부분 인도에서 성장하고 있는 중산층 지식인 집단의 전유물이었으며, 이들 일부는 토착 행정관 고위층이기도 했다. 대부분의 경우 인도 기업계는 실용주의를 고수했으며, 제국의 무역망을 통해 번영하면서 부풀어 오르는 민족주의

대의에 대한 이념적 헌신을 거의 보이지 않았다. 현재 뭄바이에서 가장 역동적이고 성공적인 가족 중 하나인 타타 가족도 예외는 아니었다. 잠셋지 타타는 인도국민회의 운동Indian National Congress movement의 주요 사상가 및 조직자들과 개인적으로 가까웠지만, 그 자신은 제국의 정치적 관심을 거의 끌지 않고 식민 행정부와 기꺼이 협력했다. 타타는 제국 내에서 크게 번창해 그와 그의 아들들은 당당히 제국의 중심지에 진입할 정도였다. 도랍지는 케임브리지로 갔고 그 후 그의 형제 라탄처럼 기사 작위를 받았다.

그러나 장기적으로 볼 때, 타타 가족의 정치적 입장은 제국 지배 계급에 완벽하게 편입한 아우소니우스 가문이나 밴더빌트 가문보다는 자녀들을 인질로 황실에 데려가는 경우가 많았던 4세기 로마 내부 주변부의 의존국 통치자 중 한 명의 입장과 더 유사했다. 그곳에서 인질들은 로마 교육을 받았고 가능한 모든 예우를 받았지만, 현재의 외교적 합의가 유지되는 동안에만 그랬다. 아우소니우스 가문이나 밴더빌트 가문과 달리, 제국의 사회 상류층과의 결혼은 생각할 수 없었고(알레마니족 왕자나 타타 가족 모두), 이후의 전개가 확실히 보여주듯이 제국 권력의 중심에 훨씬 더 가까운 사람들의 이익을 위협하지 않는 한에서만 제국 집단 내에서 환영받았다.

19세기 후반이 되자 랭커스터 상대 공장주들의 눈에 뭄바이의 공장 소유주들이 잠재적인 경쟁자처럼 보이기 시작했다. 그 결과, 자신들을 위대한 제국 체제 내에서 동등한 주체로 여겼던 인도 기업계의 구성원들은 '영국성'의 핵심 속성 중 일부가 자신들에게는 적용되지 않는다는 사실을 발견했다. 예를 들어, 타타 자신의 민족주의는 1894년 영국이 인도산 면화에 관세를 부과했을 때 처음으로 촉발되었다. 그 시점에서 그는 사적으로나마 동료들에게 '영국인만을 존중하는 잘못된 제국주의'에 대해 격렬하게 불평했다.

어쨌든, 다음 수십 년 동안 민족주의는 인도의 지식인과 공무원들 사이에서 점점 더 강한 호소력을 가지게 된다. 정치 권력이 여전히 궁극적으로 모국의 관리들에게 독점되어 있었기 때문에 이들의 개인적 야망이 좀 더 직접적인 장애물에 부딪힌 상태였다. 실질적인 사업적 이해관계가 없는 민족주의 지도자들은 급진적인 이데올로기를 실험하는 데 좀 더 거리낄 것이 없었다. 인도국민회의도 예외는 아니어서, 제1차 세계대전 이후 튀르키예의 국가 주도 자본주의 모델과 소비에트의 중앙집권적 계획주의에 이끌렸던 사회주의자 상당수를 끌어들였다. 그러면서 인도국민회의가 점점 더 급진적으로 변해가자, 뭄바이 사업가들은 가능한 한 친구를 얻으려고 애쓰는 식민 행정부에 힘입어 인도국민회의에 대한 지지를 줄였다. 그러나 1930년대에, 부분적으로 인도의 저명한 사업가 가문과 긴밀한 관계를 맺고 있던 좀 더 보수적인 지도자들의 영향으로 인도국민회의는 사회주의적 발언을 다시 완화했다. 이것은 대공황 속에서 어려움을 겪고 있던 랭커스터의 공장주들을 위해 제국 정부가 보호주의 정책을 강화하던 바로 그 순간에 일어난 일이었다. 우연의 일치로 마침내 인도 기업과 인도국민회의 사이의 유대가 더욱 굳건해졌고 아름다운 우정이 시작되었다. 의회는 정치 캠페인을 통해 재정적 지원을 얻었고, 기업은 인도국민회의가 국가 독립을 위해 이미 계획하고 있는 국가 주도의 산업 정책으로부터 정당한 이익을 얻을 수 있기를 기대했다.

인도는 강력한 토착 문화 전통을 가진 고대 문명을 보유하고 있었고, 특히 이 전통이 기업계가 축적한 제국에서 얻은 이윤과 함께 동원되었을 때 일찍부터 효과적인 민족주의 운동을 일으킬 수 있었다. 그러나 그 기본 양상은 20세기 중반 무렵 새롭게 나타난 반<ruby>식<rt>反</rt></ruby>민지 소요의 반복되는 특징이었고, 옛 유럽 제국의 넓은 지역에 영향을 미치는 중이었다. 그중 상당 부분은 토착 전문직 계층이 주도했다. 이들은 교육을 받은 사람들이었지만, 구조적으로 종속된 공무원과 관리자들이었고 최고위층으로 가는 길을 막고 있는 유리천장을 깨고자 했다. 내부 주변부 맥락에서 보았을 때는, 점점 더 번영하고 있음에도 여전히 부분적으로 소외된 기업계층이 독립 이후의 이익을 기대하면서 자연스럽게 동맹을 맺었다. 이들은 독립이 되면 우호적인 정부 정책이 자신들의 위해 펼쳐질 것을 기대했다.

따라서 장기적으로 볼 때, 고대 로마 제국 체제와 현대 서구 제국 체제에서 내부 주변부는 각각 4세기 중반과 20세기 전간기戰間期에 비슷한 양상의 정치적 격변을 겪었다. 결국, 원래 제국 핵심에 들어가 완전히 권리를 부여받은 속주들 같은 규모가 아니라면, 고대와 현대의 내부 주변부에 있는 특정 집단들의 수중에 충분한 새로운 부가 축적되어 정치 권력의 지배적인 패턴에 저항할 수 없는 변화를 일으켰다. 이러한 변화는 주변부 자체 내에서, 그리고 주변부와 제국 중심지 사이의 전체적인 권력 균형 모두에서 일어났다. 새로운 부는 항상 기존의 힘의 균형을 재편하고, 자신의 이익을 주장할 능력과 필요를 둘 다 가진 새로운 권력 블록을 만들어낸다.

로마 시대에는 주변부의 강력한 사회 계층이 이미 상당히 군사화했고 부와 권력 사이의 관계가 매우 직접적이었다. 주변부에 쌓이는 새로운 부의 상당 부분을 차지하려면 기존 병력과 추가적인 군사력 증강이 모두 필요했으며, 이를 통해 성공적인 지도자는 더 많은 전사를 지원하고 로마와의 접촉으로 유용한 우수 장비를 그들에게 제공할 수 있었다. 이에 비해, 19세기와 20세기 초에 신흥 토착 엘리트에게 힘을 실어준 것은 단순한 군사적 역량이 아닌 부, 확고한 새 이데올로기, 행정 기법의 결합이었다.

그러나 전반적인 정치적 효과는 비슷했다. 즉, 계속되는 직접적인 제국 권력 행사에 더 잘 대응할 수 있는 새로운 토착 세력이 전면에 등장한 것이다. 그리고 비록 군사력은 현대 주변부의 정치적 진화 과정에서 고대만큼 중요하지는 않았지만, 그렇다 해도 두 차례의 세계대전은 현대 내부 주변부의 민족주의 겸 독립운동에서 직접적인 촉매 역할을 했다. 전례 없는 전쟁 동안, 제국 정부는 유럽의 사건에 붙잡혀 있었고 그 와중에 식민지 자원에 막대한 요구를 했다. 예를 들어, 두 차례의 세계대전 동안 프랑스는 아프리카 식민지에서 수십만 명의 신민을 전장으로 보냈고, 영국은 인도에서만 200만 명 이상의 군인을 모집했다. 1914년에서 1918년 사이에 제국주의 권력이 사실상 일시적으로 약해지는 현상은 민족주의 운동이 대부분 아직 초기 단계에 있던 시점에 일어났다. 그러나 제2차 세계대전이 발발할 무렵에는 많은 민족주의 운동이 제국 중심지가 직면한 문제를 활용할 수 있을 만큼 충분히 확고하게 자리 잡은 상태였다(인도가 가장 대표적이다). 그중에서도 이미 1930년대에 마하트마 간디는 인도국민회의 운동을 평화적이면서도 광범위한 시민 시위를 할 수 있는 폭넓고 일관성 있으며 잘 조직된 세력으로 구축하는 데 도움을 주었다. 1930년의 유명한 소금 행진이 특징적인데, 24일 동안 386킬로미터를 걸쳐 진행한 그 행진은 제국 정부의 소금 공급 독점 통제에 도전한다는 즉각적인 목표는 실패했지만, 궁극적으로 독립운동을 광범위한 대중적 대의로 전환하는 데 성공했을 뿐만 아니라 해외에서도 상당한 공감을 얻었다. 윈스턴 처칠은 간디를 '반쯤 벗은 파키르*'라고 조롱하며 무시하려 했지만, 간디와 그가 촉발한 운동과 협상하는 것 외에는 선택의 여지가 없었다.

이렇게 내부 주변부의 주장이 이미 강렬해지던 가운데, 제2차 세계대전으로 인한 세계 제국 간 질서의 흔들림은 식민지의 독립 추진에 상당한 영향을 미쳤다. 한 세대 만에 두 번째 대규모 분쟁이 발생한 이후, 옛 유럽 제국들은 전례 없는 수준의 막대한 공공부채에 맞닥뜨렸으며, 국내 재건 자금을 조달하고 연간 지출을 줄이기 위해 상당한 구제 금융이 필요했다. 그러나 유일하게 준비된 현금 공급원은 미국뿐이었다. 미국은 원칙적으로 자금을 제공할 마음이 있었지만, (유럽 제국주의의 지배를 벗어난 최초의 식민지라는 역사에 걸맞게), 시대에 뒤떨어진 제국주의 야망으로 여겨지는 자금을 조달할 생각은 전혀 없었다. 수십 년 동안 미국은 경쟁자인 소련과 함께 유럽의 식민 유산을 뒷받침하는 정복권에 맞서 자결권을 옹호해 왔다(물론, 자결을 추구하는 사람들이 미국의 뒷마당에 있지 않다는 조

----

* 파키르fakir: 고행 수도자.

건하에서).

영국, 프랑스, 네덜란드는 모두 자신들의 제국을 유지하기를 원했고, 어떤 경우에는 독립을 추진하는 식민지를 탈환(또는 탈환을 시도)하기 위해 전쟁에 나섰다. 그러나 그들은 1945년 이후 이제 대규모 식민지 자산 목록을 직접 통제하는 것이 비용과 편익의 균형(일부는 재정적, 일부는 이데올로기적)면에서 크게 손해라는 사실을 알게 되었다. 자생적 민족주의 운동은 이제 지역 주민들 사이에서 충분한 지지를 쉽게 끌어냈고, 집단적인 제국주의 전쟁 노력에 대한 기여를 통해 자신을 정당화했다. 이에 따라 여러 서구 식민지를 유지하는 것이 점점 더 어려워졌고 통치 비용도 많이 들게 되었다. 게다가 돈은 미국이 준 것이었다. 미국은 마셜 원조로 150억 달러(현재 가치로 약 10배에 달하는 가치)를 나눠줬으며, 미국의 유럽에 대한 광범위한 민간 투자와 미국 시장에 대한 자유로운 접근까지 제공했다. 이는 무너진 경제를 회복하려는 유럽 국가들에 필수적이었다. 여기에 더해 미국은 영국과 프랑스가 1956년 이집트에서 수에즈 운하를 되찾으려는 시도 같은 계속되는 제국주의 모험에 단호하게 비협조하기로 하며 구식 유럽 제국주의에 경고 문구를 게시했다. 1945년 이후 수십 년 동안, 서구 열강은 식민지에 대한 직접적인 통제권을 점점 더 자발적이고 점점 더 평화롭게 제국 시대 동안 강해진 지역 엘리트들에게 넘겨주었다.

그러나 이러한 역사적 진전이 처음 볼 때는 영국 제국주의의 멍에를 벗어던진 첫 번째 국가가 다른 나라들도 벗어나도록 도왔다는 점에서 미국 예외주의에 관한 행복한 서사에 들어맞는 것처럼 보일 수 있지만, 그것은 이야기의 절반에 지나지 않는다. 실제로, 공식적인 탈식민지화 과정은 서구 제국주의의 종말이라기보다는 서구 제국주의가 새롭고 매우 창의적인 형태로 재표현되는 것을 의미했다. 로마 제국 체제가 자신의 작동 때문에 생성된 더 강력한 연맹을 염두에 두고 스스로 작동방식을 조정해 여전히 궁극적인 통제를 행사했던 것처럼, 심지어 탈식민지화 속에서도 서구 제국 체제는 새로운 메커니즘을 통해 옛 식민지 주변부 대부분을 계속해서 지배했다. 이러한 서구 제국주의의 절정 국면을 뒷받침하는 제도적 구조는 1944년 여름 뉴햄프셔의 작은 마을에서 미국인들이 주재한 긴 토론에서 나왔다.

브레턴우즈

그해 7월, 연합군이 노르망디 교두보를 돌파하기 위해 고군분투하며 제2차 세계대전이 최종 단계에 돌입하자 미국 정부는 휴양 도시인 브레턴우즈에 동맹들을 모았다. 그 목적은 전후 세계의 금융 구조에 대한 청사진을 그리는 것이었다. 두 사람이 크게 눈길을 끌었다. 존 메이너드 케인스John Maynard Keynes는 영국을 대표했고 해리 덱스터 화이트Harry Dexter White는 미국을 대표했다. 지난 2년 동안 함께 조용히 일하면서 그들은 많은 문제에 대해 광범위한 합의에 도달했지만, 주요 차이점은 벽에 부딪혀 있었다. 두 사람 모두 전쟁 전 대공황 시대보다 교환의 유동성을 훨씬 더 높이기 위해 이제 모든 세계 무역이 이루어지는 단일 표준 통화가 필요하다는 것과 안정성과 신뢰성을 보장하기 위해 이 통화를 금으로 뒷받침해야 한다는 데는 동의했다. 그러나 케인스는 가능하다면 최대한 이전 상태로 복원하기를 원했다. 영국이 제국을 유지한다면 식민지는 파운드화로 대외 무역을 하고 외환보유액을 런던에 보관함으로써 세계 주요 기축 통화 중 하나로 오랜 지위를 가진 파운드의 역할을 유지하는 데 도움이 될 것이었다. 이는 영국 은행 제도의 자금 풀을 확대할 것이고, 영국은 전후 재건 자금을 조달할 때 자체 자원에 의존할 수 있어서 영국의 차입 비용을 낮추는 추가적인 이점이 생길 터였다. 그러나 화이트는 세계 금융의 중심을 미국으로 옮기고 싶어 미국 달러의 장점을 옹호했다. 필요한 보장을 제공하려고 그는 포트 녹스에 있는 미국의 보안 벙커에 보관한 금괴에 맞춰 환율을 고정할 것을 제안했다. 이 벙커는 당시 세계 금 보유량의 약 5분의 4를 보관하고 있었다.[8]

결국, 화이트가 바라던 것을 얻었다. 케인스의 건강이 나빠진 것도 한몫했지만, 어쨌든 상황은 케인스에게 불리했다. 미국은 당면한 전쟁 비용의 대부분을 실질적으로 지급하고 있었고, 일시적이지만 막대한 구조적 이점도 누리고 있었다. 유럽의 경제적 기반이 광범위하게 파괴된 상황에서, 전쟁이 끝났을 때 미국은 세계 전체 생산량의 3분의 1, 산업 생산량의 절반을 차지했다. 이는 모든 사람이 미국 상품, 특히 주택, 공장 및 기반 시설을 재건하는 데 필요한 자본재를 손에 넣고 싶어 한다는 것을 의미했다. 결과적으로 아주 많은 미국 달러를 확보해야 했으므로 국가들은 미국 통화로 서로 거래하는 것이 가장 편리하다는 것을 재빨리 깨달았다. 그것은 경제가 회복하기 시작한 후에도 마찬가지였다.

　그 결과로 탄생한 브레턴우즈 협정은 전후 세계 경제가 무역과 자본 흐름에 대한 제한을 최소화하면서 운영되는 동시에, 서구 열강의 지속적인 지배를 보호하기 위한 일련의 제도를 창설했다. 첫째, 관세 및 무역에 관한 일반협정GATT으로 회원국들은 관세 인하 체제를 약속했는데, 이는 정부가 수입품에 부과할 수 있는 세금을 점진적으로 축소함으로써 세계가 대공황 시기의 폐쇄 경제로 돌아가는 것을 방지할 것이었다. 둘째, 회원국들이 매년 분담금을 내는 세계적 비상기금으로 국제통화기금IMF이 창설되었다. 만일 수출보다 수입이 많아 달러가 고갈되는 단기 국제수지 부족 사태에 직면할 경우, 기금에 지원을 요청할 수 있었다. 그리고 지급 문제가 더 해결하기 어려운 것으로 판명되면 IMF는 최후의 수단으로 채권자로서 개입해, 규정에 따라 일련의 재정적 구제 조치를 시행하는 대가로 더 많은 대출을 제공할 것이었다. 말할 필요도 없이, 이 기금은 사회주의적 유토피아에 자금을 조달하려고 고안한 것이 아니다. 회의의 마지막 아이디어는 세계은행WB이었다. 세계은행은 원래 전쟁으로 황폐해진 유럽의 재건을 위한 자금 지원이 목적이었으나, 전후 탈식민지화 과정에서 부상한 신생 국가들이 문을 두드리기 시작하자 곧 주변부의 자본주의 발전으로 관심을 돌렸다. 새로운 세계 질서를 완성한 것은 유엔UN이었다. 유엔은 1945년 브레턴우즈의 금융 체제와는 별개로 창설되었지만, 그런데도 연합군의 지배력을 강화하는 데 도움이 되었으며 (제국의 새로운 중심지가 어디인지 의심의 여지가 없도록) 뉴욕에 본부를 두었다.

전쟁이 끝난 지 겨우 2년 만에 인도는 독립을 선언했고 영국, 프랑스, 네덜란드 등 제국 전역에서 탈식민지화가 시작되었다. 이러한 새로운 탈식민지 국가 중 브레턴우즈 회의에 참석한 곳은 거의 없었지만,[9] 거의 모든 국가가 그러한 제도적 틀에 서명했다. 그들의 정부가 유엔에 의석을 얻거나 IMF 및 세계은행의 주주가 됨으로써 얻은 합법성을 제외하고도, 그들은 야심 찬 개발 프로젝트에 자금을 지원하는 데 필요한 가용 투자 자본의 대부분을 서구에서 찾을 수 있었다. 소련은 경제상호원조회CMEA*라는 라이벌 공산주의 경제 블록을 창설하려고 시도했지만, 자금이 너무 부족해 회원국에게 실질적인 지원을 제공할 수 없었다. 이와 대조적으로 서구 시장은 부유하고 급성장하는 수요 중심지였으며, 1950년대와 1960년대에 경제가 회복하자 다시 한번 넉넉한 자금을 확보하게 되었다. 주변부에서 등장한 여러 새로운 정부들은 당연히 제국주의 지배의 유산을 거부하면서 비동맹을 거론했다. 실제로는, 경제적 필요성 때문에 그들은 서구 진영에 굳건히 뿌리를 내리게 되었다.

개별적으로 서구 열강은 이러한 새로운 국가에 상당한 영향력을 행사할 수 있었고(재정적 지원, 외교적 영향력, 정부를 지지하거나 반대하는 은밀한 활동, 항구 봉쇄 같은 군사적 압력 등을 통해), 집합적으로도 서구 열강은 자신들의 방침을 따르도록 개발도상국 정부에 더욱 강한 압력을 가할 수 있었다. 유엔 총회에서는 다수의 새로운 국가에 유리한 1국가 1표 원칙에 따라 결정이 내려졌지만, 무력 사용을

---

*   Council for Mutual Economic Assistance.

승인할 수 있는 안전보장이사회의 표결에서는 미국, 소련, 프랑스, 중국(1971년까지 대만 정부가 대표했다), 영국의 다섯 개 상임이사국에 거부권을 부여했다. 더욱 중요한 것은 IMF와 세계은행의 투표를 민간 기업처럼 지분 규모에 따라 영향력의 비중을 결정하는 방식으로 진행한다는 점이다. 단일 최대 기여국인 미국은 거의 4분의 1의 표를 얻었고, 서구 열강이 그들끼리 모든 주요 결정을 통제했다. 그들이 항상 한마음이었던 것은 아니며(1956년 수에즈 대실패를 목격했다), 중국이나 소련과 맺은 관계의 정확한 성격은 서구 국가마다 달랐다. 그러나 세계 정치경제를 지배하는 핵심 원칙(자유 무역, 사유재산, 시장 교환 등)에서는 공통의 대의를 찾았다.

근본적으로, 브레턴우즈는 세계 자원의 순 흐름이 세계 경제의 과거 제국주의 주변부에서 서구 제국 중심지로 계속 이동하도록 세계 상업 질서를 제도화했다. 1945년 당시 세계 발전의 일반적인 양상은 제조업이 처음에는 서구 선진국에 크게 집중되어 있음을 의미했다. 따라서 제조품의 자유 무역 체제는 서구 기업이 산업재 분야에서 세계 시장을 지배할 수 있게 해주었다. 왜냐하면, 주변부의 모든 신생 기업은 제조 전문 지식을 굳건히 장악하고 있는 훨씬 더 발전하고 자본이 튼튼한 기업과 경쟁하기 위해 고군분투해야 할 것이기 때문이다. 원칙적으로 개발도상국은 역으로 농산물과 1차 생산품을 서구로 수출함으로써 자체적인 경제를 구축할 잠재력이 있었다. 그러나 서구 국가들에서 농부들은 매우 중요한 정치적 지지층을 이루고 있었고, 최근 제2차 세계대전의 기아 경험으로 비축물이 늘어났기 때문에 최초의 GATT 협정은 농산물 무역에 대해서는 제조품과 같은 정도로 자유화하지 않았다. 따라서 주변부의 제조업체들은 자국 내에서 서구 수입품과 경쟁하는 데 어려움을 겪었고, 농민들은 서구 소비자 사이에서 시장 점유율을 확대하는 데 상당한 장애에 직면했다.

같은 시기에, 회계 단위가 달러로 전환되면서 세계 경제의 중심이 영국에서 미국으로 꾸준히 이동했다. 런던은 여전히 세계 주요 금융 중심지로 남아 있었지만, 세계 금융의 정점이라는 런던의 지위는 빠르게 뉴욕으로 넘어갔다.[10] 1945년에는 전 세계 외화 보유액의 거의 10분의 9가 파운드화로 영국 은행에 예치되었다(영국에 등록된 은행만이 영국 통화로 계좌 서비스를 제공할 수 있었기 때문이다). 그 후 25년 동안 그 수치는 10분의 1 미만으로 떨어졌고, 1970년에는 미국 달러가 세계 외화 보유액의 약 4분의 3을 차지하며 그 자리를 대부분 가져갔다.

뉴욕 은행에 예치된 준비금이 늘어나면서 미국이 이용할 수 있는 저축액도 늘어났다. 미국 은행 계좌에 있는 이 모든 돈은 사용해야 했다. 왜냐하면, 이를 보유하고 있는 각국 정부들에 이자를 줘야 했기 때문이다. 그것의 대부분은 미국 주에 대출되었으며, 정부는 충분한 자금을 유치하기 위해 특별히 관대한 조건을 제공할 필요가 없었으므로 전반적인 효과는 미국 은행 체계 전체에 걸쳐 이자율을 낮게 유지하는 것이 되었다. 더 좋은 점은 이제 미국 경제가 세계 나머지 국가로부터 연간 보조금을 받는 정도의 혜택을 누리고 있다는 것이다. 원칙적으로 미국 달러를 보유하고 있는 모든 정부는 미국 정부에 이를 포트 녹스의 금과 동등한 가치(온스당 35달러의 고정

환율)로 교환해 줄 것을 미국 정부에 요청할 수 있었지만, 실제로는 심지어 공산주의 국가까지 포함해 거의 모든 정부가 거의 신경 쓰지 않았다. 그 무거운 금을 전 세계에 있는 자신들의 금고로 다시 운반하는 것보다 그 달러를 미국 은행 계좌에 보관하기가 더 쉬웠다. 게다가 자기 나라에 가져가면 금을 지켜야 했다. 정부끼리 서로 거래할 때는 각자의 미국 은행 계좌를 통해 달러를 이동하게 되는데, 이는 실제 금을 배송하는 것보다 훨씬 빠르고 쉬운 과정이다.

이로 인해 미국 달러를 확보하려는 국가는 판매할 수 있는 제품을 생산해야 했지만, 미국은 필요하다면 그저 더 많은 돈을 인쇄만 하면 되는 상황이 만들어졌다. 미국은 기쁜 마음으로 그렇게 했고, 전쟁 후 25년 동안 보유하고 있던 금보다 약 세 배 더 많은 달러를 창출했다.[11] 본질상 미국 재무부는 다른 정부에 차용증서에 해당하는 것을 준 셈이고, 각 정부는 그것들을 현금으로 청산하지 않고 그냥 보관했다. 시간이 지남에 따라 모두가 이러한 가상 차용증서를 쌓아두고 서로 교환하는 것만으로도 행복하다는 것이 명백해지자, 미 재무부는 차용증서를 회수할 필요가 없어졌고 그저 허공에서 만들어 쓰면 그만이었다. 다른 정부들은 이 '특혜'에 대해 가끔 불평했지만, 누구도 심각하게 반대하지 않았다. 주변부 정부는 이에 대해 별로 할 수 있는 것이 없었다(일반적으로 누구보다 경화가 더 필요했다). 반면 다른 서구 정부는 궁극적으로 전후 유럽에 대한 미국 기업의 막대한 투자로 이익을 얻었다. 사실상 다른 서구 국가들이 미국에 준 것이 바로 그들에게 돌아왔다. 그러나 전쟁 후 수십 년 동안 주변부에 대한 미국의 투자는 훨씬 더 제한적이었으므로 실제로 손실을 본 것은 주변부 국가들이었다. 따지고 보면 그들의 생산품을 미국에 무료로 제공한 셈이었고, 이 생산품이 세계 경제의 핵심에서 재순환했다.

미국이 얻은 이러한 특별한 이점 외에도, 이전의 모든 제국주의 열강은 1945년 이후 전 세계 부의 일방통행식 순 흐름의 혜택을 누렸고, 식민지 정치 행정 비용을 새로 독립한 국가에 떠넘김으로써 (열강들이) 꿩 먹고 알 먹는 상황을 만들었다. 새로운 많은 나라들이 경제 발전을 증진하겠다고 취한 조치는 의도치 않게 이 흐름을 강화했다. 많은 개발도상국이 그랬던 것처럼, 장기적으로 수많은 서구 제조 수입품의 수요를 줄이기 위해 산업화 전략을 선택하려면 서구 기술을 사 와야 했고, 그 비용을 충당하려면 1차 자원 수출을 늘려야 했다. 이에 맞춰 서구의 수출 시장은 팽창했고 수입 식품과 원자재 가격은 하락했다. 공식적인 제국주의의 정치적 통제는 사라졌지만, 제국주의(또는 종종 신新식민주의라고 부른다) 경제 체제는 계속해서 기능하면서 중심지에 물질적인 이익을 주었다. 그 결과, '서구와 그 나머지' 사이의 1인당 소득 비율은 1950년 약 3:1에서 세기 말에는 그 두 배로 증가했다. 공식적인 탈식민지화가 서구의 세계 지배 종식을 예고하는 것은 절대 아니었다. 브레턴우즈 체제의 실질적인 운영은 서구 제국을 미국이 이끄는 특권 국가들의 클럽으로 재정의했을 뿐만 아니라, 미국이 완전하게 유지되는 식민지 무역과 금융 질서의 성과를 계속 거두게 했다. 이로써 전후에도 미국은 더욱 부유해졌다.

세계의 많은 신생 국가들이 새로 찾은 정치적 독립은 결코 거짓

이 아니었다. 식민지 시대의 장기적인 경제·정치적 발전은 결국 자치권을 주장하고 직접적인 제국의 통제를 벗어날 수 있을 정도로 주변부의 많은 부분에 힘을 실어주었다. 베트남, 알제리, 인도네시아 같은 일부 지역에서는 제국 통치에 반대하는 폭력적인 봉기가 필요했다. 그러나 대부분의 독립은 유럽 제국들이 시간이 다 되었음을 인식하면서 협상을 통해 이루어졌다. 그리고 1945년 이후, 이 과정을 통해 탄생한 새로운 국가들은 자신들의 문제를 결정할 수 있는 상당한 재량권과 진정한 자유를 누리기 시작했다. 그러나 암묵적으로는 미국이 이끄는 서구 세력이 지배하는 세계 경제 체계의 규정 내에서 그렇게 할 것을 알고 있었다. 1960년대 초기 칠레 정부들이 알고 있었던 것처럼, 국가가 자국의 의제 중 일부를 주장할 수 있는 체제 안쪽에는 서구의 보복이 없는 충분한 공간이 있었다. 그러나 만약 그들이 권위의 한계를 넘어, 서구 체제에서 완전히 이탈하겠다고 위협한다면, 살바도르 아옌데 칠레 대통령과 그의 추종자들이 고생하며 발견했듯이, 계속되는 패권의 무게가 결정적인 힘으로 행사될 것이었다.

아옌데는 소련 블록의 경제적 비중과 사회주의적 연계가 서구 제국과 균형을 이룰 정도라고 과대평가하는 치명적인 실수를 저질렀다. 실상 서구는 세계 경제의 생산량, 소득, 시장의 대부분을 차지하며 세계 경제를 지배했다. 러시아 경제의 구조적 문제와 초강대국 규모의 군대를 유지하겠다는 결심은 소련의 성장을 지속해서 약화하고 외교적 야망을 뒷받침할 수 있는 자원을 제한했다. 소련은 스푸트니크 위성과 유리 가가린의 1961년 최초 우주 비행으로 상징

되는 과학적 성취라는 겉모습을 갖추었어도 석유와 천연가스 같은 원자재 수출에 의존했<u>으므로</u> 소련 경제는 개발도상국 경제와 더 유사했다. 그래서 소련이 창출할 수 있는 부의 양은 기껏해야 미국과 그 동맹국들의 경쟁자처럼 보이게 만드는 것이 다였다. 이 '미사일을 가진 오트볼타*'는 현금이 너무 부족해서 1959년 혁명 이후 쿠바를 지원하는 데 가용 자원 대부분을 써버렸고 심지어 소련조차도 CMEA 블록 외부에서 해외 무역을 수행하려면 미국 달러가 필요했다. 이러한 경제적 약화는 1950년대 중반부터 다시 역사적 긴장이 표면으로 떠올랐던 중국과 러시아의 분열(1969년에 선포되지 않은 국경 전쟁이 실제로 발생했지만)과 결합해 서구에 대항할 세계 공산주의 블록의 형성을 효과적으로 좌절시켰다. 따라서 아엔데가 모스크바에 지원을 요청했을 때, 그가 정중한 말 이상의 지원을 받지 못한 것은 필연적인 일이었다.[12]

4세기 로마와 마찬가지로 1945년 이후 서구 사회도 여전히 내부 주변부의 더 강력해진 의존국을 통제할 수 있었고, 이전과는 비교할 수 없을 정도의 내부적인 번영을 꽃피웠다. 그러나 두 제국 모두 이 행복한 상황이 각각의 제국 체제 발전의 종점을 의미하지는 않았다. 독단적인 내부 주변부의 초기 야망은 효과적으로 억제되었지만, 제국의 지배를 유지하는 데 훨씬 더 큰 도전이 곧 다른 곳에서 시작될 터였다.

....
* 오트볼타는 오늘날의 부르키나파소다. 작고 약한 나라라는 은유로 사용한다.

ROME, AMERICA, AND THE FUTURE OF THE WEST

2부 — 종말에서
변화로

제국 체제
너머의
새로운 세계 질서

5장
무너지는 세계

제국 체계는 온갖 이유로 해체된다. 어떤 제국은 정복당한다. 몽골인들은 유라시아 대초원을 휩쓸며 50년간의 잔인한 원정 끝에 송나라의 중국 지배를 종식했다. 일부는 내부의 구조적 약점으로 무너진다. 카롤링거 제국(프랑스, 서부 독일, 이탈리아를 중심으로 했다)은 기본적으로 잠깐의 군사적 이점을 기반으로 한 3세대에 걸친 팽창 움직임을 보였지만, 등장하자마자 붕괴했다. 서로마 제국의 종말은 이러한 단순한 범주에 속하지 않는다.

국경 너머에서 온 무장한 외부인(로마인들이 관례적으로 '야만족'이라고 일축했던 사람들)이 이 일과 관련이 있었다. 서기 500년 무렵 옛 서구 제국 영토는 대부분 이전 세기에 국경을 넘은 군사화한 야만족 집단의 지배를 받았다. 영국 중부와 남부는 북해 건너편에서 온 앵글로색슨 전투연합 지도자들이 나누어 가졌다. 북부 갈리아는 메로빙거 프랑크 왕조가 통치했고, 갈리아 남동부는 부르고뉴 왕이 지배했다. 서고트족 군주는 갈리아 남서부와 이베리아 반도 대부분을 통치했고, 그 대응격인 동고트족 군주는 이탈리아, 시칠리아, 달마티아 해안을 통치했다. 위대한 도시 카르타고와 북아프리카의 가장 부유한 지역은 반달족과 알란족 전사들의 연합을 이끄는 하스딩기 왕조가 차지했다.

그러나 이들 새로운 왕국 중 다수는 단순하게 정복으로 만들어진 것이 아니었다. 그중 두 곳(서고트 왕국과 반달/앨런 왕국)을 뒷받침하는 외국 군사력은 이미 서기 410년에 서로마 제국의 땅에 자리 잡았지만, 서로마 제국 왕좌의 마지막 주장자가 무너지는 일은 그 후로도 70년이 지나야 일어난다. 비슷하게 430년대에 부르고뉴인들을 로마 땅에 정착시킨 것도 원래 서로마 정부 자체였지만, 프랑크 왕국과 동고트 왕국은 모두 476년 9월에 로물루스 아우구스툴루스(전통적으로 마지막 서로마 황제로 간주한다)가 폐위된 후에야 나타난다. 결국, 서로마 제국은 야만족 왕조의 손에 넘어갔지만, 이것은 몽골의 정복 같은 식이 아니었다.

더욱이 서로마 제국의 몰락은 제국 해체의 두 단계 과정 중 첫 번째 부분에 지나지 않았다. 서기 500년에도 로마 국가의 동부 절반(소아시아, 시리아, 팔레스타인, 이집트에 주요 수입 생산원을 두고 있다)은 그대로 남아 있었고, 여전히 서로마 제국 시대 이후 서부 지역에 패권을 행사했다. 부르고뉴 왕국은 (자신들의 목적에 부합한다면) 6세기 초반 콘스탄티노플 통치자들의 추상적인 우월성을 일관되게 인정했다. 그리고 530년대 초부터 동로마 제국 황제 유스티니아누스(527~565년)는 반달족 알란 왕국과 동고트 왕국을 멸망시킬 수 있었고, 심지어 550년대 초에는 남부 이베리아 해안선 일부를 합병하기도 했다. 그러나 100년이 더 지나면 로마 제국의 동쪽 절반도 최후에 접어든다.

동로마 제국의 붕괴는 7세기 초 대적 페르시아와 벌인 25년간의 소모적인 세계대전으로 시작했다. 그 결과 7세기 중반에, 두 제국의 파산은 최근 이슬람화한 아라비아 군대가 대규모로 확장되기에 적절한 상황을 불러왔고, 이 때문에 페르시아 제국이 완전히 무너지고 콘스탄티노플의 가장 부유한 지역 대부분이 약탈당했다. 630년대에는 아랍의 팽창이 시리아와 팔레스타인을 집어삼켰다. 650년대에는 이집트를 정복했고, 이전에 풍요로웠던 소아시아의 해안선(에페수스와 사르디스 같은 가장 유명한 고대 도시들이 있던 곳)은 황폐한 전쟁터로 변했다. 이곳은 더는 풍요의 땅이 아니라 요새와 외딴 마을의 땅이 되었다. 앞으로 더 많은 정복이 이루어지겠지만, 이미 이 시점에 실질적인 피해가 발생했다(북아프리카는 690년대에 멸망했다). 콘스탄티노플 자체는 정복되지 않고 살아남았기 때문에, 사람들은 7세기에 로마 제국의 동부 절반이 사실상 종말을 맞았다는 사실을 때로 간과한다. 그러나 콘스탄티노플 통치자들은 이슬람 정복으로 수입의 약 4분의 3을 빼앗겼고, 제국은 진정한 세계 강국에서 지중해 동쪽 끝의 지역 세력으로 강등당했다. 실상, 새로운 비잔틴 제국(콘스탄티노플의 원래 이름인 비잔티움에서 따왔다)은 다른 서유럽의 왕국과 마찬가지로 로마 제국의 계승 국가 중 하나인 셈이었다. 비잔틴 제국은 이슬람 세계의 내키지 않은 위성 국가로서, 이후에 자신보다 강력한 이웃 국가가 내부 혼란에 빠졌을 때는 조금씩 확장될 수 있었지만, 이슬람 통일이 다시 이루어질 때마다 쇠퇴를 거듭해야 했다.

250년에 걸쳐 진행한 로마 제국 체제의 완전한 붕괴에는 (간단한 개요에서도 알 수 있듯이) 수많은 이질적인 요소들 사이의 복잡한 상호작용이 관계했다. 이것이 로마의 멸망에 대해 여러 해에 걸쳐 매우 다양한 설명이 제시된 이유다. 또한, 현대의 서구 제국은 아직 무너지지 않았고, 조만간 무너지지도 않을 것이며, 사실 고대의 전임 제국과 같은 방식으로 무너질 리도 없다는 사실은 자명하다. 로마의 경제는 근본적으로 평형 상태이자 농업 경제였다. 이 때문에 최고 수준의 부와 권력은 제로섬 게임으로 바뀌었다. 정치적 승자가 있으려면 패자가 있어야 했다. 권력은 어느 정도 안정적인 농업 자산의 비축에 기초하고 있어서, 체제가 심각한 문제에 직면할 때 승자의 수를 늘려 그 문제를 해결하겠다며 막대한 양의 새로운 부를 간단히 창출할 수는 없었다. 이 문제는 우리가 살펴본 것처럼 수세기에 걸친 기하급수적 경제 성장을 특징으로 하는 현대 서구 국가를 상대로는 아주 확실히 다른 상황이다.

그렇지만, 현대 서구의 제국 수명 주기가 적어도 중요한 전환점에 도달했다고 가정할 만한 충분한 이유가 있다. 서구 제국이 세계 GDP에서 차지하는 비중이 20년도 채 되지 않아 4분의 1 이상 감소했는데, 이는 분명 일시적인 현상이 아니다. 맥락이나 정확한 세부 사항에 차이가 크게 나긴 해도, 이러한 배경에 기대 로마 체제의 붕괴와 계속 비교하는 것은 여전히 커다란 설명 능력이 있다(고 이 책은 논쟁할 것이다). 그러나 이 시점부터 비교는 약간 다르게 진행해야 한다. 왜냐하면, 로마의 몰락은 완결된 것이고, 서구의 미래 역사에는 (알려진 것과 알려지지 않은 것의 변화 양쪽이 불러오는) 알려지지 않은 것이 많이 포함되어 있기 때문이다. 따라서 단순 비교를 계속하는 것은 불가능하다. 그렇긴 해도 일련의 전개 패턴은 이미 충분히 명확해 현대 세계에서 로마 역사를 다음처럼 사용할 수 있게 한다. 첫째, 서구가 앞으로 전개될, 심지어 잠재적으로 실존적 위기가 될 것의 단지 시작만을 경험하고 있음을 보여줄 수 있다. 둘째, 이러한 위기가 대응격인 고대 로마를 약화했던 동일한 핵심 요소를 중심으로 전개되고 있다는 것이다. 이러한 분석을 시작하기 가장 좋은 곳은 로마 붕괴의 핵심 요인에 대한 간략한 조사다.

북쪽 지역의 대두

773년 여름, 샤를마뉴는 알프스를 넘었고, 랑고바르드 왕 데시데리우스를 그의 수도인 파비아에 몰아넣었다. 포위 공격은 이듬해 여름까지 이어졌지만 결국 데시데리우스는 인근 수도원에 보내졌다. 이미 프랑크의 왕이었던 샤를마뉴는 곧 이탈리아의 왕까지 되었으며 랑고바르드 귀족의 복종을 받아들였다. 이것이 카롤링거 제국의 시작이었다. 비록 앞선 로마 제국처럼 오랫동안 발전하지는 못했지만, 로마 주변부였던 곳에서 유럽 제국 권력의 새로운 중심지가 부상한 것은 로마 제국 붕괴의 핵심 요인 중 하나를 보여준다.

　샤를마뉴의 경제적, 인구학적 힘의 기반은 프랑크 왕국의 북동쪽에 있었다. 이 지역은 옛 로마 국경의 양쪽에 걸쳐 있었고 현재의 프랑스 북서부, 베네룩스, 독일 서부 영토를 포괄했다. 서기 0년 무렵, 이 지역은 인구는 너무 적어서 로마 정복에 저항할 수 없는 곳이거나, 너무 저개발 지역이어서 로마인들이 공식적으로 제국에 통합할 가치가 없다고 결정한 곳이었다(70~71쪽). 이와는 대조적으로, 샤를마뉴는 당시 훨씬 팽창한 이 지역의 인구통계학적, 경제적 자원을 활용해 지중해 지역의 상당 부분을 정복할 수 있었다. 또한, 카롤링거 제국 자체는 지속하지 못했지만, 이러한 일이 일회성으로 끝난 것도 아니었다. 10세기 카롤링거 왕조의 오토 왕조 계승자들은 훨씬 동쪽인 라인강과 엘베강 사이에 세력 기반을 두고 있었고, 10세기에 다시 북부 자원을 이용해 이탈리아를 대부분 정복했다. 첫 1000년이 흐르는 동안 로마 제국의 기반이 되었던 전체 지정학적 권력 균형(지중해의 부와 인력을 사용해 북쪽을 정복했다)이 역전했고, 샤를마뉴를 있게 한 새로운 양상이 그 이후 대략 지금까지 이어졌다. 북유럽은 지속해서 더 많은 인구와 더 큰 경제의 본거지였으며 따라서 지중해 남부를 지배하는 경향이 있었다.

유럽의 세력 균형에서 이러한 결정적 변화에 관한 설명은 간단하다. 지중해 유럽은 비옥하고 부드러운 흙이 있는 곳으로, 고대에는 값비싸고 복잡한 농업 장비 없이도 쉽게 이용할 수 있었다. 북유럽은 전반적으로 비교할 수 없을 정도로 많은 자원을 제공하지만, 습기가 많고 단단한 토양과 광범위한 해양 자원을 완전히 활용하는 기술적 문제는 더 복잡하다. 샤를마뉴 시대에는 북부의 고전적인 무거운 쟁기인 카루카carruca(최대 여덟 마리의 동물이 끄는 4륜 마차에 장착한 거대한 철제 쟁기)를 이미 사용하는 중이었고, 북부의 생산성이 향상하고 있어서 유럽의 경제력과 인구통계학적 힘의 균형이 바뀌기 시작했다.

이 장기적인 전략적 혁명은 첫 1000년을 통틀어 가장 큰 이야기 중 하나로 간주해야 한다. 비록 이 모든 것이 로마 제국 덕분인 것은 아니지만, 샤를마뉴의 제국은 로마 중심지와 유럽 주변부 사이의 400년에 걸친 상호작용으로 시작한 장기적인 발전 과정의 정점을 대표한다. 내부 주변부에서는 농업 생산성과 인구밀도가 이미 로마 시대에 많이 증가했으며(3장), 이후에도 계속 증가해 8세기에 이르면 로마가 지중해를 기반으로 서부 유라시아를 지배했던 기본 권력 분배를 손상했다.

이러한 장기적인 발전 과정의 정치적 결과는 3세기에 이미 일부 가시화해, 이전 제국의 영토인 영국 북부, 라인강 상류와 다뉴브강 사이, 트란실바니아로 확장한 더욱 강력한 '야만족' 연맹을 탄생시켰다(99쪽). 내부 주변부에 기반을 둔 정치적 단체들은 5세기에 서로마 제국 체제를 해체하는 데 훨씬 더 큰 역할을 했다. 이전 로마노-영국에서 강력하게 번영했던 앵글로색슨 전투연합은 로마의 북서부 내부 주변부에서 유래했으며, 샤를마뉴가 결국 제국으로 변모시킨 프랑크 왕국도 이와 마찬가지였다. 이러한 지속적인 변화는 5세기까지는 성숙하지 못했지만, 지중해에 기반을 둔 로마의 제국 권력에 대항해 세력 균형을 흔들기에는 충분했다.

초강대국 경쟁

현대 이란의 비샤푸르에 있는 암각화는 포로로 잡힌 로마 황제 발레리아누스가 페르시아의 샤인샤(왕 중의 왕) 샤푸르 1세(240~272년)에게 비굴하게 복종하는 모습을 묘사하고 있다. 샤푸르 자신이 한 말이 나크시에 로스탐Naqs-i Rustam에 있는 위대한 조로아스터교 불의 사원 주변에 세 가지 언어로 새겨져 있다.

내가 처음으로 열국의 지배권을 장악했을 때, 카이사르 고르디아누스가 군대를 일으켜 우리에게 진군했다. 고르디아누스를 무찌르고 로마군을 전멸시켰다. 로마인들은 필리푸스를 카이사르로 선포했다. 그리고 필리푸스가 화해를 청하러 와서 포로들의 목숨값으로 50만 데나리우스를 주었으며 우리에게 조공했다. 그런 다음 카이사르는 또다시 거짓말을 했고 아르메니아에 불의를 행했다. 우리는 로마 제국에 맞서 진군해 바르발리소스에서 6만 명의 로마군을 전멸시켰다. 원정에서 우리는 37개 도시를 [취했다]. 세 번째 접전에서는 (…) 카이사르 발레리아누스가 우리에게 왔다. 그에게는 7만 명의 병력이 있었다. (…) 우리는 그와 군대의 다른 모든 사령관을 포로로 잡았다. 이 원정에서 우리는 36개의 도시를 정복했다.

현재의 이라크와 이란 지역의 인적, 경제적 자원을 전대의 아르사케스 왕조보다 더 효과적으로 동원한 (샤푸르가 속한) 사산 왕조는 서기 3세기에 걸쳐 근동 지역에 대한 지배권을 구축했으며, 샤푸르의 아버지 아르다시르(224~240년) 시대에 이미 로마를 상대로 승리를 거두고 있었다. 아르사케스 왕조의 지배를 무너뜨린 것은 2세기 말 로마의 또 한차례 추가적인 팽창이었다. 이어서 셉티미우스

세베루스는 현재의 시리아와 이라크에 두 개의 새로운 속주를 창설하고 제국의 국경을 멀리 남쪽과 동쪽으로 확장했다. 이 패배는 아르사케스 왕조(기원전 247년부터 페르시아 세계를 통치했다)를 치명적으로 약화했고 사산 왕조가 승리하도록 했다. 그러므로 로마에 맞선 동급 초강대국 경쟁자로서 사산 왕조 페르시아의 출현은 유럽 주변부의 새로운 연맹의 출현과 마찬가지로 로마 제국주의에 대한 역동적이고 지역적인 차원의 반응으로 보아야 한다. 그러나 페르시아의 경우 이는 카롤링거 제국을 뒷받침했던 일종의 장기적인 인구통계학적, 경제적 확장이라기보다는 기원전 4000년 이후 복잡한 문명의 본거지였던 세계 내에서의 군사적, 정치적 재편에 더 가깝다.

페르시아와 벌인 전쟁은 나중 7세기에 동로마 제국이 초강대국 지위를 상실하는 촉매 역할을 하지만, 이미 5세기에 서로마 제국이 붕괴하는 한 요인이 된다. 로마 제국의 처지에서 3세기부터 페르시아가 초강대국 지위를 다시 주장하는 문제는 알레마니족이 라인강 상류를 점령하거나 트란실바니아 다키아를 상실하는 등의 당시 유럽 내부 주변부의 문제보다 훨씬 더 심각하게 다가왔다. 새로운 유럽 연맹 중 어느 것도 샤푸르가 세 개의 로마 야전군을 파괴한 규모의 승리를 거둘 수 없었을 정도였고,[13] 이것은 로마 체제를 근본적으로 재편해야 하는 파국적인 연패였다. 보수적으로 추정해도, 로마 군대를 서기 3세기 내에 적어도 50퍼센트 이상 확대해야 했다(일부는 두 배로 늘었다고 주장한다). 그리고 로마 국가는 제한된 세수 중약 75퍼센트를 군대에 지출했기 때문에 군인 수의 이러한 막대한 증가는 엄청난 재정적 골칫거리를 불러왔으며 세금 징수 총액을 3

분의 1 이상 늘려야 했다. 현대 정치인들에게 보건이 전체 정부 지출의 약 8퍼센트에 지나지 않을 때도 보건 지출을 1~2퍼센트 늘리는 것이 얼마나 어려운지 비교해 보면, 페르시아가 불러온 체계적 문제의 규모는 명확하다.

예전 도시 수입의 남은 부분을 빼앗는 정책(결국 아우소니우스 같은 속주 엘리트들이 제국에서 경력을 쌓도록 밀어 넣는 변화: 2장)은 데나리우스 은화의 점진적인 평가절하처럼 즉각적으로 나타난 반응이었다. 군단병들은 그동안 항상 데나리우스 화폐로 급여를 받았으며, 점진적인 일련의 평가절하는 그 유명한 3세기 후반 초인플레이션의 밑바탕이 되었다(32~33쪽). 군인 수가 엄청나게 증가하면서 제국에는 넉넉한 양의 순은화를 주조할 만큼 충분한 금속이 더는 남지 않았다. 이러한 단기 해결책이 효과가 없는 것으로 드러나자 장기적인 구조적 대응으로 더 엄격한 조세 제도와 군대 급여의 혁명이 나타났다. 은화에서 정기적으로 현물(식료품, 장비나 기타 필수품 등)을 혼합하는 분배로 바뀌었고 간혹 순금으로도 지급했다. 3세기 마지막 수십 년 동안 이뤄진 이러한 조치로, 사산 왕조의 좀 더 거대해진 야망에 맞설 충분한 수의, 합리적인 급여를 받는 로마 군인들이 탄생했다.

강화와 개편을 거친 로마 군대는 290년대에 다시 동부에서 상당한 승리를 거두기 시작했다. 하지만 사산 왕조 페르시아는 여전히 초강대국으로 남았다. 로마 제국 체제에 대한 영구적인 동급 경쟁자가 생긴 것으로서 로마가 이전에 한 번도 직면한 적이 없는 상황이었다. 이는 제국의 가용한 군사자원과 재정 자원의 상당 부분을 언제나 페르시아 방향으로 집중해야 한다는 것을 의미했다. 즉, 로마 전체 군사 조직의 4분의 1에서 3분의 1 정도였다. 이들 군대의 중요 부분이 다른 문제를 처리하러 장소를 옮기면 페르시아의 통치자들은 대개 그 상황을 이용할 기회를 놓치지 않았다.

더 나쁜 것은 페르시아의 부상으로 로마 체제의 작동을 더욱 방해하는 중요한 구조적 영향이 발생했다는 것이다. 통신 속도가 느리므로 동쪽에서 페르시아의 침략에 맞서는 거대한 군대는 면밀한 정치적 조사가 필요했고, 그렇지 않으면 그들의 사령관은 항상 황제 자리에 도전할 가능성이 컸다. 이 문제는 3세기에 여러 차례 어렵게 배운 중요한 교훈이었다. 그러나 동쪽 전선을 감독하는 황제는 라인강 국경에 있는 로마 군대의 또 다른 주요 중심지를 통제하기에는 너무 멀리 있었고, 제국 체제가 작동하도록 적극적으로 참여해 준 로마 서방 엘리트들에게 적절한 후원을 베풀기에는 거리가 너무 멀었다. 따라서 3세기 후반부터 제국의 권력은 일반적으로 적을 때는 두 명, 때로는 더 많은 수의 황제가 나눠 가졌다.

로마 제국 말기에 단독 통치를 시도하다 여러 차례 실패한 것이 보여주듯이 이는 피할 수 없는 결과였다. 그러나 제국 권력의 분할은 체제의 원활한 운영에 물질적인 영향을 미쳤다. 어느 통치자도 모든 자원을 통제하지 못했으며, 공동 황제들 사이(심지어 같은 가문의 황제들까지)에는 언제나 한 바탕씩 긴장이 있었다. 이는 주기적으로 내전까지 불러왔다. 4세기 대부분에 걸쳐, 유럽 야만족과의 전투에서 죽은 로마 군인보다 주기적인 내전에서 사망한 로마 군인이 더 많았다(물론 페르시아와의 지속적인 충돌로 훨씬 더 많은 수가 사망했다). 따라서 전반적으로 페르시아가 부상하면서 추가적인 문제를 처리할 수 있도록 로마 체제 내에 남겨진 구조적 유연성(경제적 및 인구학적 자원 측면에서)의 정도가 감소했으며, 이러한 자원을 통일된 방식으로 동원하는 것은 더 어려워졌다. 4세기 후반에 완전히 새로운 위협이 나타났을 때, 이 두 가지 자원 발전의 중요성은 곧 분명해질 것이다.

외부에서 온 충격

376년 늦여름, 야만족 고트족의 커다란 두 집단이 다뉴브강 둑에 나타났다. 그들은 군사동맹을 조건으로 망명을 요청했다. 한 집단인 테르빙기족은 승인했지만 그레우퉁기족은 거부했다. 다시 말해, 피해 최소화를 시도했다. 동쪽으로 거의 1,000킬로미터 떨어진 곳에서 페르시아와 또 다른 주요 대결에 매달려 있던 현 동방 제국의 통치자인 발렌스 황제가 동쪽에서 야전군을 철수하기까지는 2년이 걸렸으며, 그 전까지는 그에게 로마 영토에서 두 고트족 집단을 전부 몰아낼 충분한 병력이 전혀 없었다.

결과적으로 발렌스의 분할 통치 시도는 소용이 없었다. 일단 국경 안으로 들어간 테르빙기족은 식량 부족 때문에 동요했다. 문제는 (갈등의 가능성을 분명히 예측하고 그에 따라 행동한) 로마인들이 사용 가능한 보급품을 고트족이 쉽게 점령할 수 없는 방어 기지로 옮긴 것 때문에 더욱 악화했다. 그 후 지역 로마 사령관은 당황해 자신이 저녁 식사에 초대한 고트족 지도자들을 공격했지만, 그 시도는 결국 실패로 끝났다. 이는 테르빙기족을 반란으로 몰아넣은 마지막 결정타였다. 테르빙기족 지도자들은 이주가 배제된 그레우퉁기족과 어떤 식으로든 접촉을 유지하고 있었고 이제 그들도 로마 영토에 침입했다. 따라서 377년 초에 발렌스는 통합한 고트족 반란에 직면하게 되었다. 두 번의 원정 시즌이 지나고 나서야 발렌스는 페르시아와 평화조약을 맺을 수 있었고 마침내 그의 야전군을 서쪽으로 옮길 상황이 되었다. 황제는 군대를 이끌고 발칸 반도로 진격했고, 서방 황제인 그의 조카 그라티아누스도 합류하기 위해 다른 군대를 이끌고 동쪽으로 진격했다. 그러나 그라티아누스의 도착이 늦어지자 발렌스는 참을성이 없어졌고 결국 북쪽 아드리아노플로 질주했다. 이곳은 현재의 에디르네로서 튀르키예/불가리아 국경에 가까운 곳이다. 정찰병들은 두 고트족 군대가 보급품 수색 부담 때문에 갈라졌다고 보고했고, 발렌스는 매복해서 테르빙기족만을 공격할 수 있기를 바랐다. 보고가 잘못되었다. 378년 8월 9일 아침, 동부 로마 야전군은 돌진했지만, 매복 공격을 받았다. 그레우퉁기족까지 전투에 모습을 드러냈다. 이어진 학살로 황제와 그의 군대의 3분의 2가 살해당했다. 이러한 일련의 사건은 야만족 침략의 전형적인 예처럼 보이지만, 그 이야기에는 훨씬 중요한 차원이 하나 더 있다.

고트족이 로마 제국 침략을 원한 것은 아니었다. 현대의 대규모 이주 사례와 마찬가지로, 지팡이를 부여잡고 새로운 목초지로 향하는 데 따르는 엄청난 위험과 비용을 절대 과소평가하지 않는 것이 중요하다. 376년에 다뉴브강에 도착한 고트족은 더 넓은 제국 체제의 일부였으며 거의 100년 동안 내부 주변부의 땅을 점유했지만 결국 그들이 움직인 것은 외부에서 온 충격, 즉 유라시아 대초원의 유목민인 훈족이 고트족의 영토로 약탈을 위해 침입한 것 때문이었다. 그레우퉁기족은 훈족에 대항하는 최전선에 서서 한동안 저항했지만, 최종적으로 현재의 우크라이나 지역에서는 살 수 없다고 결론을 내렸다. 그들은 서쪽으로 조직적인 철수를 시작했고, 이에 따라 이웃인 테르빙기족이 불안정해졌다. 고대 자료로는 훈족이 이동한 타당한 이유를 알 수 없지만, 최근 분석한 빙핵 표본은 370년대 초반의 특이한 기후 양상으로 대초원에 계속해서 가뭄이 발생했음을 알려준다. 이것은 항상 목초지 한계선에서 가축 무리를 먹이는 훈족 같은 유목민 집단에 큰 압력을 주었을 것이다.[14] 따라서 발렌스 황제의 고트족 문제의 실제 원인은 제국 내부 주변부에 있는 것이 아니라 외부 주변부와 그 너머에서 쏟아진 인구 쓰나미에 있다는 것을 (더 자세히 생각해 보면) 완벽하게 이해할 수 있다.

제국이 의도치 않게 이웃 국가들 사이에 느슨한 정치적 변혁을 일으키기도 하지만, 제국 체제에 직접 관련이 별로 없는 주민들도 인접한 초강대국의 출현으로 생긴 위험과 기회에 적극적으로 반응한다. 로마의 경우, 이러한 일은 유럽 외부 주변부(실제 국경 근처에 사는 농업 공급자가 아니라 발트해에 더 가까운 로마의 호박 무역과 노예 무역 세계) 출신의 집단 형태로 주기적으로 나타났다. 이들은 때로 제국의 변방에 있는 새로운 땅을 장악하려고 자기 집단을 재조직했다. 예를 들어, 3세기 로마의 위기를 배경으로 한 유럽인의 행동(지난 장에서 보았듯이 라인강과 다뉴브강 국경선 너머의 직접적인 제국 통제가 일부 제한적으로 침식되는 결과를 보였다)은 대부분 바로 이러한 양상에 뿌리를 두고 있다. 이러한 행동의 주역인 고트족과 알레마니족은 3세기가 시작할 때 모두 로마의 외부 주변부에 있었으며, 그 과정에서 제국의 국경에 좀 더 가까운 수익성 있는 새 자리를 차지하려고 스스로 조직했다.[15] 국경을 넘는 습격이라는 측면에서 이러한 움직임의 연쇄 효과는 항상 로마 비평가들의 관심을 끌었지만, 3세기 위기의 깊은 뿌리는 훨씬 더 멀리 떨어져 있었다. 일반적으로 내부 주변부 집단은 부유하고 조직이 잘 되어 있었지만, 제국의 통제하에 있었으므로 전체 체제 내에서 심각한 불안정의 주요 원인이 될 가능성이 훨씬 적었다.

4세기 후반과 5세기에 로마 제국 체제의 서쪽 절반이 결국 붕괴하는 데 동일한 역학이 중요한 역할을 했다. 이 경우 고트족뿐만 아니라 다른 여러 다뉴브강 하류의 집단이 고향을 떠난 370년대 후반의 사건은 훈족이 서부 대초원에서 동부 유럽으로, 그다음은 중부 유럽으로 확장되면서 발생한 훨씬 더 큰 위기의 첫 편에 지나지 않았다. 376년 이후 한 세대 뒤에는 수많은 훈족이 유럽 동부 변두리인 우크라이나에서 카르파티아산맥 서쪽의 헝가리 대평원으로 이주했다. 이것이 필요에서 비롯된 것인지 야망에서 비롯된 것인지는 확실하지 않다. 이로 인해 두 번째 극심한 불안정이 닥쳐왔고, 이제 로마 유럽 국경 중 유럽 중앙의 중부 다뉴브 지역에 영향을 미치게 된다. 405년에 한 대규모 혼합 병력이 이 지역을 떠났고, 라다가이수스라는 고트족 왕의 지휘 아래 이탈리아로 쳐들어가려고 현재의 오스트리아를 거쳐 남쪽으로 이동했다. 뒤이어 406년 말에는 구성원이 전부 다뉴브강 중류 지역 출신인 다양한 집단이 느슨하지만 거대한 동맹을 맺고 로마 영토로 들어왔다. 이 동맹의 네 가지 주요 구성원은 여러 왕 아래 있는 유목민 알란족, 두 개로 나눠진 반달족 집단, 그리고 다양한 수에비족이었다. 370년대에 알란족은 우크라이나에 살던 고트족의 동쪽 이웃이었지만 그 사이에 서쪽으로 이주했다. 다른 구성원들은 모두 중부 유럽의 오랜 거주자였다. 이 두 번째 군대는 로마 영토로 들어가는 다른 경로를 선택해 406년 마지막 날 라인강 상류를 넘어 갈리아로 침입했다. 하지만, 두 군대 모두 410년 무렵까지 헝가리 대평원의 자기들 옛 땅에 완전히 정착하게 되는 훈족으로부터 탈출하려 이동 중이었을 것이다.[16]

3세기와 마찬가지로 4세기 말과 5세기 초의 위기는 근본적으로 외부에서 온 충격이었다. 따라서 제국과 직접적인 갈등을 겪게 된 당사자는 내부 주변부 집단이긴 하지만, 그 뿌리는 로마 체제의 외부 주변부와 그 너머에 있었다. 그리고 로마 체제는 소규모의 영토 손실만으로 이런 종류의 초기 위기를 처리할 수 있을 만큼 충분히 유연했지만, 훈족의 확장에 따른 연쇄 효과는 훨씬 더 큰 문제를 불러왔다. 이 단계에서 페르시아의 부상은 로마 통치자가 사용할 수 있는 여력을 상당 부분 잠식했고, 더불어 전례가 없는 규모로 수많은 다양한 야만족 집단이 로마 땅으로 이주하자 체계 자체가 더 큰 혼란을 겪기 시작했다.

초대받지 않은 많은 외부인이 도착하고 그들 중 다수가 무장하고 잘 조직된 사람들일 때, 로마 황제가 처음에 보인 반응은 (당연히) 적개심과 의심이었다. 376년 발렌스 황제와 고트족의 경우와 마찬가지로 이는 대개 군사적 대결로 이어졌고 로마의 노력은 대개 상당한 성공을 거두었다. 376년의 고트족은 나중에 아드리아노플에서 놀라운 승리를 거두었지만, 그 과정에서 약탈하러 사방으로 내보낸 하위 집단이 대거 사라지는 큰 손실을 보았다. 고트족은 아드리아노플 전투에서도 막대한 손실을 보았고, 이어진 4년간의 지지부진한 전쟁에서도 마찬가지였다. 결국, 382년 10월 제국과 협상해 평화 협정을 맺게 된다. 다음 세대가 되면서 라다가이수스의 이탈리아 침공은 406년 여름에 빠르게 무력화되었다. 그의 정에 군사 추종자 중 다수는 제국과의 협상으로 로마 군대에 징집되었고 지도자(피렌체 외곽에서 처형당했다)와 불운하고 지위가 낮은 많은 동료가 희생당했다. 후자 중 너무 많은 사람이 노예로 팔려서 이탈리아 노예 시장 가격이 바닥으로 떨어졌다. 406년 말에 라인강을 건너온 반달족과 알란족에 대한 효과적인 대응을 꾸리는 데는 더 오랜 시간이 걸렸고, 이때는 동맹 구성원들이 로마 제국 스페인으로 이동해 자기들끼리 지역을 나누었다. 그러나 410년대 중반 로마는 연이은 가혹한 반격으로 다양한 알란족 집단의 독립을 무너뜨렸고 두 개의 반달족 집단 중 하나(실링족)의 왕조를 전투나 포획을 통해 완전히 제거했다.

이러한 군사적 성공은 상당한 규모였지만 그중 어느 것도 이주한 '야만족' 집단이 가져온 전반적인 문제를 해결하기에는 충분하지 않았으며, 한 가지 중요한 의미에서 상황을 더욱 악화시켰다. 주기적으로 효과적인 로마의 반격에 부딪힌 초기 충돌의 생존자들은 더 크고 일관성 있는 연맹을 만들어 재조직했다. 그것이야말로 그들이 로마 군사력에 맞서 살아남기 위해 해야 할 일이었다. 테르빙기족

과 그레우퉁기족 사이의 원래 구별은 로마 땅에서 사라졌다. 380년
대부터 로마인들은 하나로 합친 고트족 연맹(흔히 서고트족이라고
한다)에 직면해 있었다. 알라리크(395~411년경)라는 왕의 지휘 아래
408년에 완전히 서쪽으로 이동한 이들은 라다가이수스와 라인강
연맹이 동시에 침략해서 생긴 혼란을 이용하고자 했다. 그곳에서
알라리크는 라다가이수스 침공의 생존자 중 다수를 받아들였다. 이
들은 원래 로마 군대에 징집된 정예 부대(이들의 가족은 이후 반야
만족 학살 계획에 따라 학살당했다)와 노예로 팔린 부대였다. 416~418
년 패배에서 살아남은 알란족과 실링 반달족도 마찬가지로 스페인
남부의 다른 반달족 왕조인 하스딩기 왕조에 연합해 다시 더 크고
굳건한 연합을 형성했다. 422년에 이 새로운 연맹은 스페인 남부
코르도바 성벽 밖에서 아드리아노플 전투보다 큰 승리를 거뒀다.
로마 군대를 격파할 수 있었던 주된 원인은 로마 군대와 함께 복무
하던 서고트족 파견대가 결정적인 순간에 (사전 약속에 따라) 편을
바꾸었기 때문이었다. 따라서 420년대 초 무렵에는 훈족이 가한 엄
청난 양의 외부에서 온 충격의 전반적인 효과가 분명해졌다. 주로
내부 주변부 출신의 최근 이주자로 이루어진 두 개의 새로운 확장
통합 연맹이 서로마 제국 땅에 자리를 잡은 것이다.

　이어진 두 차례의 정치적 세대 동안 이들 연맹은 계속해서 로마
제국 서쪽 절반의 주요 후계 국가 중 두 곳을 세웠는데, 이는 우연
이 아니었다. 즉 그들의 온전한 존재가 로마 제국 체제의 완전성을
훼손했다. 가장 즉각적으로는 그들의 승리로 수많은 로마 군인이
죽었다. 아드리아노플 전투로 동로마 군대는 전체 병력 1만 5,000

명 중 최소 1만 명이 사망했다(좀 더 과장해 3만 명 중 2만 명이 죽은 것으로 추정하기도 한다).[17] 422년 반달족의 상징적인 승리 직후에 작성한 서로마 제국의 군대 목록도 마찬가지로 그 시점까지 서로마 제국 군대가 입은 손실 규모를 강조한다. 395년에 존재했던 서로마 야전군의 3분의 2가 25년간의 원정 기간에 무너졌다.

잘 훈련받은 로마군은 비용이 많이 들었지만, 필요한 자원을 사용할 수만 있다면 전체 부대까지도 제때 교체할 수 있었다. 그리고 그들은 동쪽에 있었다. 아드리아노플 전투 이후에도 고트족은 동방 제국의 중요한 세금 창출원이자 인구가 밀집한 이집트, 소아시아, 비옥한 초승달 지대 근처에는 한 번도 가지 못했다. 420년대 초에 서고트족과 반달-알란족 연맹이 서로마 제국 영토에 정착한 후 마지막 수십 년 동안 서로마 제국이 직면한 문제는 이보다 훨씬 더 심각했다.

로마 땅에 대규모 외국 연맹 두 개가 존재한다는 것은 제국의 주요 군사-재정 축을 직접 위협했다. 로마 국가와의 주기적인 갈등에 휘말린 지역은 밭, 농작물, 가축에 상당한 피해를 입었다. 서고트족의 점령(408~410년)이 있은 지 10년이 지났지만, 이탈리아 중부 및 남부 지방은 여전히 90퍼센트의 세금 감면을 받고 있었는데, 이는 심각한 전쟁으로 피해를 입은 농촌 지역에 제공하는 표준 수준의 재정 경감으로 보인다. 비교 증거에 따르면 가축이나 장비, 건물에 대한 피해를 보상하고 이때 필요한 대출을 받으며 발생한 부채와 이자를 갚는 데 대략 20년이 걸렸다는 것을 알 수 있다. 전투 후 동맹 중 하나가 점령한 다른 지역의 경우, 로마 국가의 조세 기반에서 완전히 영구적으로 사라졌다. 따라서 420년대 초까지 스페인 대부분은 거의 10년 동안 조세 수입을 창출하지 못했고, 갈리아 남부 일부와 이탈리아 중부/남부 지역은 광범위한 전쟁에 시달린 뒤였으며, 영국은 제국 체제에서 완전히 벗어났다(그 이유는 다음 장에 설명한다). 이는 서로마 제국의 세입에 상당한 손실을 가져왔고(25퍼센트 이상), 그 효과는 같은 420년대 초반의 군사 목록에 나타난다. 동로마 제국은 아드리아노플에서 입은 손실을 만회했지만, 서로마 제국은 더는 감당할 수 없었다. 405~422년 기간에 입은 야전군 손실의 대부분을 '적절한'(즉, 비용이 많이 드는) 신규 모집이 아닌 서류상 기존 국경 수비대 병력을 야전군 지위로 격상함으로써 대체했다.[18]

더 좋지 않은 일이 다가오고 있었다. 432년 반달족-알란족 연합군은 지브롤터 해협을 건넜고, 7년 후에는 가장 부유한 수익 창출 지역이자 서로마 제국 왕관의 보석이라고 할 수 있는 현재 알제리와 튀니지를 탈취했다. 제국 중앙은 이미 420년대에 군대를 유지하기 위해 고군분투하고 있었고, 이러한 손실은 제국을 더욱 위기에 빠뜨렸으며, 수입 감소로 병력이 줄어들고 그에 따라 야만족 연맹이 더 많은 로마 영토를 점령할 기회가 생기는 악순환이 제국을 위협했다. 이렇게 훈족이 일으킨 외부에서 온 충격은 전체 제국 체제를 구성했던 근본적인 재정-군사 축을 위협했다.

내부적인 분할

414년 1월 갈리아 남부의 옛 로마 도시 나르본에서 유례없이 화려한 결혼식이 거행되었다. 서로마 황제 호노리우스의 누이인 갈라 플라키디아Galla Placidia의 결혼이었는데, 비용을 아끼지 않았다. 로마 원로원 의원 프리스쿠스 아탈루스Priscus Attalus는 대도시인의 우월감 때문에 북서 변경 지역으로 여행하다 문제를 일으킨(60~61쪽) 우리의 오랜 친구 심마쿠스와 동시대의 젊은 사람으로서, 이 결혼식에 어울리는 고전 시로 행사를 빛내기 위해 불려 왔다. 이 시는 전통적으로 신부가 있던 신혼 방을 향해 부르던 결혼 축가였다. 불행하게도 아탈루스의 시는 남아 있지 않다. 그 내용은 흥미진진했을 것이다. 나르본은 (여전히 멋진 로마 시대 유적이 있지만) 황실 결혼식에는 흔치 않은 장소였을 뿐만 아니라 신랑도 서고트족 왕이었다. 갈라는 4년 전 서고트족이 로마를 약탈했을 때 포로가 되었고 이제 알라리크의 처남인 아타울프와 결혼하게 되었다.

이 특별한 결혼식은 공격이 있고 난 후 준비한 치밀한 반*화해 정책의 하나였다. 로마를 약탈한 것조차 겉보기와는 달랐다. 알라리크의 군대는 18개월 동안 도시 외곽에 주둔해 있었으며, 언제든 도시로 진입할 수 있었다. 그들이 자제한 이유는 알라리크가 갈라의 오빠 호노리우스를 장기적인 정치적 거래로 끌어들이기 위한 협상 카드로 도시를 위협하는 중이었기 때문이다. 알라리크는 측근 조언자들의 말을 따르는 황제가 선의로 협상할 의지가 없다는 것이 분명해지자, 자신의 군대를 풀었다. 최소 알라리크와 아타울프 두 사람에게 서로마 제국은 영구히 지속하는 정치적 지형이었으며, 둘 다 가능한 최상의 조건으로 그 구조 내에 고트족이 들어가기를 원했다. 아타울프는 결혼으로 고트족 추종자를 (쇠퇴하는) 서로마 제국의 야전군 소집에 집어넣어 그들에게 정기적인 수입을 보장할 계획이었다. 그래도 아타울프가 고트족을 자율적으로 지휘할 것이었으므로 그는 제국 궁정의 주요 인물이 될 터였다. 그러면서도 그는 알라리크와 마찬가지로 자신의 매우 야심 찬 정치적 목표를 추구할 때 제국과의 갈등을 절대 피하지 않았다. 프리스쿠스 아탈루스는 이미 로마 외곽에서 알라리크에 의해 고트족의 지원을 받아 황제로 선포되었으며, 갈리아에서 아타울프에 의해 두 번째로 황제 자리에 올라갔다. 고트족 왕과 갈라 플라키디아의 결혼도 그녀 오빠의 허락 없이 완료되었으며, 곧 그 결합으로 아들이 태어나자 테오도시우스라는 매우 중요한 이름이 주어졌다. 원래 테오도시우스(첫 번째)는 379년부터 395년까지 로마를 통치한 황제로서 호노리우스의 아버지였으며, 현재 동·서로마 제국을 모두 통치하는 제국 왕조의 창시자였다. 호노리우스 자신은 자녀가 없었다. 이 아이는 아버지가 고트족이긴 하지만 서로마 제국 왕좌에 대한 권리를 주장할 수 있었다.

결국, 아타울프의 황제 자리에 대한 야망은 잘못된 판단으로 드러났다. 테오도시우스가 유아기에 세상을 떠나고 호노리우스가 마침내 더 유능한 조언자들을 찾게 되면서, 서로마 제국에 새로운 서고트족 연합을 가둘 병력이 아직도 충분히 남아 있다는 것이 곧 분명해졌다. 2년간의 적절한 경제 봉쇄 끝에 굶주린 고트족은 갈리아 남서부라는 정착지를 받아들였다. 이곳은 로마 서방 정치의 이탈리아 중심지에서 멀리 떨어져 있었다. 아타울프는 그의 화해 전략이 실패했다는 것이 분명해졌을 무렵, 이미 내부 고트족 경쟁자의 손에 암살당한 상태였다. 갈라 플라키디아를 그녀의 오빠에게 반환하고, 고트족 군대가 스페인의 반달족 및 알란족에 맞서는 원정에 떠나는 것도 새로운 합의의 일부였다.

아타울프의 군림이 가장 웅장한 계획 단계에서 실패했지만, 이는 서로마 제국 붕괴의 이야기에서 중요한 역할을 하게 될 제국의 지주 엘리트 내에 생긴 주요 단층선이라는 첫 번째 암시를 드러냈다. 아마도 갈라 자신은 황태후가 될지도 모르는 흥미진진한 미래 전망에 매료당해 결혼에 자발적으로 참여했던 것 같다. 그렇게 하지 않았다면 그녀 인생의 운명은 로마시에서 지내는 은밀한 은퇴 생활이었을 것이고, 이는 누군가가 그녀를 궁정에서 권력을 잡으려는 통로로 이용해서 잠재적인 후계자를 생산하는 것을 막으려는 설계일 수 있었다. 프리스쿠스 아탈루스 역시 평범하지 않다. 역사는 아무리 치욕스럽더라도 어떤 상황에서도 권력을 추구할 만큼 필사적인 정치인들의 사례를 여럿 보여준다. 하지만 아타울프의 책략에서 훨씬 더 놀라운 점은 이탈리아와 나중 갈리아에서 일어난 일 모두에서 지방 지주 엘리트의 다양한 구성원이 아탈루스의 찬탈 정권을 기꺼이 따랐다는 것이다. 그 정권이 로마 제국의 군사력보다 고트족에 전적으로 의존하고 있음에도 말이다.

새로운 야만족 연맹(알라리크의 서고트족과 반달족-알란족 연맹)이 불만을 품은 로마 하층 계급 일부로부터 새로운 인력을 모집했을 수 있다는 몇 가지 힌트가 있지만, 증거는 결정적이지 않다. 문서화가 훨씬 잘 되어 있고 정치적 측면에서 훨씬 더 중요한 것은 로마의 지주 엘리트 중 일부 구성원(아우소니우스 같은 사람들의 후손)이 현재 그들 가운데 있는 야만족 연맹에 운명을 걸고자 하는 의지였다. 410년대에 아타울프는 일부 갈리아 출신 로마인 지지자들을 모집했고, 430년대에 반달족은 일부 고위 스페인 출신 로마인들을 북아프리카로 데려갔으며, 420년대와 430년대에 로마노-영국 지방들은 북해 건너편(주로 현재의 덴마크와 독일 북부 지역이다)에서 앵글로색슨 용병을 모집해 스코틀랜드와 아일랜드의 침입자로부터 자산을 방어하는 데 도움을 받았다.

그러나 이러한 현상은 대략 서기 450년 이후 활동한 정치 세대가 가장 잘 기록했다. 우리는 당시 오베르뉴 지방의 한 지방 귀족인 시도니우스 아폴리나리스Sidonius Apollinaris라는 사람이 쓴 편지 모음집을 가지고 있다. 시도니우스의 서신은 갈리아인 지주 동료와 이웃 서고트 왕 및 부르고뉴 왕 사이의 다양한 협력 목록을 보여준다.[19] 시도니우스 자신과 그의 가장 가까운 동맹 중 일부는 이들의 지도자(알라리크와 아타울프를 따르는)가 일종의 서로마 제국의 지속적인 존립을 지원하려고 군사력을 사용하는 한, 어느 쪽이든 기꺼이 동맹을 맺었다. 예를 들어, 457년에 시도니우스는 서고트족 통치자 테오도리쿠스 2세에 관해 인상적인 묘사를 적었다. 시도니우스 장인이 비어 있는 서로마 제국 왕좌에 도전(일시적으로 성공한)할 때 테오도리쿠스가 도움을 준 일이 있었는데, 시도니우스는 테오도리쿠스를 야만족 군주가 아니라 문명화한 로마 통치자로 묘사했다. 글에서 그는 왕이 자신의 궁정에서 포도주와 음식에 대한 지나친 방종을 금지했다는 점을 강조했는데, 로마인의 관점에서 방종이야말로 언제나 야만족의 특성이었다. 그러나 460년대 후반과 470년대 초반에 시도니우스와 가까운 세력은 당시 줄어들고 있는 제국 핵심의 일부로 남아 있기 위해 테오도리쿠스의 남동생 에우리크의 침입에 맞서 사병을 동원했다. 그러나 시도니우스의 협력 의지에 명확한 한계가 있었다면, 갈리아 엘리트의 다른 구성원의 견해는 달랐다. 같은 날짜에 그의 다른 지인 중 일부는 이미 서고트 왕과 부르고뉴 왕의 유명한 조언자가 되었으며 그들이 신흥 왕국의 국경을 넓히도록 적극적으로 독려했다.[20]

즉위한 황제가 아닌 다른 지도자들과 운명을 함께하려는 지역 로마 엘리트들의 의지는 (언뜻 보기에 이해가 가지 않지만) 로마 말기 속주 사회의 정치적 성숙도가 높아지는 것을 반영한다. 아우소니우스와 같은 사람들이 전면에 등장하게 만든 발전 과정은 동시에 그들 자신의 정치적 의제를 공식화하고 추구할 수 있는 지방 귀족 집단을 만들었다. 이미 3세기에 페르시아의 부상으로 여러 황제가 동쪽에 너무 많은 관심을 집중하게 되었을 때, 이것이 서로마 제국에서는, 특히 갈리아 엘리트들 사이에서 자신들의 필요를 우선시하는 황제 찬탈자를 지지하려는 의지로 나타났다. 그리고 5세기에도 마찬가지였다. 즉 서로마 제국의 정치 중심지가 기능하지 못한다고 인식했을 때, 적어도 일부 서로마 제국의 지방 지주들은 급진적인 대안 해결책을 기꺼이 고려했다.

로마의 몰락

다양한 학자들이 이러한 기여 요인을 다양한 중요도 순서로 배열하지만, 현재의 목적에서 각 기여 요인에 부여하는 정확한 무게는 중요하지 않다. 더 근본적인 점은 로마의 멸망에 대한 모든 진지한 현대 논의가 본질상 이와 동일한 요인 목록에 초점을 맞추고 있다는 것이다.

체제가 무너지면서 로마 제국은 하락세에 빠졌다. 초강대국과 경쟁, 그리고 발전하는 내부 주변부의 자기주장은 외부 주변부와 그 너머로부터 온 상당한 이주 흐름과 결합해 체계에 추가적인 스트레스를 가했으며, 이 모든 것이 때로 각 수준의 격렬한 내부 정치적 분열과 얽혀 있었다. 이러한 서로 다른 구성 요소에는 각각 고유한 원인과 결과가 있었지만, 거의 전부(유라시아 대초원에 강수량이 부족한 것은 제외하고) 로마 제국 체제의 작동으로 시작한 더 광범위한 변화의 부수적 현상이었다. 3세기 페르시아 제국의 복원은 로마 영토 확장에 대한 직접적인 대응이었다. 반달족-알란족과 서고트족 사이의 새로운 동맹은 400년 동안 이어진 로마 제국의 지배가 이웃 지역에 가한 장기적인 경제·정치적 변화에 로마군의 반격에 대한 즉각적인 대응이 더해진 산물이었다. 마찬가지로, 외부 주변부와 그 너머의 집단을 끌어들여 이 이웃들을 로마 땅으로 밀어 넣은 것도, 로마 체제 내에서 동쪽과 서쪽 사이에, 그리고 중앙과 지방 권력 사이에 단층선을 노출한 것도 새로 발견한 내부 주변부의 부였다.

그러나 정확하게 원인과 결과의 상호 연결을 재구성하려 할수록, 상대적으로 간단한 실이 로마 제국 붕괴의 서사를 관통한다. 제국과 경쟁하는 신흥 주변부의 능력이 향상하면서, 제국은 페르시아의 위협을 없애고 유럽 지역 국경을 보존하는 데 더 많은 자원을 투입해야 했다. 이 때문에 체제 외부에서 온 충격에 취약성이 커졌다. 만일 제국이 발전의 초기 단계였다면 이것을 쉽게 견딜 수 있었을 것이다. 또한, 페르시아에서 적대적인 동급 경쟁자가 떠오르자 제국 관리를 나눠야 하는 문제가 생겼고, 여기에 더해 동쪽에서 갑자기 훈족이 나타나 결국 제국의 균형을 무너뜨렸다. 이 시점에서 제국 중심지는 충성심의 대상을 바꾼 일부 주요 정치적 지지자들의 이익을 더는 챙길 수 없었다.

이어지는 장들에서는 현대 서구 제국의 커져가는 위기가 정확히 동일하게 움직이는 부분을 내포하고 있다고 주장할 것이다. 즉 외부 주변부와 그 너머에서 기원한 외부에서 온 충격(대규모 이주 포함), 독단적인 내부 주변부, 동급 초강대국 경쟁, 커지는 내부 정치적 스트레스가 그것이다. 현대 체제가 향후 수십 년 동안 (전임자인 로마처럼) 정확히 어떻게 그리고 어느 정도까지 전개할 것인지는 당연히 이러한 문제 각각에 대응해 이루어진 정책 선택이 차곡차곡 쌓을 효과에 달려 있다. 그러나 로마 역사를 통해 우리는 이러한 모든 문제를 제국 체제 작동의 결과로 식별할 수 있고, 또한 현재 진행 중인 대응의 종류와 장기적으로 예상되는 결과에 대해 더 분석적으로 생각하는 데 도움을 얻을 수 있다. 지금까지 현대 정치 담론은 이러한 문제 중 하나(이주 문제)를 논의하기 위해 과거 로마를 동원했다. 따라서 우리의 분석은 현재 논란이 가장 많은 주제인 이 문제를 아주 자세히 살펴보는 것부터 시작하겠다.

6장
야만족의 침략

영국은 과거 서로마 제국의 한 부분이었고 완전한 로마 문명의 붕괴를 목격한다. 도버 해협 북쪽에서 라틴어, 별장, 교육, 성문법, 기독교 등 고전 문화의 모든 특징적인 장식물이 사라지고, 복잡한 경제 교류의 모든 징후도 함께 사라졌다. 1980년대에는 새롭고 좀 더 정교한 고고학적 방법으로 이전에 놓쳤던 로마 멸망 이후의 실질적인 도시 생활을 밝힐 수 있다는 희망이 있었다. 40년이 지난 지금까지 밝혀진 것은 하트퍼드셔의 세인트 알반스에 있는 개조한 송수관 하나와 슈롭셔의 록스터에 있는 설득력이 약간 떨어지는 말뚝 구멍 몇 개뿐이다. 요크에 있는 로마 군단 본부의 무너진 지붕 기와 아래에서 발견한 일부 9세기 앵글로색슨 도자기는 이후 그 총독궁이 서기 800년에도 여전히 서 있었다는 증거가 아니라 굴을 파는 토끼가 한 짓임이 밝혀졌다. 서기 400년 이후 수십 년 안에 마을이 사라지면서 공예와 제작업이 사라졌고(전문 도자기 산업이 지역 수공예 생산으로 대체되었다), 동전 사용도 완전히 사라졌다. 상황이 너무 절망적이어서 깨진 유리를 재가공하는 시장이 생길 정도였다.

19세기 중반부터 학자들은 이러한 모든 파괴를 설명하는 단일 원인으로 초기 앵글로색슨 이민자들의 도착에 집중했다. 영어는 노르만인이 주로 전수한 라틴어 유래 단어가 덧붙여지긴 했지만, 기본적으로 게르만어라는 것이 오랫동안 알려져 있었다. 그러나 이 시기에 빅토리아 시대의 언어학자들은 풍경에 보이는 가장 작은 개울이나 둔덕에 이르기까지 거의 모든 영어 지명이 켈트어나 라틴어가 아닌 앵글로색슨어에 뿌리를 두고 있다는 사실도 알아냈다. 19세기 후반 과학적 고고학이 처음으로 개화하면서 새로운 물질문화가 도버 해협 북쪽에 도래했다는 사실이 정확하게 밝혀졌는데, 그 문화의 뿌리는 5세기까지 거슬러 올라가는 비(非)로마 북유럽인 것으로 보였다. 이로써 결론은 명백해 보였다. 북해 건너편에서 다수의 앵글로색슨족이 도착하며 영국의 로마 문명을 파괴했고, 살아남은 로마화한 켈트족을 웨일스, 콘월, 브리타니로 몰아냈다.

로마노-영국 이후 영국이 최악의 시나리오를 겪긴 했지만, 5세기 말 무렵에는 비슷한 이야기가 과거 서로마 제국 대부분에 걸쳐 펼쳐진 것으로 보인다. 모든 곳에서 로마 제국의 통치가 이민자 왕조로 바뀌었고, 엄청난 규모의 문화적, 경제적 쇠퇴가 나타나는 소위 '암흑시대'라고 부르는 악명 높은 시대가 시작되었다.

최초의 브렉시트

고고학과 유전학 분야의 최근 연구를 보면 다수의 앵글로색슨 이주민이 인구학적으로 로마 문명을 압도했다는 이러한 주장을 다시 생각하게 된다. 5세기에는 영국에 과거 서로마 제국의 다른 지역보다 이민자가 약간 더 많이(백분율 기준) 온 것으로 보이지만, 실제 중요한 것은 숫자가 아니었다. 1950년대까지 도버 해협 북쪽의 로마 문명은 제한된 인구가 여전히 거의 미개척 상태인 풍경 위에 얇은 겉치장처럼 얹혀 있는 것으로 여겨졌다. 그 시대의 한 저명한 역사가는 앵글로색슨족의 점령을 이민자와 원주민 사이의 투쟁이 아니라 '나무에 맞서는 인간'의 이야기로 묘사했다. 그러한 묘사는 앵글로색슨족이 들어와 힘으로 소수의 이질적인 토착 인구를 지리적 주변부로 쫓아냈다는 생각을 훨씬 더 많이 들게 한다. 그러나 지난 두 세대의 학자들은 이것이 근본적인 오해에 기초하고 있음을 분명히 했다. 고고학 조사 작업이 늘어남에 따라 알려진 로마 시대 정착지의 수가 기하급수적으로 증가했고, 이제 로마노-영국 시대 말 인구는 전근대 시대 같은 정도의 최고 수준(400만 명 이상)에 도달했던 것으로 추정한다. 이 인구는 그로부터 1000년 뒤인 14세기 초 흑사병이 돌기 직전에야 다시 달성할 정도로 많은 것이다. 이렇게 많은 사람이 영국 서부 변두리로 쫓겨났다는 생각은 터무니없다.

조사 작업이 늘어나면서 유전자 분석도 놀라운 발전을 이루었다. 극단적인 민족주의자 집단은 이러한 유전자 분석 중 일부를 잘못 해석하고 잘못 적용했다. 즉, 유전적으로 식별 가능한 영국 인구가 있었고(그리고 지금도 있고) 현재 과도한 이주로 인해 그 지위가 위협받고 있다는 주장을 뒷받침하는 데 사용했다. 예를 들어 현대 영국 남성들 사이에는 한 가지 특별한 Y 염색체 돌연변이가 널리 분포하고 있다. 산업혁명 이전에 영국과 유럽의 인구를 이동하게 만든 영국 출신 남성 조상의 후손 중 40~50퍼센트가 가진 돌연변이다. 이 돌연변이는 아마도 북해 반대편 어딘가에 있는 북유럽 인구 집단에서 유래했을 것이다. 그러나 이 사실이 앵글로색슨 시대에 이민자들이 인구의 50퍼센트를 대체한 것을 뜻한다고 결론을 내리는 것은 심각한 결함이 있다. 돌연변이가 처음 나타난 시기를 알 수 없으므로 남성 켈트족, 앵글로색슨족, 바이킹족 사이에서 돌연변이를 공유했을 가능성이 크다. 이들 모두 북부 유럽 대륙에서 영국으로 이주하는 다양한 경로에 참여했다. 그리고 그것이 어떻게든, 특히 앵글로색슨인으로 확실하게 식별될 수 있다고 해도(그럴 가능성은 없다), 측정된 것은 21세기 현대 영국 남성들 사이의 분포이지 앵글로색슨족 이주 시대의 것이 아니다. 앵글로색슨족 이주자들은 5세기와 6세기에 영국 남부에서 지배적인 토지 보유 집단이 되었는데, 이는 그들이 식량과 기타 형태의 부에 대한 접근에서 상당한 이점을 누렸다는 것을 의미한다. 후속 모델링에서 알 수 있듯이, 이러한 이민자들에게 유전자를 전달하는 데에서 (그들의 사회적 지위가 확실히 부여했을) 작은 이점만 할당하면 되고, 현재 40~50퍼센트에 이르는 돌연변이 분포는 원래 전체의 5~10퍼센트밖에 되지 않았던 이민자 남성 인구로부터 쉽고 빠르게 달성할 수 있다. 그래도 여전히 대륙의 다른 어느 곳보다 이민자 비율이 더 높음을 의미하지만

(고트족과 반달족은 그들이 지중해 가까이 획득한 땅의 전체 인구의 1퍼센트 이상을 차지했을 가능성이 적다), 기본적인 모습이 바뀌는 것은 아니다. 어떤 식으로 보든, 5세기와 6세기에는 앵글로색슨족 이주자들과 로마 시대 영국인 집단의 교류는 비교적 적었다. 그리고 무엇보다도 유전적 발전의 가장 큰 진보는 유전적으로 정의할 수 있는 영국(또는 프랑스나 노르웨이) 같은 것은 존재하지 않는다는 것을 보여준다.[21]

영국에서 로마 문명이 붕괴한 정도에 대한 실제 설명은 도버 해협 북쪽에서 펼쳐진 이주의 규모가 아니라 협상의 규모에 있다. 대륙에서는 특히 468년 콘스탄티노플이 반달족 원정을 하러 갔다가 패배한 후 로마 제국 영토의 넓은 지역이 새롭고 훨씬 커진 연맹의 통제 아래로 순식간에 떨어졌다. 그 결과, 서고트족, 반달족, 그리고 (나중에) 프랑크족과 동고트족의 왕들이 새로 획득한 영토에서 토지를 소유한 현지 로마 엘리트들과 협상을 벌이게 되었다. 그리고 이 엘리트들은 일제히 진지한 협상 카드를 몇 가지 제시했다. 즉, 다수의 농민 생산자에 대해 이미 만들어진 실질적인 사회적 통제, 권력 이데올로기, 행정 능력, 특히 세수 증대를 내세웠다. 이는 모두 급하게 즉흥적으로 새워진 새로운 국가를 안정시키는 데 도움을 줄 수 있었다. 이러한 상황에서 모든 대륙의 신흥 군주국들은 기꺼이 비슷한 거래를 협상했다. 그 결과 도버 해협 남쪽의 여러 지역에서 로마 제국 이후의 사회 질서는 여전히 수많은 로마 시대 지주들을 포괄했으며, 그들 사이에는 로마 문명의 상당히 많은 요소가 유지되었다. 일부 지역에서는 적어도 중단기적으로는 제대로 작동하는 로마의 법률과 재정 체계도 유지되었다. 기독교와 엘리트 라틴 문화는 대륙의 모든 계승국의 영구적인 특징으로 살아남았다.

이 협상은 로마 지주들에게 결코 공짜가 아니었다(실제 그 협조가 자발적인지 고민하게 만드는 이유다). 계승국의 왕들은 모두 군사 추종자들 덕분에 권력을 잡았으며, 그중 더 중요한 자들(확실히 여러 왕국에 걸쳐 수천 명에 달하는 사람들)은 새로운 왕국의 탄생을 가져온 직전의 전쟁으로부터 풍부한 보상을 기대했다. 그리고 보상 규모가 기대에 미치지 못했다면 이 군 심복들은 지도자를 갈아치우는 것을 조금도 주저하지 않았을 것이다. 토지는 이용 가능한 부를 나타내는 단 하나의 실질적인 형태였으며, 이는 계승국의 왕이 추종자들을 만족시키기 위해 토지를 가진 지주들에게 상당한 토지 자산 목록을 요구했음을 의미한다. 일부 남은 공공 토지가 있었지만, 거대한 수요를 맞출 만큼 충분하지 않았기 때문에 모든 왕국에서 로마 지주들은 자신이 소유한 일부 토지에 대한 통제권을 포기해야 했다(일반적으로 왕국이 작을수록 그 비율이 커졌다). 이러한 방식으로 자신의 영지 중 일부를 희생함으로써 도버 해협 남쪽의 로마 지주들은 적어도 부의 일부를 유지할 수 있었고, 동시에 기존 문화의 상당 부분을 이제는 한 몸이 되다시피 붙어살고 있는 외래 야만인 엘리트들에게 전달했다. 18세기 이래로 무의미한 폭력의 대명사로 부르던 북아프리카의 반달족 정복자들조차도 로마 별장과 라틴 시를 감상하는 법을 재빨리 배웠다. 6세기 후반 훈련을 잘 받은 어느 라틴계 시인이 북부 이탈리아에서 프랑크 왕국으로 이주했을 때, 그는 클로비스 손자들의 궁정에서 프랑크족 출신과 로마 혈통의 후

원자들이 자신의 시를 똑같이 좋아하는 것을 볼 수 있었다. 자신의 생존 문제를 협상할 수 있었던 대륙 로마 지주들의 능력 덕에 최소한 로마 시대 이후의 서부에 라틴어와 기독교가 남을 수 있었다.

영국의 역사가 로마 제국 서부의 나머지 지역과 근본적으로 다른 점이 바로 이것이다. 5세기 영국으로 이주한 '야만족' 앵글로색슨 이민자들은 대륙의 동료들과는 완전히 다른 상황에서 그렇게 하고 있었다. 후자는 훈족이 가한 외부에서 온 충격에 반응해 본의 아니게 로마 땅에 있었다. 그들은 또한 5세기 첫 10년 동안 로마 영토에 도착했을 때, 여전히 상당한 군사력이 있는 서로마 국가와 경쟁해야 한다는 사실을 깨달았다.

그러나 그 시점에서 영국은 로마 제국이 라다가이수스, 반달족-알란족, 알라리크의 서고트족의 도착으로 오랫동안 혼란에 빠진 가운데(138쪽) 독립을 선언함으로써 이미 부분적으로 중앙 로마의 통제를 벗어나 있었다. 많은 영국 속주 로마 지주들은 5세기 초반 몇십 년 동안 계속 자리를 지키고 있었는데, 마침내 이 최초의 반란이 그들에게까지 이르렀다. 이후 중앙 통제를 회복해 달라고 여러 차례 호소했지만, 제국 체제는 그들을 완전히 버렸고, 지주들의 취약성이 분명해졌다. 이제 그들은 손쉬운 먹잇감을 노리며 줄을 선 스코틀랜드와 아일랜드의 침입자들에 맞서 자체적인 방어책을 준비해야 했고, 곧 별도의 가용 병력을 보충하려고 북해 건너편에서 앵글로색슨 군대를 모집했다. 유일하게 믿을 만한 상황 전개 자료에 따르면, 이 용병들은 자기들이 고용주의 땅을 완전히 점령하는 것을 막을 방법이 전혀 없다는 것을 알게 되자 그 재미에 끌어들이려고 대륙의 전투연합을 좀 더 데려왔으며, 그러면서 상황이 완전히 내리막길을 걷게 되었다고 한다(대략 440년대 초반으로 보인다). 그 결과, 독립적인 지도자 아래 앵글로색슨 이민자들의 소규모 그룹이 자신들만의 작은 영토 블록을 조금씩 만들어갔다. 이러한 의미에서 앵글로색슨족은 3세기에 주변부에서 권한을 부여받은 집단이 라인강과 다뉴브강 사이, 그리고 트란실바니아 다키아 지역의 제국 부동산을 인수했던 과정과 같은 종류의 확장을 나타낸다.

이는 또한 영국 남부가 대륙에서 발생한 대규모 협상의 기회를 전혀 얻지 못했음을 의미하며, 싸워야 할 로마 제국 군대가 없으므로 독립적인 앵글로색슨 전투연합 지도자들이 패왕의 권위 아래 연합할 이유도 없다는 것을 의미한다. 이로 인해 영국의 전체 로마 지주 계급과 문화적 가치가 한 번에 한 별장씩 휩쓸려 가는 과정이 발생했다. 영국에서 도와달라는 마지막 호소가 서로마 제국 중심지에 들어왔을 때는 로마가 북아프리카를 반달족에게 빼앗긴 지 얼마 되지 않아 이미 너무 많은 압력을 받고 있어서, 당시 포위당한 로마노-영국 지주들을 위한 자원을 찾을 수 없었다. 실제로 영국의 로마 시대 이후 문명이 완전히 이교적이고 라틴 문화가 없는 암흑시대로 떨어진 것은 야만족의 이주 때문이 아니라 로마 세계로부터의 자발적인 분리, 즉 최초의 브렉시트 때문이었다.

이주와 제국의 종말

따라서 로마 시대 이주의 실제 모습을 볼 때, 앵글로색슨족의 경우

만이 위대한 문명을 압도한 야만족이라는 전통적인 설명에 훨씬 가깝다. 심지어 영국 남부에서 나타난 결과의 근본 원인도 '야만족'의 폭력이 전부가 아니었다. 로마 서부의 다른 곳에서는 이주가 주로 약탈적인 침입이 아니라 훈족이 일으킨 혼돈의 간접적인 산물이었고 전개 과정도 비폭력과는 전혀 무관했지만, 협상에 따라 결과를 만들었고 이에 따라 옛 로마 제국 문화의 중요한 특징이 새로운 세계 질서로 옮겨 가게 되었다. 비록 이것이 그토록 현대인의 많은 관심을 끌었던 야만족의 침략 이미지와 일치하지 않긴 하지만, 이러한 로마 멸망 시대의 이주 양상을 다른 방식으로 응용해 오늘날의 서구와 그 주변에서 일어나고 있는 이주 과정을 이해하는 데 도움을 얻을 수 있다.

우선, 인간 이주의 피할 수 없는 두 가지 특징을 인식하는 것이 중요하다. 첫째, 이주는 전략적으로 수명을 계산하는 종의 타고난 한 방편이다. 아프리카를 넘어 다른 대륙으로 퍼져나간 최초의 디아스포라 이래 인간은 더 풍요로운 사냥터나 더 좋은 농지를 찾아 계속해서 이동했다. 그러한 곳을 언제나 발견한 것은 아니지만, 인류는 확장된 두뇌 능력으로 의복, 도구, 식품 가공 기술을 사용해 물리적 진화 적응을 우회하고 지구상의 수많은 다양한 환경에서 번성할 수 있었다. 따라서 이주에 관한 비교 연구에서 얻을 수 있는 한 가지 분명한 결론은 교통과 정보만 도와준다면 항상 가난한 지역에서 부유한 지역으로 인구의 흐름이 있을 것이며 정치적 구조는 별도의 장벽이 되지 않는다는 점이다. 둘째, 그렇다고 이주가 편안한 것은 절대 아니다. 대부분 이민자에게 사랑하는 사람과 집을 떠나 낯선 새로운 세계로 가는 것은 그 과정에 따라오는 모든 위험과 불안은 말할 것도 없고 감정적으로 고통스러운 일이다. 로마 시대 말기의 살해당하거나 노예가 된 야만족으로부터 오늘날 유럽 해변에 밀려오는 죽은 어린이에 이르기까지, 이주에 위험과 슬픔이 따라오지 않은 때는 없었다.

　이러한 기회, 필요성, 어려움이라는 일반적인 배경을 두고, 제국의 수명 주기는 좀 더 구체적인 이동 양상을 만드는 경향이 있다. 우리가 살펴본 것처럼 확장 단계에서 제국은 제국 핵심의 이익을 확보하려고 다양한 종류의 대규모 이주를 촉진하는 조건(새로운 경제적 기회, 안전, 운송 경로, 심지어 이주를 장려하는 정책까지)을 의도적으로 제공한다. 이주민들은 자신뿐만 아니라 전체적인 제국의 구조까지 개선할 수 있다. 로마 제국이 탄생하면서 이탈리아는 제국의 새로운 속주의 개발을 도울 수많은 개인을 내보냈다. 그러나 이들 지역은 자발적, 비자발적 메커니즘을 통해 국경 너머의 노동력을 흡수하기도 했다. 현대 서구의 경우 팽창 시대에 핵심 지역에서 식민지로 주민을 내보내는 것은 원칙적으로 로마와 유사하지만, 실제로는 훨씬 더 극적이었다. 이는 서구 제국주의의 팽창 시대가 놀라운 인구통계학적 전환과 동시에 일어났기 때문이다. 즉, 의료 및 영양학적 개선과 높은 출산율이 결합해 유럽인이 (어느 특별한 역사적 순간에) 세계 인구의 무려 25퍼센트에 달하게 되었다(2장). 이러한 인구통계학적 맥락에서 체제 경계 너머로부터 제국의 새로운 지역으로 노동력을 끌어들일 필요성은 줄어들었지만, 노예 제도 현상이 그토록 끔찍하고 명백하게 보여주었듯이 선호도가 떨어지는 자리를 채우려고 여전히 그런 일이 일어났다.

그러나 1945년 이래로 이러한 양상은 반대로 바뀌었다. 영국, 프랑스, 네덜란드 같은 과거 제국주의 열강은 이전 식민지에서 온 이민자들에게 문호를 개방했다. 제국이 아니었거나 독일처럼 제국을 잃은 다른 국가에서는 근무일이 끝나면 본국(흔히 독일의 경우 튀르키예)으로 돌아갈 예정인 '초청 근로자'를 수입했다. 당연하게도 이 '손님'은 종종 눌러앉는다. 그때쯤에는 소속감을 느끼는 가족이 있기 때문이다. 최고의 선수를 잃고 싶지 않은 축구 국가대표팀의 경우는 말할 것도 없다. 한편 미국, 캐나다, 오스트레일리아처럼 노동력 공급을 늘리려 항상 이민에 의존해 왔던 국가들은 전통적인 유럽 자원이 고갈됨을 깨닫고 점점 더 개발도상국 출신 이민자에게 눈길을 돌렸다.

언뜻 보기에, 이는 로마 시대 말기의 야만족 침략을 염두에 둔 채, 제국과 이주 사이의 관계를 물결 비유로 설명하는 싶은 유혹을 느끼게 한다. 즉, 제국의 상승 단계에서 바깥쪽으로 밀려나다가 제국이 쇠퇴하자 밀려든다고 가정하는 식이다. 이러한 이미지는 일부 서구 국가의 극우 담론에 널리 퍼져 있다. 그들은 제국 시대 동안 유럽 문화가 전 세계로 확장되는 것을 문제가 없는 '좋은' 것으로 간주하며, 그것을 남아프리카 공화국이나 로디지아 같은 옛 식민지 소유물에서 나타나 '백인 대량 학살'로 향해 가는 현재 추세와 비교한다. 그들은 심지어 (가장 극적인 설명에서) 서구에서 '백인 대체' 가능성을 경고하기도 한다. 왜냐하면, 후기 야만족들이 먼저 식민지에서 서로마의 진격을 뒤엎은 다음, 점점 더 제국의 옛 심장부로 가는 전투를 벌였기 때문이다. 약탈하는 반달족과 이슬람국가IS가 서유라시아 문명의 요람인 시리아와 이라크에 남긴 잔해 사이의 유사성은 피할 수 없는 것처럼 보인다. 오늘날의 이민자들은 성문 앞에 서 있는 현대의 야만족이다. 그들을 문 안으로 들여보내면 부의 손실, 문화적 결속력의 상실, 폭력의 급증, 최악의 경우 인구 교체가 일어나는 것은 불가피해 보인다. 그러나 이러한 견해가 다양한 서구 유권자 중 불만을 품은 구석에서 어느 정도 지지를 받았지만, 이러한 종류의 비유는 잘못된 방정식에 따른 것이다. 매우 의심스러운 가치 판단을 제쳐두고라도, 현대 인구가 서구로 유입하는 것은 로마 제국이 멸망할 때 작용했던 것과는 근본적으로 다른 이주와 제국 간 관계의 산물이다.

20세기 중반이 되면서 유럽의 인구 폭발은 종말을 고하고 있었다. 서구는 번영 덕분에 1945년 이후 국가 구조가 넉넉한 연금과 건강 보험으로 요람에서 무덤까지 이어지는 복지 체계에 자금을 지원하는 것이 차츰 가능해졌다. 개인도 훨씬 더 부유해졌다. 제2차 세계대전 이후 25년 동안 서구 국가의 1인당 소득은 매년 평균 4~6퍼센트씩 증가했다. 이는 개인의 소득이 10년마다 두 배로 증가했다는 뜻이다. 경제적 불안이 줄어들면서 가족 크기도 그에 따라 줄어들었다. 국가가 돌봐줄 때, 특히 개인연금이 그 일을 효과적으로 도와줄 수 있다면, 노년기에 자신을 돌봐줄 많은 자녀를 가질 필요가 없어졌다. 또한, 이제 자녀 중 대다수가 실제로 살아남을 것으로 생각할 수도 있다. 단기적인 도약을 가져온 전후 베이비붐 이후, 서구의 일반적인 출산율의 장기적인 하락이 다시 시작되었다. 소위 '출산율 변천'의 두 번째 단계가 이제 본격화한 것이다. 전쟁 이후 미국의 가구당 평균 자녀 수는 절반으로 줄었다. 오늘날 OECD 선진국 중 가정에서 기존 인구 수준을 유지하기에 충분한 자녀를 낳는 곳은 아이슬란드와 이스라엘뿐이다(대체율은 일반적으로 여성 1인당 약 2.1명이다). 다른 모든 곳에서는 본토박이 인구가 감소하고 있으며 이탈리아, 독일, 헝가리, 일본의 경우 급격한 감소를 하고 있다.

서유럽의 출산율이 급격하게 떨어지자 대다수 유럽 국가는 세계 경제에 잉여 인구를 공급하는 주요 역할을 상실하는 수준을 넘어 실제로 자국의 노동 수요를 충족시키려 고군분투했다. 추가 공급의 확실한 원천은 옛 제국주의 주변부의 개발도상국이었다. 왜냐하면, 유럽에서 19세기 후반에 목격했듯이, 1945년부터 수십 년 동안 개발도상국 역시 마침내 (유럽과 동일한 의학적, 영양적 발전으로) 엄청난 인구 증가를 경험했기 때문이다. 20세기 중반이 되자 대규모 잉여 노동력 풀은 개발도상국에서만 볼 수 있었고, 서구도 그에 따라 대응했다. 그 결과, 현대 이주가 서구로 흘러 들어가는 것과 소위 로마 제국 시대 말기의 야만족 침략 사이의 유사성이 완전히 무너졌다.

4세기 말과 5세기 초의 이주는 훈족의 확장이라는 외부에서 온 충격으로 발생했다. 이후 로마 땅에서 일어난 과정은 이주자들이 훨씬 더 큰 정치적 연합을 재조직하면서, 실질적으로 이주자 스스로 만든 것이다. 이러한 전반적인 이주 과정은 (그 기원과 그에 따른 발전 모두) 로마의 통제 범위를 벗어났다. 대조적으로, 현대 서구로 향한 이주는 대부분 노동력을 찾는 수혜국이 통제했으며 지금도 여전히 그렇게 한다. 이민자가 많은 미국에서도 불법 입국한 '불법체류자'는 전체 인구의 5퍼센트 미만이다.

잘못된 동등성에 근거한 우익 정치인들(이민자 선박을 찾으려고 영국 해협을 순찰하는 나이젤 패라지Nigel Farage, 로마 제국의 몰락을 오늘날 통제되지 않는 이민에 대한 경고로 언급하는 보리스 존슨Boris Johnson, 불법 이민자들을 고트족으로 비유하는 팻 뷰캐넌Pat Buchanan 같은 자들)의 담론이 너무나 많다. 오늘날 미국에서 미등록 노동자라는 위태로운 존재는 북아프리카에서 로마인의 안락한 삶을 누렸던 반달족 전사와 조금도 유사하지 않다. 미국의 '불법체류자'는 두려움 속에 살고 있으며 언제나 이민국 집행 요원을 피하려 그들이 출현했던 곳을 확인한다. 불법체류자라는 낙인이 찍힌 그들의 자녀는 부모가 추방되어 헤어지는 것에 대한 만성적인 두려움에 시달린다. 그리고 아마도 불법 이민자와 그 가족은 상대적으로 내국인보다 훨씬 더 나쁜 정신적, 육체적 건강을 경험하겠지만, 의료 서비스에 대한 접근은 제한받는다. 사용할 수 있더라도 이민자들은 추방당하는 것이 두려워 포기하는 경우가 많다. 성문 앞에 서 있는 야만족들을 거론하는 온갖 이야기에 관해서라면, 현대 세계는 국경을 넘어 로마의 부동산을 상당 부분 장악한 조직적인 대규모 군사 연맹과 조금도 닮지 않았다. 헝가리가 최근 경찰이 적법한 절차 없이 망명 신청자를 국경 너머로 강제 추방할 수 있게 하는 법안을 통과시킨 후, 이 나라에 입국하는 사람의 수가 75퍼센트 이상 감소했다. 로마 제국 말기에 입법을 통해 야만족의 침략을 막는 것은 꿈에서만 가능한 방법이었다.

더욱 근본적으로, 고대와 현대의 경우 이주와 부의 관계가 완전히 다르다. 로마 제국 말기의 조직적인 대규모 이주로 누군가는 큰 손해를 보았다. 이주한 고트족, 반달족, 앵글로색슨족 등은 모두 하나의 주요 자산(땅) 지분을 놓고 경쟁했으며, 지분은 현재 토지 소유주로부터 전부(영국에서처럼), 또는 부분적으로(대륙에서처럼) 빼앗아야만 획득할 수 있었다. 이는 결국 중앙의 통제에서 너무 많은 재정 기반을 제거해 로마 제국 자체가 붕괴하는 추가 효과를 일으켰다. 대조적으로 현대 경제는 이전 시대에는 불가능했던 방식으로 성장할 수 있으므로 신규 시민의 부는 기존 시민의 부를 희생시킬 필요가 없다. 물론 이것이 바로 1945년 이후 서구 정부가 실제로 이민을 장려한 이유다. 그들은 기존의 노동력 부족을 감안할 때 이민이 경제와 재정적 기반의 전반적인 규모를 뜻대로 확장할 수 있는 능력이 있다고 판단했다.

대체로 그 판단은 올바른 것으로 입증되었다. 물론 이민의 경제적 영향에 관한 최근 연구가 이민이 주는 순전한 혜택을 환영했던 과거에 비해 불균형한 영향에 더 민감하게 반응하는 식의 미묘한 모양새를 보여주긴 한다. 모든 조건이 같다면 서구 사회의 부유층이 전통적인 노동계급보다 이민자의 도착으로 더 많은 혜택을 받는 경향이 있다. 이민 노동력의 공급은 좀 더 제한적인 노동 시장에서 임금 상승을 제한한다. 마찬가지로, 이제 이민자들이 현지 경제에 전적으로 참여하도록 돕는 정책에 대한 인식이 더 커졌고, 이는 기술 훈련부터 언어 교육에 이르기까지 모든 것을 망라한다. 그러나 이 모든 것을 고려하더라도, 일부 서구 정치가들의 주장과는 달리 일반적인 연구 결과는 여전히 이민이 전체 경제에 순이익을 가져온다는 것을 보여준다. 예를 들어, 한 주류 IMF 연구는 평균적으로 이민자 인구 규모가 1퍼센트 증가할 때마다 장기 GDP가 2퍼센트 증가한다고 추정한다. 그리고 반이민 정치인들이 때로 자신이 이민자 자체를 반대하는 것이 아니라 단지 '나쁜 이민자'(불법체류자 또는 소위 '미숙련' 이민자를 의미한다고 하지만 실제로는 흔히 같은 말이다)를 반대하는 것이라고 말하며 자기 입장을 옹호하지만, 미숙련 이민자라도 비용보다 더 많은 경제적 이익을 제공한다. 예를 들어, 미국에서는 불법 이민자 중 노동 인구에 참여하는 비율이 전체 인구 중 비율보다 더 높으며, 이는 불균형적으로 많은 수의 불법 이민자가 생산 경제에 적극적으로 참여하고 있음을 시사한다.

따라서 1945년 이래 이민자들은 서구 경제의 역동성을 유지하는 데 중요한 역할을 했다. 그러나 이 말조차 진화하는 서구의 삶에 이민자들이 미친 총체적 기여의 본질을 다 설명하지는 못한다. 또 다른 더욱 즉각적인 설명으로는, 이민자들은 이제 서양인의 삶 자체를 유지한다. 왜 그런지 이해하려면 서구 부의 증가와 평균 가족 규모에 따른 출산율 변천이 가져온 장기적인 결과로 돌아가야 한다.

1945년 이후 서구에 넘친 전례 없는 번영은 빠르게 역설적인 상황을 불러왔다. 번영은 소규모 가족으로 전환을 재촉하고 출산율 감소를 가속했으며, 동시에 평균 기대 수명을 극적으로 증가시켰다. 전쟁이 끝난 후 미국인의 평균 수명은 67세였다. 오늘날은 79세가 되었다. 그러나 그러한 개선은 같은 기간 동안 기대 수명이 60세에서 83세로 늘어난 이탈리아에는 미치지 못하며 일본에서는 평균 수명이 당시 52세였던 것에서 무려 32년이 추가되었다. 이 모든 것은 여러 면에서 놀라운 성과다. 더 많은 여가와 더 길고, 더 건강하고, 더 부유한 삶을 누리는 것은 그들에게 좋은 일이다. 그러나 동시에 노동력에 적극적으로 참여하는 인구의 비율이 감소한다는 경제적 단점도 있다.

1960년에는 연금 수급자가 일본 인구의 10분의 1을 차지했다. 오늘날은 인구의 거의 3분의 1을 차지한다. 미국과 영국의 연금 수급자 증가는 그다지 극적이지는 않지만, (각각 약 10퍼센트에서 약 15퍼센트와 18퍼센트로) 여전히 상당한 수준이다. 그 결과, 일하는 근로자 대비 경제적 부양가족의 비율이 급격히 증가했다. 1960년 당시, 경제 활동을 하는 일본인은 모두 각기 한 명씩 부양했고, 그 대부분은 곧 취업을 앞둔 어린이였다. 오늘날 모든 근로자는 다른 두 사람을 부양해야 하며 이들 중 대부분은 퇴직한 사람이다. 따라서 부와 그에 따른 효과는 서구의 노동력에 새로 거대한 구멍을 만들었고, 일반적으로 이를 메우기 위해 이민을 이용했다.

일부 경제 영역에서는 이러한 의존이 특히 심해졌다. 수명이 길어지면서 당뇨병, 관절염, 파킨슨병, 치매 등 노화와 관련한 만성 질환의 발병률이 훨씬 더 높아졌다. 영국에서는 나이젤 패라지가 영국 국민의료보험NHS, National Health Service의 비용 상승이 이민자가 유발한 초과 수요 때문이라고 비난하면서 경력을 쌓았다. 영국 병원의 병동이 외국인들로 가득 차 있다는 그의 말은 맞다. 하지만 그들은 대부분 의료 전문가들이다! NHS에서 일하는 의사의 3분의 1 이상이 해외 출신인데, 이는 OECD 평균과 대체로 일치한다. 물론

아프리카 의과대학을 졸업한 의사 중 5분의 1이 해외에서 일하게 된다는 점에서 개발도상국에는 이 문제의 고민스런 이면이 있다.

그러므로 서구 복지 국가에 압력을 가하는 것은 외국인의 유입이 아니라 수명을 연장하고 부양 비율을 엄청나게 증가시킨 전후 번영의 결과다. 외국에서 훈련받은 의사와 간호사에 의존한 덕분에 많은 공공 체계가 무너지는 것을 막을 수 있었고(오스트레일리아와 캐나다의 체계는 이들이 없으면 기능을 멈출 것이다), 의료진 생산 비용의 상당 부분을 다른 나라로 전가해 서구 납세자의 막대한 돈을 절약했다. 의사 한 명당 수련 비용이 30만 달러* 이상 들기 때문이다. 여기에 단기적이든 장기적이든 과일 수확부터 기업 운영에 이르기까지 경제 전반에 걸쳐 중요한 역할을 하는 이민자를 추가하면, 서구가 익숙해진 방식을 유지하는 데에서 이주가 현재 수행하는 경제적 역할을 과대평가하기는 쉽지 않다. 결과적으로, 현재와 가까운 미래의 이주 문제는 서구 정부에게 로마 제국 말기 전임자들이 직면한 것과는 완전히 다른 비용-이익 방정식을 제시한다.

벽을 세워라!

다양한 서구 유권자들의 상당 부분이 이민에 대해 적대적으로 변했다. 이들은 일자리, 소득, 문화적 결속을 걱정하며, 그 두려움은 국경의 무질서한 이민자 수용소의 모습과 서구 도시에서 간혹 터지는

....

* 한화로는 약 3억 8,700만 원.

이슬람 테러로 더욱 커진다. 이러한 반감이 선거에서 눈에 띄는 성공을 몇 가지 거두기에 충분할 만큼 강하다는 것도 보여줬다(브렉시트, 트럼프, 독일 극우 AfD,[*] 빅토르 오르반Viktor Orbán[**] 등). 이 때문에 일부 주류 정치인들도 자국의 외국인 근로자에 대한 의존도를 줄이는 방법을 모색하게 되었다. 그러나 인구 노령화와 부양 비율 증가의 시대에 이민의 실질적인 감소는 필연적으로 경제적 번영에 영향을 미칠 것이다. 영국에서는 브렉시트로 유럽에서 오는 이주가 제한을 받자 만성적인 노동력 부족으로 비용이 증가하고 공급이 줄어들어서, 수많은 사람이 집수리를 하려 하거나 공항에서 수하물을 기다리는 모습을 모두 금방 발견할 수 있다.

가능한 정책 선택을 스펙트럼으로 놓고 보았을 때, 서구 국가 중 한쪽 끝은 사회·정치적, 문화적 현상 유지를 위해 향후 이민의 문을 그냥 닫기도 한다. 현대 일본은 기본적으로 이 경로를 택했다. 이주 노동자가 장기 거주 자격을 얻거나 가족을 일본으로 데려오는 것을 매우 어렵게 만들어 엄격한 범위 내에서 이민을 제한했다. 하지만 그 대가는 컸다. 일본의 경제 성장은 1990년대 초반에 대략 멈췄으며, 인구 노령화와 공공서비스 수요가 증가함에 따라 그 이후로는 거의 꿈쩍도 하지 않았다. 고도로 제한적인 이민 정책이야말로 어째서 근로 인구가 부양하는 일본 퇴직자의 수가 다른 선진국에서 볼 수 있는 수준을 훨씬 뛰어넘고, 오늘날(일본 인구의 30퍼센

----

* AfDAlternative für Deutschland 정당은 '독일을 위한 대안'이란 뜻으로 2013년에 창당했다.
** 헝가리 총리이자 극우 보수정당 피데스Fidesz(청년민주동맹)의 당대표.

트가 퇴직한 상태에서) 세금으로 들어오는 엔화의 절반 이상을 사회 보장 예산으로 소비하는 지경에 이르렀는지 알려주는 주요 원인이다. 이를 위해서 정부는 교사 급여부터 쓰레기 수거에 이르기까지 모든 비용을 지급하기 위해 많은 돈을 빌려야 한다. 따라서 이주를 완전히 중단하는 것이야말로 완전한 경제 쇠퇴의 비결인 것으로 보인다(로봇이 노인 간호를 제공하는 실험도 마찬가지다). 이 모델이 일본의 유명한 사회적 결속력과 낮은 범죄율처럼 다른 숨어 있는 이점을 보여주지만, 거기에는 비싼 가격표가 붙어 있었다. 심지어 일본도 최근에 요양원을 위해 노동력을 수입하기 시작했으며, 이민자들이 영주권을 얻을 수 있는 법률적 창구를 마련하고 있다.

따라서 더 일반적으로 선호하는 두 번째 정책 옵션은 이민을 더 넓으면서도 여전히 엄격한 한도 내에서 유지하도록 옹호하고, 가능하다면 수용국과 유사한 민족적, 문화적 프로필을 가진 출신 국가를 선호하는 것이었다. 그래서 도널드 트럼프는 아프리카의 '똥구멍 국가' 출신보다 노르웨이 출신 이민자가 낫다는 악명 높은 발언을 하기도 했다. 그러나 다른 선진국으로부터의 대규모 이주를 기대하는 것은 비현실적이다. 왜냐하면, 사실상 모든 OECD 국가가 동일한 출산율 변천의 영향을 받았고, 어찌 되었든 그들 국가의 경제적 전망 사이에는 많은 수의 이민자들이 이주에 따른 문화적, 개인적 비용을 떠안도록 촉구할 충분한 차이가 더는 없기 때문이다. 실제로 상당한 규모의 이주는 출산율 변천의 첫 번째 단계가 진행 중인 주변부에서만 발생할 수 있다. 즉, 어린이는 훨씬 더 많이 생존하지만, 그에 따른 가족 규모의 하향 조정을 이제 막 시작한 곳이다.

또 다른 해결책도 제시되었는데, 이는 소위 '필요 기반' 이주 제도에 중점을 두며, 그러한 선진국에서는 특정 기술 부족을 채우기 위해 신중하게 심사한 이주자를 허용한다. 즉, (추정상) 임금을 낮추지 않고, 동시에 사회 체계에 부담을 주지 않는 정책 움직임이다. 일부 민족주의 정치인들은 이 아이디어를 일반적으로 이주를 줄이는 대안으로 사용하지만, 이 정책을 실용적으로 적용하면 전체 이주 숫자를 전혀 줄이지 못할 것이다. 만일 영국이 경제적 실용주의에 기초한 캐나다나 오스트레일리아 같은 체계를 사용한다면 실제로 이민자 유입이 늘어날 것이다. 캐나다는 노동력과 부양 비율의 균형을 유지하려고 상당히 선별적인 이민 정책을 사용하며, 일반적으로 매년 전체 인구의 약 1퍼센트를 받아들인다. 이를 캐나다 인구의 두 배인 영국에 적용하면 연간 65만 명의 이민자가 필요하다. 더욱이, '필수' 근로자에 대한 초점이 강조되고 코로나 위기 동안 전반적인 중요성이 매우 분명해졌듯이, 노동 인구 중 수많은 핵심 구성원은 고도로 숙련되지는 않았지만, 여전히 해외에서 온 사람들이다. 따라서 선거에 대한 불안감을 해소하려 하기보다는 합리적 평가에 기초한 선별적 이민 정책에도 마찬가지로 비숙련 노동력 부족을 적절히 고려해야 할 것이다. 이 점은 수년간 코로나바이러스 전염병이 최고조에 이르렀을 때 영국 정부가 동유럽 이주민들을 악마화하자 그들이 영국 농작물을 수확하지 못하고 모두 고향으로 돌아갔고, 이제 그들에게 돌아오라고 애원하는 지경에 이른 사실에 의해 최근 조명받았다. 따라서 노동력 부족과 불길한 부양 비율을 '합리적으로' 해결하려는 노력은 많은 브렉시트 유권자들이 '통제권 회복'에 투표할 때 염두에 두었던 것과 같은 결과를 낳지 못할 수도 있다. 유럽연합EU을 탈퇴하면 중부 유럽과 동부 유럽에서 오는 이주 속도를 느리게 할 수 있지만, 머지않아 아프리카, 아시아 또는 남미의 미개발 지역에서 오는 동등하거나 더 큰 규모의 유입으로 바뀔 가능성이 크다.

로마 제국 말기의 대규모 '야만족' 침입이 현대 서구로 향하는 현재의 이민에 대한 어떤 종류의 유사성도 결국 제공하지 못하더라도, 최소한 왜 그렇지 않은지 이해할 효과적인 대조로는 이용할 수 있다. 로마 제국 말기에는 고정 토지 자산을 통제하려는 무장 투쟁으로 빠르게 변모한 특정 형태의 이주가 있었다. 이와는 대조적으로 1945년 이후 서구로 향하는 이민은 수혜국에게 손실보다 훨씬 더 큰 경제적 이익을 가져왔으며, 서구 내국인 인구가 노령화하고 부양 비율이 증가함에 따라 전체적인 혜택도 증가했다. 그런데도 일본 같은 국가들은 문화적, 정치적 이유로 매우 광범위한 이민 통제를 선택했고, 엄격한 이민 통제는 인구 노령화와 생산성 저하라는 맥락에서 장기적으로 전반적인 생활 수준을 낮추는 길로 갔다. 이민 비용은 이민자나 그들을 수용하는 사회, 또는 그들이 떠나는 국가 모두에게 공짜가 아니지만, 최소한 정치인은 관련한 상응 관계에 훨씬 더 정직해야 하며, 그들이 그중에서도 가장 중요한 현대의 이주 이야기를 가끔이라도 언급한다면 더 나은 결과가 있을 것이다.

지난 100년 동안 역사상 가장 큰 규모의 인구이동이 실제로 일어났지만, 그중 극히 일부만 서구로 유입되었다. 실제 놀라운 수의 개발도상국 시민들이 시골의 집을 떠났고, 그 규모는 고대의 가장 큰 '야만족' 침략을 훨씬 능가했지만, 압도적인 다수는 최종적으로 인근 해안과 강변 도시에 정착했다. 선전深圳, 상파울로, 라고스, 뭄바이 등 수백 곳은 불과 수십 년 만에 식민지 전초기지에서 놀라운 대도시로 변했다. 지속적인 서구의 번영과 세계적 영향력에 대해 이주가 불러오는 진정한 도전은 줄어든 노동력과 노후화로 일부 신입이 절실한 서구에 이주민이 도착하는 일이 아니고, 바로 이처럼 서구 국경에서 수천 마일 떨어진 곳에서 나타나는 사람들의 이동이다.

7장
힘과 주변부

빌 클린턴이 승리의 국정연설을 한 1999년은 그에게 대단한 한 해가 될 것 같았다. 탄핵은 무죄 판결을 받았고, 여론 조사에서는 호황을 누리는 경제와 치솟는 주식 시장 덕분에 높은 순위를 차지했다. 그는 연초에 어울리는 대미를 장식하며 한 해를 마감하는 것을 목표로 삼았다. 시애틀에서 그는 여러 차례의 세계 무역 정상회담을 주최했으며, 그곳에서 서구 모델이 전 세계로 확산하는 것을 축하했다.

1945년 이후 반세기 동안 서구 정부는 브레턴우즈 회의의 설계에 맞춰 세계 무역 의제를 주도했다. GATT나 그것을 계승한 WTO의 전형적인 접근 방식은 소수의 부유한 국가들이 협상을 타결한 다음 이를 다른 모든 국가에 기정사실로 제시하는 것이었다. 1999년까지 개발도상국은 오랫동안 협상 테이블에 자신에게 걸맞은 자리와 미국이 계속 배제했던 의제 항목을 제시할 기회를 갈망해 왔다. 무엇보다도 선진국은 그동안 농산물 시장 개방을 전면적으로 거부했었다. 클린턴에게는 불행하게도 상황이 마침내 대본에서 벗어나게된 것은 이번 정상회담에서였다. 개막과 동시에 노동조합부터 환경운동가에 이르기까지 전부 모인 거리 시위가 시애틀을 폐쇄했다. 한편 인도와 멕시코 등 유력 국가들이 이끄는 개발도상국 연합은또다시 자신들의 요구를 대부분 무시하며 합의를 밀어붙이는 클린턴의 시도에 맞서 힘을 합쳤다. 그들 중 다수는 1997~1998년 금융위기 동안 미국이 지원 조건으로 부과한 긴축재정정책으로 여전히어려움을 겪고 있었다. 시위가 격화하자 경찰은 비상사태를 선포했고 주 방위군이 시내로 진입했으며 회의장에서는 토론이 중단되었다. 클린턴은 더는 일을 진행할 수 없다고 선언했다.

현대의 주변부는 침략을 시작하는 대신, 외교를 통해 미국이 주도하는 서구 제국의 뱃머리에 경고 사격을 가했다. 무역 회담 50년만에 처음으로 제국 중심지의 궤도가 멈췄다. 무엇이 바뀐 것일까?

세계화

전후 세계 경제 활황의 주요 효과는 서구의 생활 수준을 높이는 것이었지만, 이는 또한 과거 유럽 식민지의 저개발 경제에서 생산한원자재에 대한 수요도 증가시켰다. 그에 따른 경제 성장도 대부분의 제3세계 국가들이 상대적으로 서구에 훨씬 뒤처지는 것을 막지는 못했다. 왜냐하면, 신생 독립국 대부분이 식민지 시대에 수입한서구 공산품을 현지에서 생산하는 데 초점을 맞춘 내부지향적인 보호주의 개발 전략을 채택했기 때문이다. 정치적 독립과 경제적 독립을 강화하기 위해 고안한 그러한 전략은 탈식민지 주변부가 저개발과 엮이는 역설적인 효과를 가져왔다. 새로운 지역 산업은 여전히 수입한 서구 기술과 기계에 의존했기 때문에 그 전략은 뜻하지 않게 과거와 같은 경제 양상을 영구화했다. 즉, 1차 상품(식료품부터 서구 공장에서 사용하는 원자재에 이르기까지 모든 것)을 수출하고 그 수익으로 서구에서 산업 제품을 구매했다.

1970년대에는 전후 질서가 좌초하고 있었다. 흔히 신흥 국가들이 주요 1차 상품에 대한 급증하는 수요를 타고 제조업 부문을 구축함에 따라 독립 이후 급속한 확장이 이루어졌지만, 수입 대체 모델이 태생적인 한계에 도달하자 높은 수준의 성장을 창출하는 것이 중단되었다. 국내 시장이 포화한 이후 새로운 산업이 선택할 수 있는 유일한 방법은 1차 상품 부문을 따라 수출을 시도하는 것이었다. 그러나 많은 공장에는 점점 구식이 되어가는 서구의 중고 기계가 설치되어 있었고, 결과적으로 새로운 기술에 접근하지 못하고 이를 획득하기 위한 자본 투자가 없어 세계 경제 시장에서 경쟁하는 데 어려움을 겪었다.

서구에서도 전후 호황이 가라앉고 있었다. 1960년대 후반에는 1945년 이후 대체로 잠잠하던 인플레이션이 조금씩 상승하다가, 1970년대 두 차례의 오일쇼크를 겪으며 무시무시한 두 자릿수 단위로 가속했다. 세계 경제로 가는 석유 흐름을 통제하려고 당시 주변부 국가들이 동맹을 맺은 석유수출국기구OPEC는 석유 1배럴당 가격을 네 배나 인상했고, 그에 따라 서구 국가들로부터 훨씬 더 많은 돈을 빨아들였다. 서구에서는 이때가 노동 생산성의 증가율이 감소하고, 활동 노동 인구의 규모도 그에 비례해 감소한 순간이었다 (161~162쪽). 두 가지 변화 모두 인건비에 상승 압력을 가했다. 최종 결과는 스태그플레이션이었다. 즉 제임스 캘러헌 총리*부터 지미 카터 대통령**에 이르기까지 1970년대 많은 정치인의 잠을 망친 저성장과 높은 인플레이션이라는 악몽 같은 시나리오였다. 1980년대 초, 서구 경제가 불황에 빠지면서 물가는 매달 상승했고 모기지 금리는 20퍼센트까지 올랐다. 서구인들은 수입이 줄어든 만큼 지출은 늘어났고, 이 때문에 정부가 요람에서 무덤까지 이어지는 복지 프로그램의 자금을 조달하는 것이 점점 더 어려워졌다.

수많은 새로운 계획의 실패와 국가 보조금과 비효과적인 국유화 이후, 상당수의 서구 정치인들은 밀턴 프리드먼Milton Friedman과 프리드리히 하이에크Friedrich Hayek 같은 소위 신자유주의 경제학자들이 최근 한결같이 제시한 좀 더 급진적인 해결책으로 나아갔다. 그들은 지배적인 케인스식 경제 관리 모델을 버리고, 공공 지출을 삭감하고, 대신 기업이 사회의 모든 기회를 활용하도록 장려하는 극단적 자유 시장 접근법으로 대체하자고 제안했다. 세계대전 이후 기술 변화는 말 그대로 생산을 간소화하고 거리가 가격에 미치는 영향을 줄이는 식으로 이루어졌다. 초기 산업 시대에 공장은 일반적으로 비싼 운송 비용을 줄이려고 주요 원자재 공급원 및 주요 시

....

* 제임스 캘러헌James Callaghan은 영국 총리로 1976~1979년 재임했다.
** 지미 카터Jimmy Carter는 미국 39대 대통령으로 1977~1981년 재임했다.

장과 가까운 위치에서 운영해야 했다. 그러나 부품이 소형화하고 플라스틱이 등장하면서(예를 들어 투박한 금속과 유리 부품이 나무를 안에 가득 찬 거대한 20세기 중반 TV에 작별을 고하면서) 한 번의 배송에 훨씬 더 많은 가치를 담을 수 있게 되었다. 배송비도 하락했다. 컨테이너(원산지에서 채운 다음 밀봉해 목적지에 도착할 때까지 그대로 유지하는 대형 강철 상자)의 발명은 '미끄러짐'이 적다는 것을 의미할 뿐만 아니라(상품을 만지는 것이 아니므로 아무것도 '화물차 뒤로 떨어질 수' 없다), 그 과정에 참여하는 인력도 훨씬 적었다. 하역 노동자가 트럭에서 기차로, 기차에서 선박으로, 그리고 그것을 다시 되짚는 무역망의 모든 교차점에서 하역 작업을 수행하는 대신, 한 명의 크레인 운전자가 전체 컨테이너를 한 모드에서 다른 모드로 옮길 수 있다. 마지막으로, 팩스에서 시작해 인터넷으로 발전한 통신 기술의 발전으로 해외 공급업체의 운영을 실시간으로 관제할 수 있게 되었고, 따라서 기업은 점점 더 많은 공장을 더 먼 곳으로 이전할 수 있었다.

기업이 기술이 주도하는 새로운 시대의 가능성을 최대한 활용하려면 먼저 해외 사업을 제한하는 장벽과 규제를 없애야 했다. 바로 정치인들이 관여하는 지점이다. 1970년대 후반부터 마거릿 대처와 로널드 레이건의 당선을 시작으로 서구 정부는 (국경을 넘는 현금 흐름을 규제하는) 자본 통제를 철폐하고 세금을 인하하는 동시에 외교적, 재정적 지렛대를 사용해 개발도상국이 자국 시장을 외부 무역과 투자에 개방하도록 압박했다. 개발도상국을 지원하기 위한 세계은행과 IMF 프로그램은 이제 소위 '조건부' 조항을 첨부했다. 재정 지원의 대가로 수혜국 정부는 무역 장벽을 낮추고, 국영 기업을 민영화하거나, 시장 규제를 완화하고, 외국 기업과 투자자에게 경제를 개방하라는 압력을 받았다.

서구는 열린 문을 미는 중이었다. 세계 주변부의 정부는 수입 대체가 한계에 도달한 상황에서 인구 증가에 따른 일자리, 주택 및 서비스에 대한 수요를 맞출 새로운 방법을 찾고 있었다. 이 무렵, 국내 사업가들도 처음 독립할 때는 외국의 경쟁자로부터 보호받으려 정부에 기댔지만 이제 자신감을 키우고 있었다. 1950년대와 1960년대에 사업을 구축하는 동안 국가 보호의 자락 아래 피신하는 데 만족했던 인도의 타타 같은 가족은 세계 무대에서 경쟁할 준비가 되었다. 그들은 특히 외환과 저렴한 공급원 및 새로운 시장을 손에 넣길 원했다. 그리고 이러한 것들은 모두 공공 부문의 통제가 줄어야 가능했다. 재계 엘리트들은 권력의 회랑에서, 즉 새로운 지지자를 끌어들이려고 노력하는 정치인들과 상황을 뒤흔들고 싶어 하는 공무원 중에서 이러한 새로운 방향으로 갈 동맹을 찾았다. 멕시코에서 모잠비크에 이르기까지 독립 세대는 전문적이고 기술적인 공무원 엘리트를 배출했으며, 이들 중 많은 사람이 서구 대학에서 교육을 받았다. 이들은 자원 할당에 대한 국가의 직접적인 통제를 훨씬 줄이는 것을 옹호하는 새로운 경제 관리 방법을 기꺼이 실험했다.

그들에게는 또한 본받아야 할 인상적인 예도 있었다. 전쟁이 끝난 후 (소련의 위협과 1949년 공산당이 중국 본토를 장악한 후 겉보기에는 상승세를 타고 있는 공산주의 블록에 직면해서) 미국이 이끄는 서구는 지역적 균형추를 만들려고 노력했다. 그들은 일본과 '아시아의 네 마리 용'인 한국, 대만, 싱가포르, 홍콩(당시 중국이 영국에 임대한 상태)의 경제 성장을 촉진하는 무역 정책을 이용했다. 정치적인 이유로, 이들 국가는 모두 '불공정' 무역 관행에 참여하는 것이 허용되었다. 즉 수입 경쟁으로부터 자국 산업을 보호하면서도 서구 시장에 대한 비교적 자유로운 접근을 누리는 식이었다. 이들 국가는 수입 대체 모델을 거부하고, 성장 과정에서 소위 '개발 국가' 접근 방식을 채택했다. 자동차나 전자제품 등 몇 가지 주요 수출 산업은 육성하고 나머지 경제는 수입에 개방했다. 결과는 훌륭했다. 한때 한국 경제는 6년마다 규모가 두 배로 성장했다(1970년대까지는 남북한 중 공산주의 북한이 더 부유했다는 사실을 잊기 쉽다). 서구 국가들은 새로운 번영을 누리는 우호적인 인구는 물론이고 판매할 시장이 팽창했으므로 이를 환영했다.

이심전심을 실행할 모든 것이 준비되어 있었다. 서구 정부는 세계에 자본을 풀 준비가 되어 있었고, 개발도상국 정부는 흔히 서구 기업인 외국 기업이 노동자를 이용해 수입 부품을 조립해 재수출용 완제품으로 만드는 것을 더 쉽게 할 준비가 되어 있었다. 이는 해외 자회사를 설립하거나 타타 가족 같은 현지 기업과 계약을 맺음으로써 달성했다. 뒤따른 경제적 폭발을 뒷받침하는 마지막 요소는 이전 장을 마무리하는 현상이었다. 즉, 세계에서 가장 큰 규모의 인간 이주였다.

1945년 이후 수십 년 동안 주변부의 많은 주요 도시는 기회를 찾아온 농촌 이주민의 물결로 가득했다. 독립이 약속했던 것처럼 보이는 기회였다. 이에 상응하는 서구로의 이주 흐름은 완전히 줄어들었고, 이는 세계화의 조류가 들어오기 시작하면서 개발도상국의 많은(특히 해안) 도시가 이미 시골에서 온 수억 명의 이주민으로 가득 찼다는 것을 의미했다. 그들은 자국의 초기 산업 부문에서 일자리를 찾으러 왔지만, 수입 대체는 고용 창출에 한계가 있었으므로 큰 성공을 거둔 사람은 거의 없었다. 그래도 그들은 식민지 이후 정부가 학교와 대학에 많은 투자를 했기 때문에 일반적으로 기본 교육을 받은 상태였다. 서구가 규제를 철폐함에 따라 개발도상국은 서구 국가보다 기업이 훨씬 적은 비용으로 기본 기술과 문해력을 갖춘 방대한 노동력 풀에 접근할 수 있었다. 때로는 50분의 1 가격으로 같은 작업을 수행하기도 했다.

레이건-대처 시대의 신자유주의 세계화는 이 풍부한 노동 시장을 서구 기업에 개방했다. 기업들은 직물 직조나 자동차 부품 생산 같은 노동 집약적인 조립 공정은 제3세계로 옮기고 디자인이나 엔지니어링, 관리 같은 좀 더 높은 숙련이 필요한 사무직은 본국에서 유지했다. 시간이 지나면서 원래 당파인 서구 보수정당을 넘어 좌파에서도 신자유주의 세계관을 상당히 수용했다. 빌 클린턴이나 토니 블레어의 '제3의 길Third Way' 형태든, 금세기 초 독일 경제 하르츠 개혁의 '새로운 중산층new middle'(구직자들의 혜택을 줄임으로써 취업을 '장려'하려고 노력했다) 형태든, 또는 좀 더 최근의 에마뉘엘 마크롱의 세금 감면과 노동법 개정을 하는 프랑스 개혁 프로그램 형태든, 케인스주의는 서구의 지배적인 경제 교리에 자리를 내주었다. 기업과 국민이 번영하도록 경제를 관리하는 자비로운 국가 대신 이제는 모든 것을 자유 시장에 맡기게 되었다. 자유 시장에서는 '계몽

화한 자기이익enlightened self-interest'이 사회적으로 유익한 결과를 낸다. 신자유주의 모델의 핵심 요소는 교육에 대한 새로운 강조였다. 즉, 서구에서 구舊산업의 붕괴로 실업자가 된 사람들이 새롭고 더 시장성 있는 기술을 습득할 수 있다는 생각이다. 흔히 말해 석탄 캐는 광부들이 코딩을 배우는 식이다. 그리고 대부분의 개발도상국이 1990년대 초에 개방되었으므로 서구를 그토록 우세하게 했던 전체 산업 과정이 전 세계적으로 무서운 속도로 재편되었다. 전후 기간에 성장한 대규모 연금 기금 같은 거대 기관 투자자를 포함한 사적 서구 투자자들은 고객에게 한 약속을 맞추려면 더 높은 수익이 필요했으므로 이러한 과정을 진행하는 데 필요한 자본을 열정적으로 제공했다.

단기적으로 이러한 혁명적 방책은 서구에서 기업 이익을 회복하고 그에 따라 주가와 세수가 올라가는 바라던 효과를 가져왔다. 이를 통해 서구 정부는 원한다면 사회 지출을 유지하고 심지어 확대할 수도 있었다. 무역을 자유화하고 생산을 외주화함으로써, 임금 인상에 어려움을 겪고 있던 정치인들도 인플레이션을 억제할 수 있었다. 이제 모든 사람이 값비싼 국내산 제품 대신 더 저렴한 아시아산 수입품을 구매할 수 있어서였다. 결과적으로, 현대 세계 무역 양상의 바탕에 깔린 경제적 계산은 고대 로마 전임자들을 거울처럼 따르며 진화했다. 로마 세계에서는 운송비가 전부였고 노동력도 저렴했기 때문에 상품은 소비 지점에 최대한 가까운 곳에서 만들어졌다. 세계화 시대에는 운송 비용은 최소화되었고(컴퓨터 몇 대와 사람 수십 명만 있으면 되는 거대한 벌크선 같은 것들) 인건비가 제일 중요했으므로, 노동력이 저렴한 곳에서 상품을 만들어 지구 반대편으로 배송했다. 초기, 특히 1990년대에는 이 새로운 국제 질서가 모든 곳에 적용되는 것처럼 보였다. 제3세계는 번영했고 서구 주식 시장은 급등했다.

모든 주변부 사회가 혜택을 받은 것은 아니었다. 어떤 경우에는 정치인의 탐욕이 성공을 거두었다. 자이르(현재 콩고민주공화국)의 오랜 지도자인 모부투 세세 세코는 나라의 부를 30년 넘게 약탈했으며, 베네수엘라의 니콜라스 마두로는 성장을 둔화하고 인플레이션을 부추기며 만성적인 공급 부족을 초래해 경제를 내팽개치는 방법의 교과서적인 사례를 세계에 제공했다. 그보다는 나은 지도자 밑에서 이익을 얻고 있던 국가들에서도 수입 대체 시대의 가부장적인 특성은 금방 경쟁이 치열하고 불안정한 사회 체계로 바뀌었고 사람들은 점점 더 혼자 힘으로 꾸려나가야 했다. 그렇지만, 개발도상국이 새로운 가능성에 긍정적으로 반응하는 곳마다 대개 경제 성장이 가속해 새로운 사업과 고용 기회가 창출되었다. 주변부의 더 딘 성장은 만성적인 상태이고 이러한 사회는 옛 제국 주인의 사회보다 영원히 가난한 상태로 남을 것이라고 오랫동안 여겨졌지만, 새로운 그림이 나타나기 시작했다. 주변부의 성장은 나중에 시작되었기 때문에 느렸었다는 것이 분명해졌다. 1980년대와 1990년대에 걸쳐 많은 개발도상국은 외부 세계와 점점 더 무역이 늘어났고(한국과 인도 같은 국가에서는 그 증가가 극적이었다), 가장 빠르게 성장하는 사회에서는 그 이득이 광범위해서 새로운 글로벌 중산층 소비자를 창출하기에 충분했다.

그러나 수면 아래에서는 주변부의 번영이 밀려오면서 서구의 세계 지배 노선을 결정적으로 바꾸어 놓았는데, 이는 북유럽의 장기적인 경제 및 인구 팽창이 결국 로마의 부상을 뒷받침해 주었던 고대 힘의 균형을 무너뜨린 것과 거의 같은 방식이었다. 그리스도 탄생 전후 100년 동안 지중해 자원 기반은 로마가 북부 유럽 전역에 걸쳐 드넓은 정복을 할 수 있을 만큼 충분했다. 그러나 북부 유럽이 더욱 발전함에 따라 북부의 자원 덕분에 제국 주변부는 먼저 중앙의 지배에 맞설 수 있었고 나중에는 새로운 위치에서 지중해 자체를 지배할 수 있었다. 비슷하게 농업 발전 속도보다 훨씬 더 빠른 산업 발전 속도로 작동했다고 보면, 1945년 이후 서구의 이익에 그토록 강력하게 이바지했던 브레턴우즈 체제는 전례 없이 미국의 힘이 강해진 순간 만들어졌다. 1980년 이후 주변부의 새로운 경제적 비중은 미묘하지만 중요한 방식으로 이러한 권력 균형을 바꾸기 시작했다. 인도, 브라질, 파키스탄, 멕시코를 포함한 몇몇 개발도상국은 국제회의에서 더 큰 영향력을 발휘하고 동맹을 구축하려고 좀 더 효과적으로 입지를 다졌다. 그들은 자신과 다른 개발도상국을 위해 좀 더 나은 거래를 성사하는 것뿐만 아니라 더욱 중요해진 협상 카드, 즉 서구 국가들이 그토록 간절히 원했던 자국 시장에 대한 접근권을 늘리는 문제에 더욱 유능하고 헌신적이었다.

　이러한 발전 궤적을 생각해 보면, 개발도상국 정부가 늘어난 경제력과 정부의 치밀함을 정치적 영향력의 향상으로 전환하는 것은 시간문제였다. 그해 가을 오후 시애틀의 거리에서는 서구 시민사회단체의 군중이 한결같이 신자유주의 세계화가 자신들의 사회에 미치는 부당함과 불평등에 대해 항의했다. 그러나 실제 행동은 회의가 열리는 곳의 실내에서 나타났다. 그곳에서 최루탄이 거리를 가득 메운 가운데, 미국이 주도하는 모든 밀실 거래에서 소외당한 초기 개발도상국 동맹이 협상을 거부함으로써 1999년 WTO 정상회담을 중단시켰다. 2년 후 도하에서 마침내 재개되었을 때, 동맹은 회담이 개발도상국의 우려 사항에 훨씬 더 많은 관심을 가지고 완전히 다른 의제를 다루도록 만들었다. 형식적인 탈식민지화 시대에 서구의 지배력을 유지하려고 1945년 창설한 세계 질서는 치명적인 타격을 입었다.

그러나 고대 로마의 경우와 마찬가지로 시끄럽게 주장을 내세우는 내부 주변부는 실제로 서구의 가장 큰 문제가 아니었다. 더 먼 과거인 첫 번째 1000년 안에 북부 유럽의 부상은 유럽의 세력 균형을 영원히 바꾸었고, 지중해에 기반을 둔 제국을 더는 생존할 수 없게 만들었지만, 그렇게 되기까지는 오랜 시간이 걸렸다. 우리가 살펴본 바와 같이 영국 남부의 앵글로색슨족의 침투와 라인강 서쪽의 프랑크족의 확장은 로마 제국의 붕괴 이야기에서 상대적으로 작은 부분이다. 훨씬 더 중요한 것은 로마 땅에 새로운 동맹의 등장을 촉발한 외부 주변부로부터 가해진 훈족의 압력이었다. 마찬가지로, 세계화가 브레턴우즈에서 제정한 전후 합의를 훼손하긴 했지만, 이는 지정학적 혁명에 해당하지 않는다. 그러나 세계화가 옛 내부 주변부의 경제를 재편하는 것과 동시에, 서구 제국 체제에서 항상 외부 주변부에 속했던 영토에서 서구의 지속적인 세계 지배에 대한 훨씬 더 큰 위협이 나타나고 있었다.

중국 신드롬

역사가 기록된 이래 평균적으로 인간 네 명 중 한 명은 중국 국경 안에 살았다. 중국은 서구의 부상에 맞물려 1800년 이후 쇠퇴하기 전까지는 언제나 세계 최대 경제국이었다. 서구 열강에 거듭 굴욕을 당하면서 중국 제국은 내전으로 빠져들었고, 19세기 말 앞서나가는 동시대 일본을 따라 구조를 개혁하고 현대화하려는 노력은 막강한 기득권층의 부패로 잠식되었다. 그 결과, 중국은 이 시기에 부흥하는 서구에 비해 상대적으로뿐만 아니라 절대적인 측면에서도 대다수 인구가 빈곤에 빠지면서 경제가 후퇴한 고통스럽고 특이한 특징을 갖게 되었다. 1949년 공산주의 혁명 당시 중원은 옛 모습을 그림자처럼 답습했다. 폐쇄적이고 자급자족하는 경제를 건설하려는 마오쩌둥의 뒤이은 시도는 후진성을 강화할 뿐이었다. 1976년 그가 사망했을 때 1인당 국민소득은 연간 약 200달러로 미국의 40분의 1에도 못 미쳤다. 그 사이 수십 년 동안 중국은 전후 서구 제국과 크게 봐서 별도로 작동했다. 서구 경제 구조에는 미미한 참여만 했고, 외부 세계와 거래는 총GDP의 10분의 1 미만이었다.

마오쩌둥의 사망 이후 상황이 극적으로 바뀌었지만, 처음에는 변화가 거의 눈에 띄지 않았다. 정신없는 몇 주가 지난 후에 덩샤오핑이 이끄는 새로운 개혁 그룹이 베이징에서 권력을 장악했고, 마오쩌둥의 미망인 장칭을 포함한 강경파 공산주의 4인방을 축출했다. 공식적으로 중국은 마오쩌둥이 설정한 경로를 그대로 유지했으며 톈안먼天安門 광장 위에는 그의 커다란 초상화가 여전히 걸려 있었다. 하지만 비공식적으로 덩샤오핑은 1978년 일부 농업 개혁을 필두로 (조심스럽기는 했지만) 혁명을 시작했고, 이후 정부가 산업과 무역을 점진적으로 자유화하면서 점차 속도를 높였다. 1990년대가 되자 이 나라는 완전히 다시 세계 무대에 복귀했고, 경제 생산량 중 해외로 사고파는 비중이 단 15년 만에 두 배로 늘어났다. 중국 경제는 '아시아의 네 마리 용'과 비슷한 호황을 누렸다. 2016년까지 중국인의 평균 실질 자산은 40년 전보다 25배 늘어났으며, 현재 1인당 소득은 미국의 4분의 1을 넘었다(그리고 증가하고 있다). 세계 산업 생산에서 중국이 차지하는 비중은 1976년에는 미미했지만, 이제는 거의 4분의 1을 차지할 정도로 늘어났으며, 오늘날 중국은 세계 최대 경제 대국이 되었다(또는 그렇게 될 것이다. 이는 어떤 척도를 사용하느냐에 달려 있다).

세계사에서 이 특별한 기조 변화의 중요성은 아무리 강조해도 지나치지 않다. 완전한 결과는 계속 저절로 모습을 드러내겠지만, 세계 경제력의 분배에서 이러한 혁명적인 변화는 필연적으로 걸맞은 거대한 정치적 결과를 가져올 것이다. 본질상 서구 제국은 이제 처음으로 진정한 동급 초강대국 경쟁자와 마주하게 되었다. 구소련은 군사적 야망에 걸맞은 경제적 영향력을 갖지 못했고 소수의 해외 의존국에게 경제적 지원을 제공하는 방법으로는 영향력을 세계로 확장할 수도 없었다(119~120쪽). 또한, 블라디미르 푸틴이 냉전 시대의 수사를 다시 꺼내며 러시아의 위대함을 회복하려 시도했지만 이러한 상황을 크게 바꾸지는 못했다. 러시아 경제는 주로 석유와 가스 판매에 의존하는데, 세계가 화석 연료에서 벗어나면서 장기적으로 이미 위험에 처해 있다. 2022년 푸틴 대통령의 우크라이나 침공 이후 서구의 제재로 발생한 경제 붕괴는 러시아 경제 기반이 얼마나 취약하고 한계가 있는지를 여실히 드러냈다. 한편, 러시아는 사이버 전쟁을 통해 서구 민주주의를 약화하는 데 성공하며 때로 결과가 인상적이기도 했지만, 궁극적으로 이는 이메일을 대량 발송하거나, 불안을 유발하는 정치 캠페인에 자금을 지원하거나, 가짜 뉴스를 재유포하는 서구 앞잡이들의 협력 여부에 달려 있다. 심지어 러시아가 자랑스러워하는 전쟁 기계조차 이웃 우크라이나의 훨씬 작은 군대와 맞붙었을 때 그 자체가 느리고, 구식이며, 종종 무능하다는 것을 드러냈다.

중국은 완전히 다른 그림을 보여준다. 중국의 군사력은 주요 분쟁에서 아직 검증되지 않았지만, 현재 전 세계 GDP에서 중국이 차지하는 비중은 16퍼센트 정도다(러시아의 경우 2퍼센트). 또한, 이 나라의 권위주의 정부는 복지 같은 분야의 민간 소비와 공공 지출을 모두 제한할 수 있었고, 이를 통해 경제 총생산량의 거의 절반을 새로운 투자에 자유롭게 투입할 수 있었다. 이것은 대부분의 서구 국가(영국처럼 굼뜬 나라)보다 거의 두 배, 심지어 세 배에 달하고 알뜰한 스위스인도 간신히 3분의 1에 이를 뿐인 놀라운 수치다. 이는 또한 중국이 해외에 힘을 투사할 여유 자금이 많다는 것을 의미한다.

지금까지 중국의 새로운 초강대국 지위는 대부분의 개발도상국이 이미 구축하고 있는 경제 동력과 맞물려 대부분 소프트 파워 분야에서 표현되었다. 세계 금융 체제는 여전히 서구가 지배하고 있다지만, 점점 더 개발도상국의 금융 흐름에 의존하게 되었다. 홍콩,

싱가포르, 상하이, 두바이는 런던, 뉴욕, 취리히의 옛 금융 수도와 동등한 수준의 은행 중심지가 되었다. 그리고 서구가 일반적으로 원조 예산을 삭감하는 시대에 중국은 그 공백을 메우려 끼어들었고, 수많은 외교 동맹을 확보하기 위해 해외 지원을 강화했다. 대규모의 새 고층 사무실, 쇼핑 단지, 중국이 건설한 도로가 있는 아디스아바바나 루사카를 돌아다니기만 해도 중국이 특히 아프리카 대륙에서 얼마나 빠르게 영향력을 확대하고 있는지 확인할 수 있다. 그 결과, 정부들은 하나둘씩 공산혁명 당시 장제스 국민당 정부가 피난했던 대만을 버리고, 타이베이가 아닌 베이징을 유일한 중국 정부로 인정했다.

그러나 최근에는 부상하는 중국 힘의 더 강경한 면모가 드러나기 시작했다. 중국은 마오쩌둥 시대의 낡은 대량 징집 인민군을 버리고 최신 기술을 갖춘 더 작고 전문화한 군대를 창설했다. 지난 몇 년 동안 중국은 항공모함 두 척(진행 중인 네 척도 있다), 본토 근처에 점점이 이은 군사화한 인공 섬들, 아시아와 인도양 전역에 군사 기지 라인을 건설했다. 대만을 향한 군사 훈련을 증강하고 홍콩에 대한 지배력을 강화하면서 중국은 군사 자산을 이용해 지역 영향력을 행사하고 있으며, 결과적으로 영향력이 줄어든 미국과 주변 아시아 정부를 경악하게 만들었다. 3세기 로마의 전임자와 마찬가지로 현대 서구 제국도 이제 초강대국의 경쟁자와 마주하게 되었다. 그리고 사산 왕조 페르시아처럼 중국의 부상이 당장 서구의 초강대국 지위를 훼손한 것은 아니지만, 조만간 해결해야 할 일련의 직간접적인 도전을 제기한다.

역사의 끝을 넘어서?

1992년 베를린 장벽이 무너지는 것을 목격한 프란시스 후쿠야마 Francis Fukuyama는 '역사의 끝'에 이르렀다고 선언한 것으로 유명하다. 그는 자유민주주의라는 서구 모델이 이제 전 세계적으로 너무나 우세해 인류의 이념적 진화가 자연스럽게 끝났다고 주장했다. 우리는 모두 결국 자유민주주의 자본주의 국가가 될 운명이었다. 당시에도 이 말은 오만하게 들렸다. 오늘날 이것은 망상처럼 보인다. 지난 수십 년간의 극적인 국내 이주에 힘입은 옛 내부 주변부 대부분의 놀라운 경제 성장과 중국이 외부 주변부에서 세계 무대로 폭발적으로 등장한 것은, 서구의 세계적 지배가 전복된 것은 아닐지라도 분명 도전을 받고 있으며, 이런 상황은 사실상 처음임을 여실히 보여준다. 또한, 이러한 발전이 일시적인 것으로 판명될 가능성도 전혀 없다. 이제 전 세계 부자 목록이 남반구의 억만장자로 채워지기 시작했고 그 수가 매년 증가하고 있다. 마찬가지로, 많은 주변부 경제도 만년 낙오자에서 지구상에서 가장 역동적인 경제로 변모했다. 그 결과, 세계에서 가장 빠르게 경제가 성장하는 곳은 이제 모두 과거의 주변부에 해당한다. 중국이 세계 경제의 중심으로 복귀한 것은 매우 중요한 현상이지만, 서구에 대한 전반적인 도전은 중국만의 이야기가 아니다. 오랫동안 부진으로 조롱받던 인도의 연간 경제성장률은 최근 몇 년간 중국을 추월했으며, 2019년에 세계에서 가장 빠르게 성장하는 15개 경제국 중 6개국이 아프리카 나라였다. 아프리카는 여전히 서구인들의 마음속에 기근과 질병이라는 고정관념을 불러일으키지만, 경제의 집합점이라는 새로운 현실이 다가오고 있다.

중국 경제와 다른 여러 개발도상국의 명백한 역동성은 서구의 성장률 하락과 비교되면서 민주주의의 실패와 권위주의 체제의 우월성에 대한 진지한 성찰을 불러일으켰다. 독재자들에게는 단점이 있을 수 있지만, 최소한 일을 완수한다는 일관된 생각은 있으며, 코로나바이러스 전염병에 대한 일부 서구 정부의 서투른 대응이 바로 그러한 의견에 힘을 실어주었다. 세계의 새로운 부의 대부분은 옛 제국 핵심의 외부에서 창출되고 있으며, 결과적으로 서구의 가치는 일부 서구인들 사이에서마저 빛을 잃고 있다. 이는 서구가 여전히 세계 GDP의 대부분을 차지하고, 코로나바이러스 문제에 대한 동아시아의 가장 성공적인 대응 중 일부가 한국이나 대만 같은 민주주의 국가에서 발생했음에도 그렇다. 후쿠야마의 설득력 없는 승리주의를 계속해서 따르거나 현재의 (똑같이 무비판적인) 권위주의 유행을 따르는 대신, 로마 역사는 우리에게 다음에 일어날 일을 심사숙고할 수 있는 또 다른 방법을 제공한다.

로마 제국과 주변 세계 관계의 여러 단계를 살펴보면, 처음에는 현대 서구 제국이 이제 대응격인 고대 로마 제국의 3세기와 4세기 후반에 해당하는 지점까지 진화했다고 생각하기 쉽다. 이 시기는 페르시아가 다시 한번 초강대국 경쟁자가 되었고, 제국의 유럽 변방이 부흥하던 시대였다. 그것은 충분히 도전적일 수 있지만, 자세히 살펴보면 현재 상황은 실제로 새로운 연맹이 이미 서부 땅에 영구 정착지를 설립했던 420년대의 훨씬 위태로운 상황과 좀 더 비슷해 보인다. 이는 점점 더 많은 수의 '야만족' 이민자들이 현대의 서구로 이주하고 있기 때문이 아니다. 오늘날의 이민자들은 일반적으로 선진국의 경제와 사회를 위협하기보다는 지지한다(6장). 여기서 실제 유사점은 주로 내부 주변부에서 이주한 집단으로 이루어진 5세기 정착촌이 왜 고대 로마에 그토록 문제가 되었는지를 기억하는 것이다. 농지는 부를 창출하는 근본적인 수단이었다. '야만족' 정착지는 부를 창출하는 자산의 총량 중 상당 부분을 통제에서 벗어나게 함으로써 제국 체제를 직접 훼손했으며, 중앙 국가는 훨씬 줄어든 수입으로 시민들에 대한 의무를 이행하려고 노력하게 되었다.

현대에서는, 현대 세계의 부를 창출하는 자산(이 경우 농경지가 아닌 산업 생산 기계다)의 상당 부분에 대한 통제권을 주변부로 가져옴으로써 동일한 전반적인 효과가 달성되므로 구舊식민지 주변부는 핵심 지역을 침공할 이유가 없다. 현대 주변부 국가들은 병사로 군대를 조직하는 대신 노동자로 군대를 조직했다. 두 경우 모두 자산 이전은 심각한 위기에 대응해 채택한 정책이었다. 그러나 즉각적인 위기에 대한 단기적인 대응은 흔히 장기적이고 예상치 못한 결과를 가져온다.

로마의 경우, 410년대 스페인과 갈리아에 최초로 생긴 정착지는 훈족의 발흥으로 이주한 자들을 다루는 방식이었다. 정착지는 로마 땅에 강력한 주변부 독립체를 만들었지만, 그 시점에 제국의 중심지는 전체적으로 서로마 제국 내에서 어느 정도 거리까지는 가장 강력한 세력으로 남았다. 그러나 430년대에 그러한 정착지가 북아프리카로 확산하자 경제적, 그리고 그에 따른 정치적 힘의 균형은 중심지에서 훨씬 더 멀어졌다. 이 과정은 468년 북아프리카의 반달족 왕국을 무너뜨려 서로마 제국을 구하려는 콘스탄티노플의 마지막 시도가 실패한 후, 기세를 탄 주변부(서고트족, 반달족, 부르고뉴족이 선두에 섰다)가 부를 창출하는 농경지의 남은 부분을 장악함으로써 중앙 영향력의 마지막 흔적을 빠르게 뒤엎을 때까지 계속되었다. 현대 서구도 비슷한 궤적을 따라 생산 자산의 중요 부분에 대한 통제력을 상실함으로써 실질적인 소멸에 이를 운명일까?

현대 서구의 상대적인 쇠퇴와 중국의 부활에 따른 잠재적인 위협은 이미 서구 정부로부터 두 가지 광범위한 대응을 촉발했다. 서구 정부가 현상 유지나 적어도 그 비슷한 것을 간절히 바라기 때문이다. 트럼프 대통령은 중국의 경제적 날개를 잘라 커가는 소프트 파워를 약화하려 했으며, 이 전략은 미국이 더 까다로운 무역 협상을 추진하면서 드러났다. 게다가 몇몇 서구 정부는 자신들이 중국의 모험주의라고 인식한 것을 억제하기 위해 병력 배치를 다시 주장했다. 영국 국방장관은 2019년에 영국의 새로운 항공모함을 남중국해에 파견하겠다고 발표했다. 중국이 인근 지역에서 자국의 입지를 확장하고 태평양에서 오랫동안 미국이 영향력을 행사해 온 영역에 위험할 정도로 가까워짐에 따라 긴장이 고조될 터였다. 가장 비관적인 목소리는 심지어 임박한 '투키디데스의 함정'에 대해 경고하기도 했다. 이 법칙은 과거에 탁월했던 세력이 쇠퇴하는 어느 시점에, 떠오르는 경쟁자와 전쟁을 벌이게 된다는 가정이다.

이러한 단호한 접근 방식이 일부 서구 관중에게는 매력적일 수 있지만, 아직 이렇다 할 결실을 보지는 못했다. 중국 정부는 재빨리 모험심 강한 영국 국방장관을 거세게 비난하면서, 그가 더는 19세기에 살고 있지 않다는 점을 확실하게 런던에 상기시켰다. 당시 영국은 중국 시장이 자국의 공산품과 인도산 아편을 받아들이도록 강요할 바로 그 포함(砲艦)을 가지고 있었기 때문에 자유 무역의 복음을 전파할 수 있었다. 오늘날 영국이 중국 시장에 진출하려면 중국의 허가가 필요하며, 브렉시트 이후 중국과의 무역 협정을 성사하려는 열망 때문에 영국 정부는 재빨리 뒤로 물러나 양국의 '강력하고 건설적인 관계'를 축하했다. 그리고 영국 항공모함은 적어도 몇 년 동안은 아무 데도 가지 않을 것을 분명히 했다.

미국은 영국보다 행사할 수 있는 것들이 훨씬 더 많지만, 그렇게 해서 얻을 수 있는 것이 무엇인지는 확실하지 않다. 도널드 트럼프 대통령은 중국과의 무역 전쟁에서 승리하는 것이 '좋은 것이고 쉬울 것'이라고 약속했지만, 결국 미국이 더 큰 타격을 입었다. 당시 대통령은 중국을 협상 테이블로 복귀하게 만들려고 2018년에 부과한 관세는 중국 기업이 지급할 것이라고 주장했지만, 미국인들은 대치 과정에서 생긴 가격 인상, 수출 감소, 약 30만 개의 일자리 상실 등의 양상 때문에 이 법안을 고수하지 못했다. 그리고 분쟁 기간에 미국은 산업 생산이 감소했지만, 중국은 미국 판매 소실분을 다른 시장으로 가는 수출로 대체했다. 지난 수십 년 동안 미국 경제가 중국 경제와 얼마나 밀접하게 얽혀 있는지를 고려하면, 미국이 경쟁자에게 가할 수 있는 경제적 피해는 국내에서도 그에 상응하는 부수적 피해를 가져올 수밖에 없다.

여기서 로마 역사가 제공하는 주요 교훈은 다른 신흥국이 강대국 유지에 도전하고 있는 시대에 초강대국 경쟁자와 벌이는 노골적인 대결은 자신의 출중함을 보존하는 좋은 방법이 아니라는 것이다. 로마와 페르시아는 결코 서로를 좋아하지 않았다. 그들은 국경, 무역 관계, 의존국 통제를 놓고 다투었다. 그들은 또한 경쟁 이념을 열렬히 내세웠다. 두 나라 모두 서로 다른 전능한 신의 지원을 유일하게 받고 있다고 주장했으며, 이로 인해 궁극적으로 양립할 수 없는 세계관이 나타났다. 그러나 3세기 말에 어느 쪽도 다른 쪽을 정복할 힘이 없다는 것이 분명해졌을 때, 갈등은 일반적으로 짧은 기간 뽐낼 권리를 둘러싼 일련의 다툼으로 국한되었으며, 이는 양쪽 체제의 중요 작동을 공격하는 것과는 무관했다. 그리고 둘 다 4세기 후반과 5세기에 대초원에서 침입한 유목민 세력에 의해 동시에 위협을 받았을 때, 그들은 상호 의심에서 긍정적인 협력으로 전환했다. 즉 서로를 '창공의 쌍둥이 빛'(한 로마 황제의 표현을 빌리자면)으로 다시 비췄고, 이전에 서로 의견 차이가 심했던 동일한 문제에 대해서는 한사코 논쟁을 회피했다.

500년경 유목민의 위협이 다시 물러나자 로마와 페르시아는 곧 예전의 대결 양상으로 돌아갔다. 로마 황제 유스티니아누스(527~565년)는 특히 공격적인 경향을 보였으며 통치 기간에 군사적 모험주의가 두드러졌다. 이런 성향은 그에게 쓸모가 있었지만(몇 가지 큰 손실이 있었음에도 그는 신이 자신의 통치를 지지한다고 주장할 수 있을 만큼 충분한 승리를 거두었다), 장기적으로 그의 공적은 대결이 심화하는 계기가 되었다. 즉 두 제국이 모두 과거의 구속을 버리고 대신 훨씬 더 큰 승리를 추구했다. 이는 7세기 초(603~627년) 25년간의 총력전으로 정점을 이루었고, 결국 두 제국 모두 완전히 파산하는 교착상태로 끝났다. 새로 통합한 이슬람 아랍 세계는 이로 인한 권력 공백을 즉시 이용해 지중해와 근동 역사의 면모를 돌이킬 수 없게 변화시켰다. 페르시아 제국은 650년대 초에 완전히 멸망했고, 우리가 본 것처럼 콘스탄티노플은 너무 많은 영토를 잃어서 세계 제국에서 지역 권력으로 축소했다.

여기서 얻을 메시지는 간단하지만 유익하다. 중국의 힘은 사라지지 않을 것이며, 경제적으로나 정치적으로 정면으로 맞서는 것은 분명히 역효과를 낳을 것이다. 현대 무기는 초강대국 간의 갈등이 주요 주인공뿐만 아니라 행성 전체를 파괴할 수 있음을 뜻한다. 그리고 훨씬 더 제한된 형태의 지속적인 대결은 당연히 공동의 접근이 필요한 다양하고 시급한 전 지구적 문제, 특히 오염, 인구, 질병 및 지구 온난화 같은 문제에 직면해 협력의 가능성을 약화할 가능성이 크다. 서구 정부는 전투를 신중하게 선택하려고 최선을 다할 것이다. 따라서 중국의 소수 민족 대우, 국제법이나 조약 위반 가능성과 같이 중국의 행동이 서구의 소중한 원칙이나 안정된 세계 질서를 위협하는 경우(이 논의에서 홍콩이 크게 떠오른다)나 대만에 대한 적대가 증가할 때만 베이징에 맞설 것이다(그리고 그러할 때도 문제 일부에 대한 양측 간의 차이가 중국에게는 실존에 관한 문제이기 때문에 어려운 협상이 예상된다).

또한, 중국은 최근까지 자신의 행동으로 약화하는 경향이 있었던 가장 전략적인 자산 중 하나인 동맹을 활용하는 것이 필요하다. 서구 국가들은 대부분 크고 강력한 군사 동맹에 속해 있지만, 중국은 단독으로 행동한다. 이해관계가 다른 국가 간의 외교적 공조는 절대 쉽지 않지만, 최근 트럼프 대통령의 미국이나 영국의 브렉시트 등이 선호했던 독단적 방식보다는 더 많은 결실을 보게 될 것이다. 예를 들어, 영국의 유럽연합EU 탈퇴는 값싼 중국 기술을 사용해 통신 인프라를 현대화하려는 영국의 '전략'(이보다 더 나은 표현이 필요하다)이 무역 협정을 맺으려 미국 행정부에 호의를 베풀어야 하는 똑같이 절박한 필요성 때문에 오도 가도 못 하게 되었다는 것을 의미했다. 중소 규모의 전력으로 혼자 나아가다가는 대개 매우 큰 부대를 만나 힘을 잃게 된다. 훨씬 더 효과적인 것은 푸틴 대통령이 이웃 우크라이나를 침공한 이후 서구 동맹국들이 신속하게 협력해 공통 입장에 동의함으로써 우크라이나에 엄청난 양의 군사 및 기타 원조를 보내고 러시아 경제에 파괴적인 제재를 가했을 때 보여준 서구의 연합 대응 같은 종류다.

지난 수십 년 동안 옛 제국 주변부가 축적한 모든 경제·정치적 힘을 고려할 때, 확실한 다음 조치는 최소한 명목상으로는 민주주의와 자유라는 서구적 구조를 공유하는 많은 개발도상국을 모집해 기존 서구 동맹 체제를 확장하려고 시도하는 것이 될 것이다. 여기에는 인도나 남아프리카 공화국, 브라질이 들어가고 그렇게 함으로써 동료 국가들의 더 큰 동맹을 구축할 수 있다. 이들 중 일부(특히 인도)는 어쨌든 무소불위한 중국의 힘으로부터 자신을 보호하고자 하는 그 나름의 이유가 있다. 이렇게 하는 것은 전통적인 서구의 세계 지배를 어느 정도 축소해 받아들이는 것을 의미하지만, 이러한 접근은 어쩔 수 없는 탈제국주의 시대에 서구의 가치 중 가장 좋은 것들을 보존할 기회를 제공한다.

　오늘날 이러한 접근 방식의 가장 큰 이점은 국제 협상에서 중국에 대해 좀 더 효과적인 균형추를 구축하는 것이다. 하지만 이 전략이 성공하려면 서구 국가 쪽의 개방성이 더 커져야 하며, 이러한 외교적 노력을 강화하기 위해서는 상당한 지원도 필요할 것이다. 중국이 개발도상국에서 유리한 무역 거래와 투자 기회를 그토록 많이 확보한 이유는 중국이 여러 서구 국가들보다 지원을 아끼지 않고 퍼부었기 때문이다. 옛 주변부와 의미 있는 관계를 구축하는 것이 앞으로 나아가는 유망한 방법이지만, 원조 예산을 삭감해 국내에 원조를 집중하거나 자국 수출업자에게 혜택을 주고자 하는 현재의 서구 정치 담론에는 어긋날 것이다. 영국 정부는 2020년에 해외 지원 기관(세계에서 가장 효과적인 기관 중 하나로 널리 존경받았고 이제는 이미 비대해진 외무부에 축소 병합되었다)을 폐쇄하기로 했지만, 항공모함 건조는 계속 진행해 아마도 보수당 지역에서는 몇 표를 얻었을 것이다. 그러나 세계적 관점에서 보면 이는 확실히 무기력해 보이는 하드 파워를 휘두르겠다고 영국의 가장 강력한 소프트 파워 도구 중 하나를 사용하지 않는 것과 다를 바 없다. 결국 항공모함은 사용할 제트기가 부족해 비행갑판이 미국에 대여되었으니까 말이다.

　이것은 단순히 현금 문제가 아니다. 많은 제3세계 민주주의 국가에서 권위주의 정치가 부상하고 있는 가운데, 외교 관계를 보다 호감을 주는 방식으로 재조정하려는 서구 정치인들은 또 다른 도전에 직면할 가능성이 크다. 그러한 서구의 모든 주요 잠재적 표적에는 서구의 동기를 의심할 만한 타당한 역사적 이유(수 세기에 걸친 착취적 지배)가 있다. 예를 들어, 우크라이나 전쟁 중에 서구 수도에서는 러시아가 세계에서 완전히 고립되었다는 이야기가 많이 나왔다. 그러나 실제로 유엔 총회에서 인류의 절반 이상을 대표한 정부들이 러시아를 비난하는 표결에서 기권했다. 아프리카의 많은 사람과 정부들은 자기들과 다툼이 없고 (구소련처럼) 자기들의 독립 투쟁을 지지했던 나라가 지금 자기들에게 연대를 요구하고 있는 바로 그 나라들에 대항해 분쟁을 벌일 때 한쪽 편을 들어서는 얻을 수 있는 것이 거의 없다고 생각했다.

중국이 많은 개발도상국과 우호적인 관계를 구축하는 데 성공했다는 사실도 적어도 부분적으로는 같은 역사적 배경으로 설명할 수 있다. 중국은 지원을 제공하는 국가의 인권 침해를 눈감아 준다는 이유로 종종 비판을 받지만, 불간섭 원칙을 연구한 중국의 노력은 서구 식민주의가 변형한 모습을 생생히 기억하는 많은 개발도상국에서 잘 받아들여지고 있다. 이는 특히 서구가 입이 떡 벌어질 정도의 발언을 하는 (역사적인 사실을 전혀 모르는 것은 말할 것도 없고) 지도자들을 배출할 때 특히 그렇다. 예를 들어 2002년에 미래의 영국 총리*는 아프리카는 '오점일 수 있지만, 우리 양심에 오점은 아니다'라며 아프리카 대륙의 주요 문제는 영국이 더는 그 대륙을 통치하지 않는 것에 있다고 제안했다. 이와는 대조적으로 대부분 아프리카인은 경제적 착취와 정치적 억압의 오랜 역사를 바탕으로 자신의 국가 건설을 시작해야 했다는 사실을 잘 알고 있다. 이는 서구

....
* 보리스 존슨 총리(2019~2022년 재임)를 말한다.

동맹이 2022년 러시아를 고립시키려는 노력에 아프리카가 열정적으로 참여하지 않았던 이유를 설명하는 데 도움이 된다. 그들은 자신들이 인종차별 정책을 펼치는 남아프리카 공화국을 고립시키려할 때 지금과 똑같은 지원이 어딘들 있었느냐고 당연히 불평할 수 있다.

서구 국가들이 세계 주변부에서 중국의 팽창을 견제하고 싶다면, 개발도상국을 (필요하다면) 희생해 서구의 위대함을 보존하려는 암묵적인 결정에서 벗어나 그들의 전반적인 번영과 사회 및 정부 구조 두 가지 모두를 강화하도록 지원하는 방향으로 서구의 서술 기법을 바꿔야 할 것이다. 사실상 이는 1999년 시애틀 정상회담에서 클린턴이 접근하며 암묵적으로 제안한 것보다 훨씬 더 동등한 조건으로 국제기구나 협상에서 더 넓은 범위의 목소리를 포함하도록 옛 제국 핵심의 작은 클럽을 확대하는 것을 의미한다(실제로 정상회담에서 반발을 일으킨 지도자들은 회원이 되기 위한 좋은 후보일 수 있다).

그렇게 확장한 블록(단순한 서구 블록이 아니라 더 일반적으로 민주적이며 법치주의에 기반을 둔 블록)을 위한 유일하게 그럴듯한 지도자이자 조정자는 여전히 미국일 것이며, 그러한 역할을 일관성 있게 수행하려면 협력했을 때의 훨씬 더 큰 잠재적 이익을 위해 자신의 오랜 고립주의 경향을 누그러뜨려야 할 것이다. 옛 서구 제국의 다른 정부들도 이러한 계획이 제대로 작동하고 미국 유권자가 쉽게 받아들일 수 있도록 적절한 수준의 자원을 투입해야 할 것이다. 시애틀 정상회담 이후의 WTO 논의는 말할 것도 없고 NATO와 EU의 최근 경험에서 알 수 있듯이, 확대 속에서도 결속력을 유지하는 것은 엄청난 외교력이 필요한 도전이다. 그 이유는 토론이 흔히 대립하는 다양한 목소리를 포함해야 하기 때문이다. 그러나 그와 다르게 각 국가가 단독으로 행동하는 것은 개별 국가가 결정을 내리기는 쉽지만, 동시에 그러한 결정이 거의 가치가 없다는 것을 뜻한다.

좀 더 평등한 조건에서 확대한 구성원의 요구를 논의할 수 있는 넓은 국제 블록에 많은 국가가 참여한다면, 현대 서구 문명의 훌륭한 산물 중 일부를 새로운 세계 질서에 단단히 고정할 수 있는 메커니즘도 생길 것이다. 비록 서구가 자기들의 발전 비용을 조달하려고 다른 국가의 부를 사용하긴 했지만, 법치, 상대적으로 공정하고 효율적인 공공 기관, 상대적으로 자유로운 언론, 적절하게 책임 있는 정치인 같은 개념은 모든 국가의 전반적인 삶의 질을 크게 향상한다. 따라서 서구를 가장 맹렬하게 비판하는 일부 사람들은 개인의 자유와 민주주의라는 서구의 가치에 반대하는 것이 아니라, 서구가 나머지 세계에 설교한 대로 항상 실천하지 못한 사실을 지적한다. 이러한 종류의 확고한 가치에 빈틈없이 초점을 맞추는 동시에 비서구적 관심사의 정당성을 수용하는 데 더 열린 태도를 보이는 것은 특정 서구 유권자 일부에나 잘 통할 과거에 있었을 법한 서구의 세계 지배 영광에 대한 향수를 가지는 것보다는 떠오르는 주변부 시민들 사이에서 훨씬 더 많은 호응을 얻을 것이다.

5장에서 살펴본 것처럼 로마 문명의 지속은 협상을 통해서만 가능했다. 대륙에서 엘리트와 신흥 왕조 사이의 협상은 로마 이후 서부의 새로운 질서가 라틴어를 읽고 쓰는 능력, 기독교, 성문법 전통 같은 로마의 특징적인 모습을 통합했음을 의미했다. 이러한 문화적 형태의 중요성을 이상화하지 않는 것이 중요하다. 이러한 문화 형태는 주로 로마 엘리트들에게 중요했고, 이후 빠르게 등장한 비로마 엘리트들에게도 똑같이 매력적이라는 것이 입증되었으므로 살아남았다. 그러나 도버 해협 북쪽의 결과는 매우 대조적이었다. 이곳에서 로마의 지주 엘리트는 누구도 새로운 질서로 가는 길을 찾지 못했고 로마 생활의 모든 특징적인 모습은 사라졌다. 결국 이들 중 일부(기독교, 성문법, 라틴어를 읽고 쓰는 능력)는 6세기 말이 돼서야 앵글로색슨 영국에 다시 도입되었다. 이웃 나라 대도시 유럽의 발전하는 경제망에 매료된 왕들이 문화적 동화가 최고의 거래를 성사시키는 가장 좋은 길이라는 것을 알게 된 후였다. 그러나 이러한 고대 로마의 가치가 로마 시대 이후 서구의 나머지 부분에 이미 굳건히 자리 잡지 못했다면 그런 일은 일어나지 않았을 것이다.

오늘날 서구 국가들이 성공적으로 협상하려면 중국 자체에 대해 미묘하게 차이가 있는 태도를 보이는 것도 중요하다. 서구는 서구 전통에서 가장 좋은 것을 위협하는 중국의 정책과, 세계 강대국 중 하나로서 익숙했던 자리를 되찾으려 하며 오만한 서구 제국주의의 잔재 일부를 뒤엎으려는 전적으로 적법한 욕구를 반영하는 중국의 정책을 분리해야 한다. 확실히 이러한 관계의 특징은 주기적인 대결이 되겠지만, 한결같이 적대적인 냉전 스타일의 뻔한 말 잔치로 되돌아가는 것은 자멸적인 일이 될 것이다. 정책 조합이 성공하려면 모두 일관적으로 경제·정치적, 문화적 협력을 포함해야 할 것이다. 중국의 주장이 점점 커지고 있지만, 중국의 호전성은 아직 인접 지역 밖으로 멀리까지 도달하지 못하고 있다. 예를 들어, 서구 국방장관들은 거창한 성명을 발표하기 전에 먼저 중국이 곧 영국 해협이나 카리브해에 항공모함을 파견하겠다고 발표하면 어떤 느낌일지 자문해 볼 수도 있다. 미국 태평양 함대로부터 전쟁을 치른 기억이 남아 있는 인도, 베트남 같은 이웃 국가에 이르기까지 비우호적인 경쟁자로 둘러싸여 있는 상황에서, 중국은 더욱 강력한 방어지대를 만들어 성장하는 경제적 번영을 방어해야 할 필요성을 느낄 것으로 예상된다.

적어도 지금까지는 중국의 증가하는 군사적 발자취가 단순히 성장하는 경제적 발자취를 반영한다는 강력한 사례가 있었으며, 중국의 공격 양상은 때로 우호적이지 않은 의도를 가진 이웃 국가들과 대면하고 있다는 사실로 인해 복잡해진다. 중국의 2020년 인도와의 국경 분쟁은 관점에 따라 공격적 조치로도 보일 수 있고, 혹은 갈수록 호전성을 띠고 국수주의가 되어가는 델리 정부에 대한 선제타격으로 보일 수도 있다. 근본적으로, 제2차 세계대전 이후 미국이 맡았던 세계 질서를 지키는 경찰이라는 특별한 세계적 역할은 아시아의 짧고 예외적인 권력 공백을 반영한 것이다. 중국이 역사적 장소로 돌아오면서 미국의 군사적 입지는 이제 비례적으로 줄어들 수밖에 없지만, 지속적인 평화와 안정을 위한 버팀목으로서는 절대 사라지지 않을 것이다. 이는 특히 동맹 네트워크를 균형을 이루도록 구성하되 중국의 지위를 직접 위협하지 않을 때 더욱 그러하다.

제도적, 이념적 차이가 있다는 것은 부인할 수 없지만, 중국의 엄청난 규모와 개발도상국에 대한 경제적, 외교적 영향력의 증대는 새로운 세계 정치 구조로의 전환 전략에 중국이 동참하는 것을 피할 수 없음을 시사한다. 이것이 얼마 전까지만 해도 중국에 무엇을 해야 할지 지시했던 서구 국가들에게는 굴욕적인 일이겠지만, 역사는 그 대안이 훨씬 더 나쁘다는 것을 암시한다. 현재의 세계 상황은 로마와 페르시아를 협력하도록 밀어붙인 유목민보다 훨씬 더 크고 더 위협적인 도전을 제시한다. 미국이 주도하는 동맹이 확대된다면 의심할 여지 없이 갈등과 긴장이 있을 것이지만, 현대 세계 창공의 쌍둥이 빛인 중국을 대할 때 근본적으로 협력적인 태도를 보이는 것이 매우 효과적일 것이다. 이러한 접근 방식을 통해 얻을 수 있는 잠재적 이익의 범위는 경제적 측면을 훨씬 뛰어넘는다. 광범위한 전 지구적 접근 방식 없이는 기후 변화와 인구 혁명으로 앞으로 생길 결과를 어떻게 효과적으로 해결할지 가늠하기 힘들다. 마찬가지로, 리비아, 아프가니스탄, 시리아의 취약한 정부가 무너졌을 때 그들을 괴롭혔던 종류의 비극을 예방하는 것은 대결보다 협력이 편한 상황이라면 훨씬 쉬울 것이다. 이미 유럽은 2015년 난민 위기[*] 때 혼란스러웠던 각 국가적 접근 방식의 실수로부터 교훈을 얻어, 2022년 우크라이나 난민이 몰려왔을 때 조율을 통해 매우 효과적인 접근 방식을 보여주었다.

따라서 2020년대에 들어서면서 서구 국가들은 주변에 나타난 새로운 세계 질서를 고민하며 여러 가지 도전에 직면한 것을 알게 되

....

[*] 유엔난민기구에 따르면 시리아 내전 등을 이유로 2015년 말 난민의 수가 세계적으로 6,530만 명에 이르렀다.

었다. 수 세기 전에 로마가 페르시아, 그리고 국경의 연맹들에 직면했던 것과 마찬가지로, 중국의 부상은 이제 서구 국가 블록이 처음으로 경쟁 초강대국과 이전 제국 주변부에 나타난 돌이킬 수 없는 발전 과정을 다뤄야 함을 의미한다. 이러한 옛 제국 주변부는 진지하게 들어달라고 요구할 만큼 경제·정치적 영향력을 갖춘 채 새롭고 중요한 목소리를 내고 있다. 아직도 식민지 역사에 익숙한 국내 청중들이 가장 쉽게 받아들일 반응은 경제적 측면의 대립, 그리고 아마도 정치적 측면에서도 대립하는 것이다. 그러나 이것은 주변부 부상의 불가피성을 받아들이고 이에 참여하려고 노력하는, 좀 더 현실적이지만 즉각적인 인기는 떨어지는 접근 방식보다 막대하고 잠재적으로 파멸적인 비용을 초래한다.

그러므로 이 책을 시작하며 던졌던 짧은 질문에 대한 대답은 간단하다. 서구는 예전의 방식으로는 다시 위대해질 수 없다. 서구 정치 구조의 기반이 되는 경제 조직의 지각판이 결정적으로 이동했으며 그 어떤 것도 이를 다시 되돌릴 수 없다. 서구 정치인들은 시민들에게 이것에 대한 진실을 말해야 하며, 실제로 서구 시민(그리고 다른 모든 사람)의 이익을 보다 효과적으로 보호할 수 있는 새롭고 자기 과장이 덜한 세계 질서를 건설하는 데 착수해야 한다.

그렇게 하지 못하고 서구 세계의 글로벌 지위를 단기간 유지하려고 대결을 우선시한다면, 장기적인 결과는 재앙이 될 수 있다. 세계화의 지정학적 결과가 이처럼 아주 도전적인 가운데, 향후 수십 년 내 서구 가치에 대한 두 번째 근본적인 위협은 훨씬 더 가까운 곳에서 발생할 가능성이 크다.

8장

국가의 죽음인가?

2016년 6월 23일, 영국은 유권자의 72.2퍼센트가 투표해 근소한 차이(51.9퍼센트 대 48.1퍼센트)로 유럽연합EU 탈퇴를 결정했다. 당장 보기에는 보수당 정치인들과 보트리브the Vote Leave* 조직의 합작인 브렉시트 캠페인의 승리였지만, 이 투표는 또한 영국 유권자들 사이의 깊은 분열을 드러낸 선거이기도 했다. 어느 쪽에도 특별히 속하지 않은 '중간'이 있었지만, 그들도 첨예하게 전선이 그려져 있는 찬성파와 반대파 사이에 자리했다. 5년 동안 이어진 후속 절차는 분열을 더욱 심화했을 뿐이었다. 그리고 현시대 정치 담론의 특징이라고 할 수 있는 합의의 실종이라는 충격적인 모습이 영국에서만 나타나는 것도 아니다. 미국에서는 2016년 트럼프 대통령 선거 집

....

* 브렉시트를 결정하는 선거에서 공식적인 EU 탈퇴파 진영으로는 영국 독립당 당수 나이젤 패라지가 이끄는 리브Leave, EU와 보수당 당원 보리스 존슨이 이끄는 보트리브가 있었는데, 선거관리위원회는 이 중 보트리브를 공식 캠페인으로 지정했다.

회에서 상대 후보인 힐러리 클린턴의 이름이 언급되자 '그녀를 가둬라'라는 구호가 나왔고, 트럼프 지지자들은 그들 수장의 의도적으로 분열을 조장하는 정치적 메시지에 열광적으로 반응했다. 마찬가지로 2018~2019년 겨울, 프랑스의 주요 도시들은 노란 조끼 운동 gilets jaunes 측의 몇 달간의 폭력적인 거리 시위로 마비되었다. 이 시위는 처음에는 유류세에 대한 항의로 시작했지만, 곧 동떨어진 것처럼 보이는 통치 엘리트에 대한 광범위한 저항으로 발전했다.

5세기로 거슬러 올라가 보면, 남아 있는 서로마 제국의 영역에서도 이와 같은 종류의 내부 분열이 정치 담론의 특징적인 모습이었다. 로마 엘리트들의 의견은 권력이 쇠퇴하고 있는 제국 중심지의 증가하는 세금 수요와 야만족 연맹의 정치적 영향력 향상에 대응해 사회적, 경제적 이점을 가장 잘 보존할 방법이 무엇인지를 놓고 나뉘었다. 일부는 완전히 독립한 야만족 왕국의 새로운 정치 질서를 받아들일 준비가 되어 있었고, 시도니우스(146쪽) 같은 사람들은 어떤 대가를 치르더라도 로마인으로 남아 있기를 원했다. 이러한 분열은 로마 제국 붕괴의 말기 단계에서 중요한 역할을 했다. 현대 서구에서는 현재의 모든 항의와 분열에서 보이는 선명한 고통 속에서 여러 가지로 나뉜 분노의 가닥을 식별할 수 있다. 그러나 5세기 로마를 괴롭혔던 정치적 분열과 마찬가지로, 여기에는 근본적인 단일 촉매가 있으며 그것의 전반적인 결과는 현대 서구 세계 민족국가에 실존적 위협이 될 수 있다.

영웅들의 고향

정치적 동의에 기초해 작동하는 모든 나라는 일종의 재정 계약에 의존한다. 이는 납세자가 자신이 사는 구조에 기꺼이 자금을 지원하려는 기본적인 이유다. 대부분의 근대 이전 국가와 마찬가지로 로마 제국도 극도로 단순화한 형태로 운영되었다. 국가 구조는 기본적으로 제한된 양의 후원을 받아 국방과 법률만을 다루었고, 후자는 대부분 수적으로 적은, 토지를 소유한 정치적 선거구유권자를 위한 것이었다. 세입의 약 4분의 3은 직업 군대를 지원하는 데 사용했으며, 이는 내외의 위협으로부터 토지 소유 선거구유권자의 이익을 보호했다. 그 대가로 지주들은 잉여 농산물의 일정 비율 이상을 내고 필요한 행정 기관을 운영해야 했다. 제국의 또 다른 주요 중앙 집중식 구조는 법률 체제다. 이를 통해 사유 재산을 지정하고 보호하며 시간이 지남에 따라 그 활용과 전달을 허용하는 일련의 조치(상속이나 결혼 합의, 판매를 통해)를 설정함으로써 이것 역시 토지를 소유한 자의 이익에 이바지했다. 인구 대다수는 국가의 정치적 과정에 전혀 관여하지 않았으며 세금 부과 비율이나 세금 지출 장소에 대한 발언권이 없었다. 국가는 몇몇 주요 도시에서 평화를 유지하려고 빵과 서커스를 베푸는 것 외에는 그들에게 직접적인 지원을 거의 하지 않았다. 근본적으로 농민 대중은 자신들이 사는 정치적 실체에 대해 지속적인 영향력을 행사할 수 있는 선택권이 거의 없었다.

 그러나 대규모 반란은 로마 역사에서 흔한 모습이 아니었고 불만을 품은 농민들이 반대 의견을 표출할 수 있는 유일한 현실적 출구는 소규모의 무법자와 강도뿐이었다. 그렇다고 제국의 역사 흐름이 순조롭게 진행되었다는 말은 아니다. 그것과는 한참 거리가 멀다. 로마가 존재했던 내내 군사적 실패는 내전을 불러올 수 있었고, 특히 토지 소유자 공동체가 위험에 처했을 때나 무시당했을 때, 또는 보호받지 못한다고 느낄 때 그러했다. 그러나 이는 체제에서 완전히 벗어나려는 것이 아니라 특정 이익 집단의 실리를 위해 체제를 통제하려는 투쟁이었다. 개별 토지 소유자는 항상 세금을 덜 내기를 원했고, 자신의 부담금을 최소화하려고 지역에서 다퉜지만 대체로 거래에 만족했다. 그러다가 5세기에 외부의 침략과 합병으로 지주들을 방어할 제국의 능력이 줄어들자 비로소 상황이 바뀌었다. 그 시점에서 속주의 지주는 원하든 원하지 않든 물리적으로 움직일 수 없는 토지에 대한 통제권을 유지하기 위해 침입한 외부인과 새로운 거래를 맺어야 했다. 제국이 더는 거래를 유지할 수 없게 되자 계약은 빠르게 무너졌고, 속주 지주들은 선택지가 있는 곳이면 어디서든 그들의 관심 영역 내에서 가장 가능성이 큰 야만족 군주와 새로운 관계를 협상했으므로 제국 체제의 최종적인 해체는 한 세대도 채 걸리지 않았다(147쪽).

대조적으로, 현대 서구 국가들은 훨씬 더 많은 인구가 참여하는, 훨씬 더 넓은 정치적 기반을 활용하고, 훨씬 더 정교한 재정 계약을 통해 운영한다. 19세기 후반부터 서구 전역에서 국가 구조는 모든 시민에게 의료와 교육에서 소득 지원, 안보에 이르기까지 광범위한 서비스를 제공하기 위해 (다양한 조합으로) 진화했다. 이러한 서비스는 산업화를 통해 정부가 이용할 수 있게 된 비교할 수 없을 정도로 큰 잉여 세입과 이를 관리하려 개발한 관료주의의 역량 증가로 가능했다. 이 놀라운 혁명은 또한 정부가 무엇을 해야 하는지에 대한 이해에 중대한 이념적 변화를 요구했다. 서비스 제공이 엄청나게 늘어난 것은 부분적으로 현대 국가가 시민에게 더 높은 수준의 요구를 한 결과였다. 국가의 서비스 제공과 시민에 대한 요구가 관련해서 발전한 역사적 과정은 분명하다. 18세기 후반과 나폴레옹 전쟁 시대에 영국과 프랑스가 세계를 지배하려고 다투면서 대규모 징집과 전 지구적 분쟁이 먼저 발생했고, 그 결과 그러한 희생을 치러야 하는 시민을 돌볼 정치 구조에 대한 요구가 생겼다.

하지만 훗날 '복지 국가'가 될 국가의 출현은 현대 산업이 사회 계급 간의 힘의 균형을 변화시킨 근본적인 방식의 산물이기도 했다. 도시화가 심해지고, 복잡한 대규모 작업장 내에서 고도로 조직화한 노동계급은 농촌의 조상들이 누릴 수 없었던 어느 정도 지속적인 정치적 영향력을 획득했다. 영국 왕 리처드 2세가 1381년에 경험한 것처럼, 중세 농민들은 당시의 우세한 사회·정치적 질서에 일시적인 위협이 될 수 있었다. 그해에 런던에서 가장 가까운 카운티에 모인 거대한 농촌 노동자 무리가 도시로 이동해 시장과 캔터베리 대주교의 목숨을 앗아간 대규모 반란을 일으켰다. 시위를 끝내려면 국왕이 그들에게 자유 헌장을 부여하는 것 외에는 선택의 여지가 없었다. 그러나 시위자들은 식량이 떨어졌기 때문에 집으로 돌아가야 했다. 일단 그들이 흩어지자 왕은 헌장을 파기했을 뿐만 아니라 무장한 소규모 집단을 나라 전역으로 보내 주모자들을 개별적으로 처치했다.

그러나 농촌의 농민과 달리 산업 노동자들은 대규모로 도시로 이주해 그곳에 영구적으로 머무른다. 이렇게 새로운 인류 집단을 대표하며 나타난 사회운동의 커지는 요구와 공공연한 계급 전쟁을 벌이겠다는 위협에 직면해, 각국 정부는 산업화의 이윤 중 일부를 이용해 현대 서구의 좀 더 합의적인 사회 형태를 차츰 만들어가며 긴장을 완화했다. 예를 들어 선거권을 확장하고, 근무 조건을 개선하고, 근무 시간을 단축하고, 임금을 인상하고, 공중 보건을 개선했다. 독일의 건국 총리 오토 폰 비스마르크는 열렬한 자유주의자는 아니었지만, 기회를 봤을 때 놓치지 않는 사람이어서, 세계 최초의 공적 연금과 직업보험 제도를 도입하는 것이 그가 그토록 혐오했던 사회민주당의 표를 얻는 가장 확실한 방법이라는 것을 깨달았다. 이러한 방법으로 정부와 국민 사이에 시민권이라는 원칙이 구체화했다. 이 새로운 유형의 관계는 점차 발전해 부자와 가난한 사람 모두 공통의 법률적 지위(언제나 자원이 이를 받쳐주는 것은 아니었지만)를 공유했으며, 1945년 이후 수십 년 안에 정점에 도달했다. 오랜 기간에 걸쳐 이 아이디어를 폭넓게 받아들이는 가운데 상대적인 정치적 조화가 이루어졌다. 즉 국가가 '영웅에게 적합한 땅'을 만들어야 하며, 그 시민은 요람에서 무덤까지 보살핌을 받아야 하고, 이를 지급하기 위해 국가가 더 높은 수준의 세금을 부과하는 것이 합리적이라는 것이다. 영국에서는 노동당과 보수당 모두 복지 국가 창설을 바탕으로 1945년 선거에서 싸웠고, 그러한 생각은 (비록 조합과 정도는 달랐지만) 당시 서구 세계 전역으로 퍼지는 중이었다. 정치적 논쟁은 대개 체제 전반에 대한 근본적인 적대감보다는 세금을 정확히 누가 얼마나 내야 하는지, 정확히 어떻게 써야 하는지를 두고 다투는 정도에 그쳤다.

이러한 조화와 사회 개혁의 황금기는 흔히 과장되면서 여전히 남아 있는 너무도 현실적인 분열(특히 미국의 인종 등)을 모호하게 만들기도 했는데, 종종 건실한 정치 지도력과 진보적 경제학, 특히 케인스주의 경제학 때문에 나타난 것으로 여겨졌다. 의심할 바 없이 두 가지 모두 중요한 역할을 했지만, 세계 경제 체제에서 서구 세계가 지속해서 우위를 차지한 것도 마찬가지로 중요한 요인이었다. 19세기 유럽 제국에 부가 순純유입한 사실은 정부가 부자들에게 무거운 세금을 부과하지 않고도 노동계급의 생활 수준을 높이기 시작했음을 의미했다. 맨체스터 공장은 인도로 저렴하게 면화를 판매한 덕분에 이윤 감소 없이 임금을 인상했다. 사실상 사회적 조화는 식민지에 착취를 외주화함으로써 이루어졌다. 당시 독립한 미국을 포함한 '속주'에서는 유럽의 식민지화와 착취에 새로운 땅을 개방하는 방법으로 유사한 효과를 얻었다. 철도의 성장과 함께 남북전쟁 이후 확산한 뉴욕이나 볼티모어의 실업과 빈곤으로 생긴 폭동은 젊은이들을 서부로 보내 새로운 삶을 시작하도록 장려함으로써 가라앉힐 수 있었다. 오스트레일리아와 캐나다에서도 비슷한 과정이 진행되었다. 그리고 자신의 제국을 소유하지 못한 서구 국가들조차 신흥 제국 체제로 수출해 어느 정도 제국의 부상에서 이익을 얻을 수 있었다.

제2차 세계대전 이후 서구 제국이 탈식민지화를 겪고 연방 발전

단계에 도달하면서 번영은 정점에 이르렀고, (영국의 국민의료보험처럼) 세계에서 가장 야심 찬 정부 복지 구조를 만들었다. 서구 국가 내의 정치적, 이념적 발전이 이러한 이야기에서 중심적인 역할을 했지만, 이 특별한 체계는 저개발 국가에서 서구로 가는 부의 흐름을 바탕으로 건설되었으며, 그들이 서구 필요 수입의 상당 부분을 제공했다는 점을 이해하는 것이 매우 중요하다. 이 모든 것은 전후 시대의 상대적인 사회적, 정치적 조화가 현재 그러한 긴장을 보이는 이유를 설명하는 데 도움이 된다.

승자와 패자

1980년대와 1990년대의 신자유주의 세계화는 전후 상대적 합의의 근본적인 취약성을 표면에 떠오르게 했다. 신자유주의는 1945년 직후 수십 년간의 경제 역동성을 광범위하게 부활시키기보다는, 서구 사회 내 특정 집단만 점점 번영하는 불균형한 회복을 불러왔다. 지금까지 서구의 거의 모든 사람이 주변부에서 오는 부의 흐름으로부터 어떤 식으로든 이득을 얻었던 반면, 세계화에 따라 탄생한 새로운 경제 질서는 주로 서구 사회 내의 특정 하위 집단으로 가는 부의 흐름을 증가시키고 다른 많은 사람의 생산 생계는 약화했다. 전반적인 효과는 최신 세계 경제 조직의 주요 승자와 패자가 이전처럼 다수의 패자가 정치적으로 안전한 거리인 해외에 있는 것이 아니라, 이제 같은 국경 내에 나란히 사는 상황이 생긴 것이었다. 사실상, 19세기와 20세기 초에 외주화했던 착취와 궁핍이 이제 서구로 돌아왔다.

　가장 확실한 경제적 수혜자는 해외로 생산을 이전한 기업의 소유주와 주주였다. 그러나 새로운 세계 경제에서 아이디어와 창의성에 대한 중요성이 커짐에 따라 승자 그룹에는 서구가 대체로 유지했던 고숙련 역할을 채울 수 있는 다양한 기술과 교육(경제학 전문 용어로 '지식 자본')을 갖춘 운 좋은 사람들도 들어갔다. 세계화한 기업이 수익성을 다시 회복한 결과 주가가 올랐고 이들 기업의 사무실에서 일하거나 디자인, 엔지니어링, 마케팅 같은 고급 과정을 감독하는 도시 전문가의 소득이 늘어났다. 더욱이, 주변부 생산으로 전환함에 따라 비용이 낮아지면서 인플레이션(1970년대의 악몽이었다)이 감소했다. 이것은 결국 이자율을 떨어뜨렸고, 따라서 주택 구입을 촉진하고 부동산 가격을 상승시켰다. 이는 특히 중산층 중 상위 계층(즉, 대략 말하면 서구 사회의 상위 10퍼센트 또는 21세기 초에 연간 약 7만 달러 이상을 버는 거의 모든 사람을 뜻한다)에게 호황을 가져왔다.[22] 단지 평균 수입만 늘어난 것이 아니었다. 그들은 흔히 주택을 소유하고 있었고 특히 주식과 부동산의 자산 가치 붐을 타고 있는 연금 제도에서도 넉넉한 권리를 얻었으므로 전반적인 생활 수준이 크게 향상했다. 그러나 이러한 이득은 저숙련 및 미숙련 노동자들의 희생으로 얻은 것이었다. 이들은 과거 자신들이 직접 참여했던 부의 창출 과정이 해외로 옮겨지는 것을 바라봐야 했고, 실질 소득이 떨어지는 경제 환경에서 서비스 일자리를 놓고 점점 더 경쟁해야 하는 상황에 놓이게 되었다. 이러한 추세는 서구 전역에서 나타났지만, 복지 제도 발달이 덜한 미국에서 가장 심각했다. 로널드 레이건의 대통령 당선 후 40년 동안 사회 하위 절반의 실질 소득은 다소 정체했지만, 상위 절반은 성장했다(이 중 상위 10퍼센트는 소득이 3분의 1 증가하며 가장 득을 보았다).[23]

이러한 추세가 자료에서 점점 더 뚜렷하게 나타났지만, 20세기 후반의 대중 담론은 낮은 인플레이션 속에서 끝없는 성장이라는 '새로운 패러다임'이 모든 배가 이러한 경제 흐름을 타고 올라가도록 보장할 것이라고 자신을 안심시켰다. 때로 좌파 정부가 그들의 낙관주의에 단서를 달기는 했다. 영국에서 블레어 총리는 소위 싱크 에스테이트sink estates(1980년대와 1990년대의 새로운 번영에서 점차 소외되는 인구 집단) 문제를 해결하고 모든 수준의 교육에 공공 지출 자금을 꽤 투자할 만큼 열심이었다. 그러한 지출의 상당 부분은 예상되는 미래 소득을 바탕으로 차입한 것으로서, 급속히 세계화하는 경제의 최상층부에 참여할 수 있도록 인구 중 더 많은 사람을 준비시키기 위한 노력이었다.

일부 특정 정책을 선택하는 것도 이러한 추세의 광범위한 중요성을 숨기는 데 도움이 되었다. 1980년대와 1990년대 전반에 걸쳐 대부분 서구 세계의 평균 실질 임금은 거의 변동하지 않았지만(예를 들어 미국에서 현재 시간당 실질 임금은 대략 1970년대 중반 수준이다), 인플레이션 감소로 물가는 낮게 유지되었고 부분적으로 구매력 손실을 보상했다. 이때는 또한 중국이 서구 시장에 값싼 제품을 홍수처럼 보내기 시작한 순간이기도 했다(186쪽). 이러한 맥락에서 여러 서구 정부는 덜 부유한 사람들의 신용 접근을 완화하는 정책을 시행했다. 미국에서는 연방정부가 주택담보대출을 제공하는 주요 기관에 대한 영향력을 활용해 대출 담보 한도를 낮췄다.[24] 이러한 조치는 주택 구매 붐을 촉진했고 이는 자기실현적인 예언이 되었다. 더 많은 사람이 주택을 구매함에 따라 가격이 상승했고, 새로운 주택 소유자들은 전 지구적 조류에 동참하고 있다고 느꼈으며, 동시에 더 많은 사람이 주택을 사도록 장려했다.

1990년대 후반에 시장은 미국 정부가 1997~1998년 금융위기 동안 지원 조건으로 많은 주변부 정부, 특히 동남아시아 위기의 진원지였던 태국과 인도네시아 같은 정부에게 부과한 가혹한 긴축 정책의 연쇄 효과 덕분에 성층권까지 치솟았다. 많은 경제학자는 서구 정부가 개발도상국들에 채택을 촉구했던 신자유주의적 자본 시장 개방이 위기의 원인이라고 비난했다. 왜냐하면, 그 결과 자본이 주변부로 돌진해 부동산 가치를 급등하게 한 뒤 결국 폭락했기 때문이다. 그래서 개발도상국들은 서구에 긴축이 아니라 경제 붕괴를 막기 위한 더 관대한 자금 지원을 요구했다. 그러나 클린턴 행정부는 원조를 받는 정부에 지출을 줄이고 서구 수입품에 시장을 개방할 것을 요구하며 이를 막아섰다. 그에 따른 긴축 정책은 개발도상국들을 극심한 경기침체로 몰아넣었지만, 서구 경제에는 엄청난 이익을 안겨주었다. 주변부 국가의 부유한 투자자들은 국내의 정치적 불안으로 당황해 서구 은행 계좌에 돈을 보관했고, 그 돈은 그곳에서 합법적으로 유통되었다. 따라서 새천년이 다가올 무렵 서구의 투자자와 소비자는 값싸게 빌린 돈을 탐닉했으며, 이 빚을 이용해 주식과 주택을 구매하고 겨울 휴가비를 냈다. 한편 정치인과 정책 입안자들은 여전히 모든 것이 괜찮다고 주장할 수 있었다. 왜냐하면 부동산, 주식, 채권 등 모든 사람의 투자 가치가 부채보다 빠르게 상승했으므로 모든 사람이 날이 갈수록 더 부유해졌기 때문이다. 이렇게 더 넓은 맥락에서 볼 때, 평균 임금의 정체는 문제가 되지 않았다. 모두가 더 큰 번영을 위해 값싸게 돈을 빌리는 신자유주의 물결을 타는 듯했다.

기꺼이 사실을 보려는 사람들에게는 언제나 위험이 명백히 보였다. 실제로 전체 체계는 하나의 거대한 폰지 사기*처럼 운영되고 있었다. 어떤 이유로든 주택 가격과 주식 시장을 계속 끌어올리는 새로운 자금의 흐름이 고갈된다면(또는 더 나쁘게, 하락하기 시작한다면) 서구인들은 엄청난 빚을 지게 될 것이고 그것을 갚을 소득도 부족할 터였다. 또는 워런 버핏이 말했듯이, 우리는 썰물이 닥쳤을 때만 누가 알몸으로 수영하는지 알 수 있다.

그렇게 되기까지는 그리 오랜 시간이 걸리지 않았다. 1997~1998년 최악의 아시아 금융위기가 지나가고 새천년이 시작되면서 개발도상국의 부유한 투자자들은 서구 계좌에서 자금을 뽑아 본국으로 가져왔다. 이러한 세계 자본 흐름의 방향 전환이 개발도상국들이 1999년 시애틀 WTO 정상회담에서 서구 패권에 대한 반격을 시작했을 때 일어났다는 것은 우연이지만 상징적이다(173쪽). 신자유주의 모델은 위기에 빠졌고, 미국 연방준비제도이사회는 금리를 인하해 위기를 완화하려 했지만, 이는 서구의 주택 거품을 더욱 부풀릴

....

* 폰지 사기Ponzi scheme는 실제적인 이윤 창출 없이 투자자들의 돈으로 투자 수익을 지급하는 사기 수법의 하나다.

뿐이었다. 2007~2008년에 마침내 거품이 터지고 부동산 가격이 폭락하자 세계는 경제 불황을 목도했다.

　서구 정부들이 앞다퉈 제방의 구멍을 메우려 했지만, 선택한 해결책은 다시 만연한 부채 수준을 증가시키고 크게 봐서 세계화로 발생한 새로운 사회 격차를 강화할 뿐이었다. 다시 한번 미국 연방준비제도이사회를 필두로 중앙은행들이 수조 단위의 달러, 유로, 파운드를 새로 찍어 은행에 거의 0퍼센트의 이자로 대출해 줬다. 그러면 은행이 그 돈을 기업과 일반 사람들에게 빌려줄 것이라고 보았다. 이 논리에 따르면 기업은 투자, 확장, 고용을 통해 경제를 다시 돌리고, 일반 사람들은 저렴한 주택담보대출과 신용카드를 활용해 구매와 지출을 재개할 것이었다. 불행하게도 이러한 일련의 정책은 즉각적인 불황은 막았지만, 신용에 힘입어 지난 몇 년 동안 대체로 숨겨져 있던 사회적, 정치적 분열을 확대하는 결과를 가져왔다. 주식 시장은 다시 활기를 띠었고, 뉴욕의 다우존스 지수는 2007년 폭락 이후 매년 약 18퍼센트 상승했다. 그러나 생산 활동에 대한 새로운 투자는 미미한 것으로 나타났다. 기업은 새로운 직원을 고용하는 대신, 임원 급여를 인상하고 자사주를 매입하는 데 많은 돈을 사용해 기업의 주가와 연말 임원 보너스를 더욱 부풀렸다. 경제 붕괴 이후 10년 동안 기계에서 소프트웨어에 이르기까지 모든 새로운 생산 자산에 대한 미국의 투자는 약 절반 정도만 증가했다. 반면 자사주 매입은 네 배 증가했다. 고용주는 채용을 재개했지만 이미 자리를 잡은 세계화 패턴은 계속 이어졌다. 새로운 일자리는 대개 서비스 부문이었고 상대적으로 임금이 낮았다. 종합하자면,

부자는 더욱 부자가 되었고 다른 모든 사람은 그럭저럭 지내게 되었다.

현대 정치 담론에서, 만연한 분열의 감정은 여러 축을 따라 표현되었다. 영국 브렉시트 국민투표 결과 '노인 대 젊은이'가 극명하게 드러났다. 다른 논쟁에서는 전문가 대 근로자, 대도시 대 소도시 및 시골을 놓고 논쟁을 벌였고, 심장부의 평범한 사람들에게 등을 돌린 '대도시'와 '해안 지역', '엘리트들'을 비난했다. 원주민 대 일자리를 가져가고 임금을 낮추는 이민자의 이야기도 방송에 많이 나왔다. 이러한 분열 중 일부는 새로운 것이 아니었다. 반이민 담론(로마 세계도 모르지 않았던)은 꾸준하게 존재했다. 그러나 현재의 분열이 좀 더 깊은 종류의 구조적 변화를 반영한다는 징후는 새로운 정치적 충성 양상이 출현한 것에서 분명히 볼 수 있다. 특히 정치적 우파에서는 새로운 유형의 포퓰리즘 정치인들이 점증하는 불만을 소위 반체제 정치로 돌렸다. 이들은 주류 정치인들이 무시하거나 심지어 조롱했던 '뒤떨어진 사람들'과 '개탄할 만한 사람들'에게 주장을 호소했다. 이러한 접근 방식은 전통적인 좌·우파 분할을 뒤집었고, 노동자들이 새로운 우익 운동을 위해 사회주의와 자유주의 정당을 그만두게 했으며, 브렉시트 국민투표와 도널드 트럼프의 부상에서 모두 적지 않은 역할을 했다. 극우파는 오스트리아에서도 권력을 장악했고 독일, 프랑스, 이탈리아, 스페인의 정치를 심각하게 혼란에 빠뜨렸다.

이 모든 분열의 낙인 밑에는 새로운 양상의 세계화 이후 세계 경제를 재편함으로써 이익을 얻은 사람들과 그렇지 않은 사람들 사이의 근본적인 차이가 깔려 있다. 젊은이들이 학자금 대출과 부풀려진 주택 비용에 시달리며, 서구 사회의 수많은 노년층이 부동산 소유와 연금 기금으로 쌓아온 부를 부러운 눈으로 바라보면서 세대 간 격차는 더욱 벌어졌다. 부동산과 연금, 이 두 유형의 자산 가치는 지난 40년 동안 천문학적으로 증가했다. 1960년대 초 영국에서 집을 구매한 사람은 그 기간에 평균적으로 100배의 수익을 누렸을 것이다. 런던에서는 테라스가 있는 작은 집을 소유하는 것만으로도 누군가가 상대적으로 호화로운 삶을 누릴 수 있게 되었다. 유사한 변화가 연금 기금에도 영향을 미쳤다. 현재 서구 세계 전체 부의 20~30퍼센트를 이들 기금이 보유하고 있으며, 이들은 값싼 돈을 활용하고 점점 더 세계 주변부로 투자를 옮겨 회원들의 수익을 증대할 수 있었다. 부동산과 연금, 이 둘의 변화는 잠재적으로 엄청난 중요성이 있는 변천을 나타낸다. 19세기와 20세기에 서구 사회 부의 증가는 소득의 증가를 따랐다. 사람들은 소득이 증가함에 따라 저축과 투자에 더 많은 돈을 투자했다. 그러나 지난 세대에 걸쳐 두 가지가 분리돼 부가 소득보다 더 빠르게 증가했다(저축률이 거의 변하지 않거나 심지어 감소했음에도). 하지만 정부는 여전히 부보다 소득에 세금을 부과하는 것이 정치적으로 더 쉽다고 생각하는 경향이 있다.

마찬가지로 전문직과 노동계층 사이의 차이는, 생산이 다른 곳으로 이동했을 때, 서구에 남아 있던 보수가 좋고 매력적인 지위를 얻거나 유지하는 데 필요한 기술을 가지고 고용 시장에 진입할 만큼 운이 좋은 사람들과의 본질적인 격차를 반영한다. 실제로 이러한 매력적인 직업 중 하나를 얻으려 할 때, 일반적으로 필요한 교육('지식 자본')은 자녀 양육에 막대한 투자를 할 만큼 충분히 부유한 부모에게 의존하는 경우가 많다. 부유한 이들 가족이 부동산과 연금 자산도 소유할 가능성이 있다는 점을 고려하면, 서구 사회는 주로, 또는 실질적으로 다양한 유형의 부를 소유함으로써 소득을 얻는 부유한 사람들과 일로 생계를 유지하는 사람들 사이의 분열이 증가하는 것이 특징이 돼가고 있다. 물론 이는 20세기 전반戰에 걸쳐 서구 사회의 특징이었던 자기 발전과 사회적 이동을 위한 기회가 빠르게 사라지고 있다는 것을 의미한다.

로마 세계에서 로마 속주 지주들은 중앙이 특권 유지를 도와줄 수 없게 된 상황에서, 토지 자산을 보존하기 위해 가장 가까운 야만족 왕과 협상하는 경우가 많았다. 세계화의 성과로 혜택을 받는 현대 엘리트 역시 자산 목록의 상당 부분을 주변부 외주화 중심지로 효과적으로 옮겼다. 이들은 여전히 부풀려진 서구 부동산 시장의 값비싼 부동산을 소유하고 있지만, 직접적으로 관리하든 연기금으로 간접적으로 관리하든 자산 대부분을 이제 주변부에 투자한다. 지난 40년 동안의 경제 개편을 통해 대부분의 서구 사회에서는 경제적 이해관계가 근본적으로 다른 두 종류의 정치적 지지층이 만들어졌다. 이러한 발전은 이미 여러 서구 사회에 심각한 분열을 불러왔을 뿐만 아니라, 19세기와 20세기에 진화하며 현대 서구 생활의 결정적인 특징이 된 전체 민족국가 구조에 장기적으로 깊은 도전을 제기했다.

로마 제국의 작동 구조도 마찬가지로 서부 땅에서 야만족 연맹이 부상하면서 피해를 보았다. 제국 중심지가 조세의 기반이 되는 지방 통제력을 점점 상실함에 따라 군대를 효과적으로 유지할 능력이 약해졌다. 남은 과세 기반에 대해 세율을 인상함으로써 대응했지만, 이는 충성 대상을 야만족 연맹 중 하나로 바꾸는 것의 잠재적인 매력만 증가시켰을 뿐이며, 전체 수입 손실을 대체할 정도의 충분한 새로운 수입을 창출하지도 못했다. 마지막에는, 로마의 정치 궤도에 머물고 싶어 했던 시도니우스 같은 사람도 결국 서고트족의 왕 에우리크와 관계를 개선할 수밖에 없었다. 그리고 이 움직임이 야말로 로마 제국 서부의 진정한 종말을 고하는 행동이었다.

오늘날 세계화는 민족국가에 로마 서부를 결국 재정 계약을 이행할 수 없게 만든 것과 같은 종류의 세입 위기를 일으키고 있다. 실제로 자본이 해외로 이전된다는 것은 주변부 정부가 전 세계 소득에서 점점 더 많은 몫을 차지할 수 있다는 것을 뜻한다. 반면, 서구 정부는 세금을 낮게 유지하기 위해 지출을 억제함으로써 투자 경쟁을 해야 했다. 더욱이, 외주화를 촉진하는 금융 시장 자유화도 글로벌 사회의 최상위 계층이 해외 조세 피난처로 돈을 이전하는 것을 더 쉽게 만들었다. 현재 전 세계 부의 약 10분의 1(7조 달러 이상)이 어떤 정부도 접근할 수 없는 곳에 놓여 있다.[25]

20세기 후반 서구 사회에서 세계화의 분열 효과가 명백해졌으므로, 서구의 생활 수준을 유지하는 데 사용할 수 있는 세수의 흐름은 이미 제한받고 있었다. 말기 로마 제국은 조세 기반이 침식되자 남은 세금에 대한 세율을 인상해 대응했다. 그러나 현대 서구 지도자들은 다른 해결책으로 전환할 수 있었다. 바로 현대 세계의 기적 같은 발명인 부채다. 그러나 이것은 언 발에 오줌 누기에 지나지 않을 수 있다.

부채와 질병

오늘 지출하고 미래에 갚는다는 개념인 부채는 무역만큼 오래되었다. 그러나 현대에 와서 중앙은행(17세기에 등장한 네덜란드, 스웨덴, 영국 중앙은행)의 출현이 국가 정책에 혁명을 일으켰다. 이제 30년 모기지와 100년 국채를 통해 가까운 미래뿐만 아니라 앞으로 수십 년 후에 지급 일정을 재조정하는 것이 가능해졌다. 실제로 민족국가의 역사는 국가부채의 증가와 떼려야 뗄 수 없는 관계다. 그리고 노동 생산성을 변화시키는 20세기의 급속한 사회 및 기술의 변화 속에서 궁극적으로 생산 투자로 발생할 미래 소득에 기대 차입하는 것은 경제 성장을 가속할 수 있었다.

그러나 생산 투자를 위한 대출과 즉각적인 지출을 충당하기 위한 대출을 분리하는 것이 언제나 쉬운 것은 아니다. 정부는 흔히 일자리를 보호하거나 다른 즉각적인 혜택을 제공하기 위해 투자한다. 예를 들어 1970년대 스타일의 국유화나 미래 소득 증가에 기댄 토니 블레어 총리의 복지 지출 확대(실현하지 못했다)와 보리스 존슨의 영국 북부와 중부 지역의 소외된 지역을 '수준 향상'하기 위한 계획(그의 후임자들이 이어가고 있다)들은 모두 자체적으로 비용을 내지 않을 수도 있는 것이다. 현대 서구의 겉으로는 구식인 것처럼 보이는 사회기반시설 프로젝트도 보이는 것이 다가 아니다. 2020년에 존슨은 '루스벨트식' 투자 계획이라고 부르는 것을 발표했다. 비례로 따지면 뉴딜 규모의 약 30분의 1이었으며, 《파이낸셜 타임스》에서는 루스벨트가 후버 댐을 건설했지만 존슨은 미들랜드의 다리를 수리할 것이라고 지적했다.[26] 이 비교로 많은 것을 알 수 있다. 새로운 다리를 건설하면 새로운 무역 통로가 열리고 비용과 이동 시간이 줄어들어 새로운 경제 활동이 창출되는 것이다. 교량을 수리하면 기존 통로를 계속 열어두고 현재 활동 수준을 유지하게 할 뿐이다(물론 작업을 완료하기까지 몇 년 동안 더 긴 이동 시간을 경험한 후에). 마찬가지로, 트럼프 대통령은 미국의 2017년 대규모 감세를 실험하며 경제에 로켓 연료를 공급하겠다고 말했다. 그렇게 되지 않았다. 다음 해에는 성장률이 0.7퍼센트 증가하는 데 그쳤고, 이후에는 본래 비율(연간 2퍼센트에 가깝고 하강하는)로 되돌아갔다. 기업 투자는 거의 움직이지 않았고, 약속한 일자리 붐은 실현되지 않았으며, 고용 증가는 기존 궤도를 따라갔다. 결국, 기업이 세금에서 절약한 돈은 대부분 배당금과 자사주 매입에 사용되었다. 이로 인해 주가가 상승해 미국에서 가장 부유한 극소수 부유층은 더 부유해졌지만, 일반 경제에는 거의 도움이 되지 않았다.

　실제로 우리는 사회기반시설 지출과 기타 직접적인 정부 부양책을 통해 얻을 수 있는 커다란 경제적 수익이 점차 서구에서 멀어지고 있는 세상에 살고 있다. 일부 경제학자들은 이러한 상황이 바뀔 것이고, 증기력이나 전기의 보급과 관련해 생긴 것 같은 이전의 생산성 혁명에 필적하는 또 다른 생산성 혁명이 나타나 과거의 성장률을 회복할 것이며, 그러한 미래 혁명의 예상 후보는 대개 정보 기술이라고 주장한다. 하지만 우리는 그것을 오랫동안 기다려 왔다. 지난 1987년 로버트 솔로Robert Solow는 생산성 통계를 제외한 모든 곳에서 컴퓨터 시대를 볼 수 있다*는 유명한 말을 했는데, 여전히 그 말은 사실인 듯하다.

그 대신, 대부분 서구 국가에서는 생산성 증가(근로자가 1시간의 근무 동안 생산하는 현금 가치)가 오랫동안 하강 곡선을 그렸다. 시간당 생산량이 연간 거의 3퍼센트 증가했던 20세기 중반의 역사적인 호황이 지나고, 1970년대 이후에는 시간당 생산량 증가율이 평소(대부분 역사에서 거의 0)대로 감소했고 현재는 연간 약 1퍼센트에 접근하고 있다. 근로자 생산량이 많이 증가한 곳에서는 고도로 집중되는 경향이 있다. 가장 역동적이고 생산적인 경제 부문, 즉 서구 국가들이 계속 우위를 누리고 있는 부문은 노동에 대한 두 가지 수요를 창출한다. 첨단기술 산업에서는 상대적으로 적은 인력 비율로 높은 생산성을 보인다. 페이스북의 직원 6만 명은 2020년에 거의 900억 달러에 이르는 수익을 창출했다. 각 직원당 연간 평균 150만 달러다.** 그런 다음 그들은 청소부, 보모, 바리스타 등 전문성은 적지만 규모가 더 큰 인력의 지원을 받는다. 다른 말로 하면, 오늘날 서구 사회에서 효과적인 생산성 향상은 다수가 아닌 소수에 관한 것이며, 서구 인력 집단의 생산성을 혁신하는 데는 거의 이바지하지 못한 것으로 보인다. 따라서 부채는 한때 내일의 수입을 늘리기

....

* 솔로 패러독스Solow Paradox로 알려진 현상이며 컴퓨터와 생산성 향상 사이에는 뚜렷한 상관관계가 없다는 주장이다.
** 당시 환율로 900억 달러는 108조이고, 150만 달러는 18억이다.

위해 오늘 지출하는 방법이었지만, 이제는 대부분 서양인에게 부채는 지금 물건을 소유하고 내일 갚는 방법이 되었다.

과거의 투자-확장 관계가 무너졌기 때문에 서구 정부와 서구 사회는 미래의 번영을 구축하기보다는 현재의 생활 수준을 향상하거나 유지하려고 부채를 더 많이 사용하는 습관을 갖게 되었다. 생산성 향상이 둔화하고 전반적인 소득 증가도 함께 하락함에 따라 가계와 기업은 더 많은 부채를 떠안는 점점 익숙해진 방식을 유지했다. 오랫동안 정부는 이것이 안전한 일이라고 장담했다. 그들은 부채를 청산할 또 다른 생산성 혁명이 일어날 것이라고 반복적으로 선언했으며 돈을 더 쉽게 빌릴 수 있도록 금리 인하와 신용 장벽 감소 같은 조치를 도입했다.

이것은 전에 없던 일이다. 서구 사회는 부채가 만연해졌지만, 현대 생활의 필수 도구인 신용카드가 20세기 중반까지 존재하지 않았다는 사실을 기억하기 바란다. 그 이전에 부채는 일반적으로 기업이 공장을 짓거나 주택을 사는 등의 투자 형태에 국한되었고, 전쟁 중에 급증했던 정부 부채는 전쟁이 끝나고 다시 감소했다. 예를 들어, 제2차 세계대전 이후 수십 년 동안 미국의 GDP 대비 민간 및 공공부채의 총비율은 일반적으로 약 100퍼센트 주변이었고, 다른 서구 사회도 비슷한 양상이었다. 그러나 세계화 시대에 정부와 개인 모두 수입 부족과 불평등 심화를 은폐하거나, 혹은 그저 부가 계속해서 증가할 것이라는 기대를 유지하기 위해 부채를 사용하자 실제로 상황은 급변했다.

그 결과는 2020년이 될 무렵 서구에는 엄청난 수준의 부채가 쌓였다. 2019년 트럼프의 감세로 미국의 국가부채는 GDP의 100퍼센트를 넘어섰다. 일반 시민이 쌓은 부채까지 합산하면 국가의 기본 GDP 대비 부채 비율은 300퍼센트가 넘는데, 이는 전후 호황기 수준의 세 배에 달하는 수치다. 영국도 비슷하고, 이탈리아는 더 나쁘다. 그리고 신중하지 못한 재정 분야의 황금종려상은 이제 GDP 대비 총부채 비율이 거의 5대 1에 이른 일본이 받아갔다. 이러한 추세는 서구 세계 전체에 퍼졌다. 덴마크나 네덜란드처럼 검소하다고 생각하는 국가도 GDP 대비 총부채 비율이 300퍼센트를 훨씬 넘고, 가장 엄격하다는 독일마저 200퍼센트를 넘기며 그다지 뒤떨어지지 않는다.

그러나 생산성 혁명 구출에 나서고 이러한 부채 비율을 낮추는 상황 대신 서구가 만난 것은 (훈족 무리의 형태가 아니라 미생물 형태의) 외부에서 온 충격이었다. 2020년 초, 중국 우한시에서 새로운 변종의 코로나바이러스가 출현했다는 보도가 나왔다. 몇 주 안에 그것은 전 세계로 퍼졌다. 대체로 서구 정부의 초기 대응은 절제되어 있었다. 그러나 2020년 3월 초, 세계보건기구가 이 발병을 팬데믹으로 분류하자 공황이 터졌다. 각 정부는 국내 봉쇄를 시행했고 국가 간 여행을 막으려 국경을 폐쇄했다. 대부분의 서구 정부는 기록적인 속도로 경제 구제 패키지를 급조해 내놓았다. 중앙은행은 다시 한번 수도꼭지를 열어 엄청난 양의 새로운 자금을 창출했고, 이를 통해 국채와 회사채를 둘 다 매입했다. 즉, 정부가 유휴 기업을 유지하는 데 사용할 자금을 제공했다. 즉각적인 경제 불황은 면했지만, 다시 한번 서구 사회의 내부 분열이 악화했다. 중앙은행은 금리를 최저 수준으로 끌어내렸고 일부 국가에서는 금리를 마이너스 수치까지 내렸다. 다시 말해, 이제 정부에 돈을 빌려주는 사람은 전부 그 특권에 대한 대가를 치러야 했다. 이는 기업들이 현금 더미를 늘리려고 엄청난 양의 돈을 빌리도록 장려했을 뿐만 아니라 끔찍한 수익률 때문에 채권 시장에서 밀려난 투자자들이 주식, 부동산 및 암호화폐 같은 새로운 발명품으로 서둘러 눈을 돌리도록 부추겼다. 연초의 급락 이후 주식 시장은 반등했고 여름이 되자 손실을 만회했다. 그러나 구제책에도 불구하고 사회 전반에 걸쳐 실질임금은 정체했고 중소기업은 난관에 부딪혔다.

새로운 경제 성장이라는 진정한 희망을 약속하는 식의 투자에는 이 새로운 차입금이 거의 사용되지 않았다. 너무 많은 돈이 대서양 양쪽의 주식 시장, 특히 미국의 주식 시장으로 쏟아져 들어와 기술적으로 파산한 '좀비' 기업들조차 주가가 치솟는 것을 볼 수 있었다. 몇 달 만에 서구 정부의 부채 부담은 25퍼센트나 늘어났다. 전체적으로 보면, 팬데믹을 관리하면서 그들은 그해 연말까지 약 17조 달러의 부채를 추가해야 했다(서구 국가의 공공부채 부담이 일반적으로 10~20퍼센트 증가했다). 따라서 코로나 위기에 대한 서구의 대응은 이미 세계화의 표면 아래에 숨어 있던 주요 질문을 새로운 긴박감으로 논쟁의 최전선으로 끌어올렸다. 서구의 엄청난 부채 수준을 누가, 어떻게 갚을 것인가? 그리고 이후 서구 사회의 모습은 어떻게 될 것인가?

여기에 얼마나 많은 위험이 걸려 있는지는 아무리 크게 잡아도 부족할 것이다. 로마 제국의 서쪽 절반은 중앙이 재정 계약을 유지할 자금이 부족하고, 세금을 내고 세금을 인상하는 엘리트들의 이익을 방어하지 못한다는 사실을 스스로 알게 되자 붕괴했다. 현대 서구에서 펼쳐지고 있는 국가 수입의 위기는 다른 기원에 있지만, 이것이 현대 서구를 특징적인 국가 형태가 되도록 한 것에 위협이 되고 있음을 깨닫는 데는 그리 오랜 시간이 걸리지 않는다. 이러한 위협은 5세기에 서부 로마를 약화한 것과 마찬가지로 실존적일 수 있다.

중심지는 유지할 수 없는 것일까?

서구 정부가 막대한 부채를 안은 것은 이번이 처음이 아니다. 제2차 세계대전 이후 그들의 누적 부채는 기록적인 수준에 이르렀다. 오늘날 일부 분석가들(특히 현대 화폐 이론 학파에 속하는 분석가들[27])은 그때나 지금이나 이러한 부채는 추가적인 경제 성장을 통해 비교적 고통 없이 갚을 것이라고 주장한다. 그들은 부채로 투자한 100달러당 궁극적으로 수백 달러의 생산량 증가를 낳을 것이며, 서구의 현재 부채는 1945년 이후 기간의 부채와 마찬가지로 몇십 년 안에 해결될 것이라고 추론한다.

그러나 1945년과 오늘날 사이에는 몇 가지 중요한 차이점이 있다. 우선, 1945년에는 인구 중 은퇴자가 약 5퍼센트뿐이었고, 전후 기간의 엄청난 생산성 호황이 앞에 놓여 있었으며, 부채가 기초 재건 자금이 돼 즉각적인 경제 팽창으로 이어졌다. 오늘날 서구의 투자 수익은 과거 수준에 도달할 가능성이 거의 없는 것으로 보인다.

그 이유는 특히 최근 부채의 대부분(팬데믹 기간 동안 추가된 거의 모든 것을 포함해)이 그저 경제 붕괴를 막기 위해 떠맡은 것이기 때문이다. 심지어 이러한 부채가 새로운 생산량 추가를 목표로 삼은 것도 아니다. 그곳에 있던 것이 사라지지 않고 그대로 있기를 바라는 것이어서 그들이 제값을 할 것 같지는 않다.

둘째, 정부 지출에 대한 수요가 증가할 가능성이 크다. 인구가 노령화하고 더 많은 의료, 연금, 공공 서비스(일본과 같은 국가에서 전체 공공 지출의 최대 3분의 1을 차지하는 부문)가 필요해짐에 따라 정부는 예산의 지속적인 부담에 직면하게 될 것이다. 현재 대부분의 서구 국가에서는 인구의 15~20퍼센트가 은퇴했으며, 그 수치는 금세기 중반까지 계속 증가해 현재 추세대로라면 25~30퍼센트 범위에 가까워질 것이다. 은퇴한 사람들 중 거의 절반은 항상 75세 이상일 것인데, 이 나이는 일반적으로 1인당 의료비 지출이 극적으로 증가하는 시점이다. 다소 암울하게도 서구 재무부는 기대 수명 감소를 좋은 소식으로 간주할 수준에 이르렀다. 이는 2022년 영국 재무부가 팬데믹으로 예상 수명이 줄어든 사실 때문에 뜻밖의 혜택을 약간 보았다고 보고했을 때 극적으로 드러났다.

셋째, 현재 정부 부채 이자율은 극히 낮다. 예를 들어, 미국 경제 전반에 걸쳐 금리의 벤치마크 역할을 하는 미국 10년 만기 국채는 1980년에 거의 16퍼센트까지 상승한 후 긴 내림세를 시작해 2020년에는 거의 0퍼센트에 도달했다. 이는 다른 선진국에서도 나타나는 추세다. 그렇지만 2022년 2월 영국 정부는 누적된 정부 부채에 대해 역사상 최대 규모의 이자를 냈다. 2022년 서구 사회에서 금리가 오르기 시작하자 정부는 이자 지급 부담 때문에 소비력이 더욱 줄어든다는 새로운 문제에 직면했다. 여기에 전쟁 이후 심각한 문제가 된 적이 거의 없었던 요소, 즉 지난 수십 년 동안 급증한 민간 부채 부담도 더해졌다.

부채만 늘어나는 것이 아니라 실제로 이에 대한 이자 지급도 함께 증가하는 것이라면, 점점 더 긴급해지는 재정 문제를 처리해야 하는 서구 정부, 그리고 당연히 시민들에게 선택할 수 있는 옵션은 무엇이 있을까?

중앙은행이 '금융 억압'을 무기한 연장해 이자율을 인플레이션 이하로 유지하기로 정할 수도 있다. 이는 정부 차입 비용을 인플레이션율 이하로 유지해 시간이 지남에 따라 인플레이션으로 부채 가치를 줄어들게 할 수 있었던 제2차 세계대전 이후 나타난 정책 혼합의 또 다른 모습이다. 정부 처지에서는 인플레이션에 따라 세수는 증가하지만 부채는 그대로여서 좋은 일이다. 예를 들어, 서구 중앙은행이 실질이자율(이자율과 현재 인플레이션율의 차이)을 -3퍼센트(2022년 무렵에는 그 두 배)로 유지한다면 정부에 대한 대출로 얻는 수입의 가치는 약 25년 후에 사실상 절반으로 줄어들 것이다. 이는 문제가 결국 사라질 때까지 문제 처리를 연기하는 영리한 방법처럼 보일 수 있지만, 사회적으로 혼란을 줄 수 있다. 모든 은퇴 유권자가 우선 문제다. 그들은 점점 숫자가 늘어날 뿐만 아니라 투표일에 투표장에 나타날 가능성이 가장 크므로 민주 사회에서 정치적으로 왕성한 집단임을 입증했다. 신자유주의 시대에 연금 기금의 자산 가치가 급등하는 동안 가입자들이 노령화되었고 따라서 국채 매입 필요성이 점점 더 커질 것이다. 이는 국채가 매달 지급금을 받는 사람이 기대하는 꾸준한 수입원을 제공하기 때문이다.[28] 따라서 금융 억압은 시간이 지남에 따라 이러한 소득 흐름의 가치를 감소시킬 것이다. 정치인들은 아무도 눈치채지 못하기를 원하겠지만, 오늘 은퇴한 뒤 점점 허리띠를 졸라매며 여생을 보내고 있는 사람이라면 아마도 무슨 일이 일어나고 있는지 깨닫고 그에 따라 투표할 가능성이 크다.

정부는 지출 삭감 또는 세금 인상이라는 오랜 전통을 가진 조합을 대신 시도해 볼 수 있다. 그러나 이는 두 가지 큰 장애물에 부딪힌다. 첫 번째는 기존 서구 재정 계약에 포함된 비용이 지출을 증가시킬 뿐이라는 것이다. 10년간의 긴축 정책 이후 영국 국민의료보험NHS이 얼마나 저하되었는지를 드러낸 팬데믹 이전에도, 의료의 기술적 가능성이 늘어남에 따라 의료 수요와 추가 비용의 증가를 따라잡기 위해서는 의료비 지출을 매년 4퍼센트 올려야 한다는 사실이 널리 받아들여졌다. 그리고 이는 연금 지출 증가를 고려하지 않은 것이다. 2022년 영국 총리는 1~2퍼센트의 성장만으로는 장기적으로 NHS 비용을 지급하기에 충분하지 않다는 점을 인정했다. 시민들에게 서비스 향상을 위해 세금을 내도록 요청하면 시민들은 흔히 기꺼이 수행한다. 하지만 이미 낸 서비스 비용(과거에 부채로 지급한 비용)을 충당하려고 세금 납부를 요청하는 것은 전혀 다른 문제다. 특히 해당 서비스가 결코 혜택을 받을 수 없는 경우라면 더욱 그렇다.

현재 서구 정부는 수입과 소비에 대한 세금을 통해 수입 대부분을 조달하고 있다. 판매세, 부가가치세 등 소비세는 가격을 오르게 만들고, 소득세는 근로 인구에 큰 부담이 된다. 현재 상황을 보면, 서구 국가에서 인구 노령화가 해마다 진행함에 따라 이미 평균적인 근로자는 다른 한 명의 활동 노동 인구와 함께 한 명의 연금 수급자를 부양해야 하는 부담을 공유하고 있다. 이 수치는 지금부터 21세기 중반까지 점점 더 일대일에 가까워질 것이다. 즉, 젊은 근로 연령층의 세금 부담은 이미 오를 예정이며, 여기에 세계화와 코로나바이러스 팬데믹으로 생긴 부채를 추가로 얹으면 상당한 증가를 의미하게 된다. 예를 들어, 영국에서는 대학 졸업자가 직장에 입사하면 이제 세금으로 월 소득의 절반을 잃을 것으로 예상할 수 있다. 이러한 현상은 빚을 갚으려고 세금을 인상할 때 두 번째 큰 문제로 이어진다. 세금은 오르는데 공공 서비스가 따르지 않으면 재정 계약이 깨진 것으로 인식할 위험이 있다. 로마 사례는 그러한 상황에서 어떤 일이 일어날 수 있는지를 보여준다.

서구의 부채 문제를 해결하기 위한 그나마 제일 최선인 정책 조합은 여전히 쉽지 않을 것이다. 십중팔구 그것은 아무 문제 없이 벗어날 수 있는 경제가 되게 하는 지속적인 금리 억제, 그리고 세금 인상과 서비스 삭감이라는 다양한 조합이 결합해 이루어질 것이다. 2022년 가을 영국의 실패한 '소형 추가 경정 예산'이 보여줬듯이, 이러한 재정적인 제약을 무시하려고 하면 계속되는 금리 인상이 비참한 경제적 결과를 초래할 것이다. 후자의 조합을 제대로 하는 것(인구 고령화와 저성장이라는 일반적인 맥락에서)은 특히 어려울 것이다. 서비스를 너무 많이 줄이면 사회 불안이 늘어나고 국가 기능이 무너지기 시작한다. 20세기 후반에 일부 개발도상국도 비슷한 부채 문제에 직면했고, 서구의 동정을 거의 받지 못하고 상당한 규모로 세금을 인상하고 지출을 줄여야 했다. 심지어 아시아 위기의 여파로 클린턴 행정부가 강요한 긴축의 경우, 아시아는 서구가 사상 최대의 번영을 축하하고 있을 때 위기에서 허덕여야 했다. 이들 국가 중 다수가 겪은 경험은 서구가 앞으로 직면할 잠재적인 문제를 드러낸다. 많은 경우에 대다수 노동 인구는 사실상 조세망을 빠져나갔다. 최하위층에서는 소규모 도급업자들이 모든 사업을 현금으로 처리했으며, 수입업자들은 수입품에 붙는 세금을 피하려고 저임금을 받는 세관원들에게 뇌물을 주었고, 억만장자들은 자신의 재산을 스위스 은행 계좌에 숨기는 악순환의 소용돌이를 불러왔다. 그러면 수입 감소로 정부는 서비스를 더 많이 줄일 수밖에 없었다.

가장 심대한 타격을 입은 나라에서는 20세기 후반의 긴축 정책이 기존의 재정 계약을 깨뜨렸고, 상층부와 하층부의 시민들은 기존 정치 구조에서 탈퇴했으며, 권력은 사실상 재분배되어 때로는 매우 바람직하지 않은 사람들의 손에 넘어갔다. 자메이카와 브라질의 마약조직이 통제하는 도심 빈민 지역 사회, 카르텔이 장악한 멕시코 지역, 탈레반이 활동하고 있는 파키스탄 국경지대나 여러 아프가니스탄 지역에서 국가 내 국가가 스스로 자리를 잡았다. 이 일이 아주 먼 이야기처럼 보일지 모르지만, 우리는 이미 서구에서 초기 징후가 나타나는 것을 보기 시작했다. 이는 많은 서구 도시의 일부 침체된 지역이 사실상 갱단의 영지라는 사실뿐만 아니라, 합의에 따른 자기 할 일을 하지 못하는 국가의 무능이 커지고 있다는 사실에도 나타난다.

　예를 들어, 영국에서는 경찰과 법원 체계에 대한 예산 삭감으로 이제 강간 100건 중 거의 한 건만 처벌받는 상황이 되었다. 사실상 강간을 은밀하게 비범죄화한 셈이다. 사람들은 과거의 빚을 갚기 위해 더 많은 세금을 내야 하는데 정부는 그 대가로 더 적은 것을 제공하므로, 시민들이 세금 준수에 대한 대가로 무엇을 얻게 되는지 궁금해하는 시점이 올 수 있다. 그리고 '조세윤리'(세금으로 뭔가를 얻을 수 있다는 믿음 때문에 사람들이 기꺼이 소득을 신고하고 세금을 정직하게 납부하게 되는 믿음)와 세금 징수 기관(그 자체가 돈이 부족한 정부의 삭감 대상이 되는 경우가 많다)의 효율성 감소 두 가지가 세입에 미치는 영향을 고려할 때, 점점 더 많은 사람이 조세망에서 빠져나갈 방법을 찾으며(5세기 로마의 지방 엘리트들처럼) 전체 체계가 무너지는 미래에 대해 생각해 보는 것은 무리한 상상이 아니다.

　그와 같은 미래(정치적 분열의 증가, 불안정성 증가, 민주주의와 법과 인권 존중의 쇠퇴, 공공 서비스 약화, 생활 수준 저하 등)가 서구에 닥칠 수 있다. 하지만 반드시 그래야만 하는 것은 아니다.

결론
제국의 죽음인가?

서기 468년에 봄이 여름으로 바뀌자 콘스탄티노플은 다시 한번 서로마 제국을 방어하기 위해 나섰다. 당시 서로마 황제 안테미우스는 동로마가 임명한 황제였는데, 1년 전에 중대한 군사 지원을 약속받고 콘스탄티노플에서 왔다. 동로마 황제 레오 1세는 약속을 지켰다. 동로마의 개입은 1,100척의 배로 구성된 대규모 함대와 5만 명의 군인과 수병으로 구성된 연합군 형태로 이루어졌으며, 비용을 금으로 따지면 무게가 54톤이 넘었다. 원정대의 목적지는 북아프리카의 반달-알란족 연맹 왕국이었으며, 주요 목표는 훈족이 의도치 않게 로마 땅에 풀어놓은 새로운 연맹 중 하나를 제거하고 서부의 가장 부유한 지역을 제국의 통제 아래로 되돌리는 것이었다.

결과가 성공적이었다면, 수입원을 증가시켜 서로마 중심지에 활력을 불어넣었을 뿐만 아니라 또 다른 위험한 현상, 즉 속주 로마 지주들이 점차 자신의 정치적 충성을 제국의 중심지에서 새로운 야만족 연맹 중 하나로 옮기려는 현상을 적어도 잠시 멈추게 했을 것이다. 468년 이전에도 안테미우스는 서고트족과 부르고뉴 왕조의 정치적 궤도 아래로 들어간 갈리아 엘리트들의 충성을 되찾으려고 알프스산맥 북쪽에서 환심 사기 공세를 펼쳤다. 북아프리카에서의 승리는 수입 증가와 이에 따른 군사력 강화를 약속하면서 안테미우스가 머뭇거리는 로마 서방 엘리트들에게 로마에 대한 지속적인 충성이 당분간 최선의 방책임을 더욱 쉽게 설득할 수 있게 해줄 것이었다.

안테미우스에게는 불행하게도, 원정은 재앙으로 끝났다. 강풍 때문에 선단이 바위 해안선에서 옴짝달싹 못 하고 있을 때 반달족이 불이 붙은 배를 이용해 일련의 파괴적인 공격을 가할 수 있었고 그게 바로 재앙이었다. 그러나 (더는 존재하지 않는) 서로마 제국을 부활시키기에 너무 늦은 시기이긴 했지만, 나중인 532~533년에 콘스탄티노플 원정대는 반달 왕국을 무너뜨리는 데 성공한다. 따라서 이와 같은 임무는 본질상 불가능한 것이 아니었으며, 이전 안테미우스가 운이 좀 더 좋았다면 서로마 제국을 벼랑 끝에서 되돌릴 수 있는 실제 기회가 있었다. 그것은 과거의 서로마 제국은 아니었을 것이다. 반달-알란족의 파괴가 있었지만, 제국의 이전 조세 기반 상당 부분에 두 개의 강력한 야만족 연맹이 여전히 남아 있었고, 영국은 상실했으며, 프랑크족 집단은 라인강을 건너 잠식 중이었다. 그러나 서고트족과 부르고뉴족은 로마 제국 궤도 내에서 가장 강력한 군사적, 정치적 세력으로서 지위가 결정적으로 회복되었을 제국 중심지의 패권을 받아들여야 했을 것이고, 흔들리던 지방 엘리트들도 (점점 더 기꺼이) 자신들의 전통적인 충성 대상 아래 집결했을 것이다. 최종 결과는 단순한 제국이라기보다는 로마 제국이 이끄는 연방에 가까웠을 것이고, 그 이후의 정치는 복잡했을 것이다. 그렇지만, 468년 말까지도 새로이 바뀐 서로마 제국의 형태에 새로운 생명을 불어넣을 수 있는 실질적인 기회가 여전히 있었다.

이 책이 결론에 도달하는 지금, 현대 서구는 아직 460년대 후반 로마 서부가 직면했던 '마지막 기회의 술집'[*]에 있지 않다. 현대 서구 제국을 구성하는 국가들은 비록 지난 밀레니엄 말의 정점보다 상대적으로 크게 줄어들었지만, 여전히 풍부한 수입을 통제하고 있다. 그래도 로마 제국의 흥망성쇠를 계속 비교하면 두 가지 점이 매우 분명해진다. 첫째, 고대 로마와 마찬가지로 현대 서구 제국도 스스로 만들어가는 위기에 직면해 있다. 자체 구조가 작동해 (마침내) 진정한 초강대국 동급 경쟁자가 등장했고 서구 제국 주변부였던 곳에 강력한 새로운 세력이 나타났다. 4세기와 5세기에 로마 세계에서 일어난 일과 일치하는 이러한 새로운 독립체의 부상은 차례로 서구 제국 체제 내부를 두 개의 차원으로 나누는 심각한 분열을 일으켰으며, 경쟁하는 서구 지도자들은 이 새로운 제국주의 이후 세계 질서에 가장 잘 대응하는 방법이 무엇인지를 놓고 다투고 있다. 이 새로운 세계 질서에서는 일부 사람들이 다른 많은 사람의 생활 수준 저하에 의존해 전례 없는 번영을 누린다.

....

[*] 마지막 기회의 술집last chance saloon은 19세기에 술이 금지된 지역으로 넘어가기 전, 마지막으로 술을 파는 술집이 광고하던 문구다.

그러나 서구가 아직 460년대 후반에 해당하는 가장 중요한 순간에 서 있지 않다고 보아도, 수십 년 전인 5세기 초에 로마 지도자들이 직면했던 상황과 현재 상황이 어느 정도 유사하다는 것을 알 수 있다. 로마와 마찬가지로 현대 서구도 기존 사회 질서의 기반이 되는 전체 재정 계약을 위협할 만큼 심각한 재정 문제에 직면해 있다. 로마와 달리 현대 서구는 자원 기반을 보충하겠다고 일부 외국 곡창지대를 다시 식민화하는 식의 선택권이 없다. 북아프리카의 상실에 따른 수익 붕괴 같은 식의 문제는 아직 생기지 않았지만, 그것은 로마의 통치자들이 사용할 수 없었던 도구인 부채를 통해 정부와 시민 모두가 미래 수익으로부터 어느 정도는 차입할 수 있었기 때문이다. 이는 임박한 수익 위기가 연기되었음을 의미한다. 그렇다 해도 중국이라는 형태의 동급 초강대국 경쟁자의 부상은, 옛 제국 주변부에 일련의 강력하고 새로운 독립체가 나타난 것과 마찬가지로 삶에서 바뀌지 않는 사실이다. 고대 로마에서 제국 전체의 붕괴가 말기 단계에 이르러서도 거의 되돌릴 수 있는 상태였다는 것이 맞다면, 잠재적 붕괴를 향한 현재의 궤적은 현대 서구가 세계 지배라는 낡은 식민지 질서를 복원하려고 시도할 수 없다는 것(그리고 시도해서도 안 된다는 것)을 받아들이는 한, 매우 가역적이다.

그러나 최상의 결과를 얻고자 과거 질서가 지나가 버렸다는 사실에 긍정적으로 반응하려면, 이미 이루어진 조정을 넘어서는 일련의 어려운 조정이 필요할 것이다. 국내에서는 노령화와 출산율이 반등할 조짐을 보이지 않아 사회적 의존율이 계속 증가하는 상황에서 서구의 인구적 맥락에서 이민의 역할에 대해 훨씬 더 솔직한 토론이 필요하다. 해외에서는 구#서구 열강과 중요한 문화적, 제도적 유산을 공유하는 신흥 강대국과 새로운 연합을 구축할 실질적인 기회가 있다면, 그들을 훨씬 더 공감과 평등으로 대하는 것이 필요할 것이다. 이 연합은 중국과 적절하고 대등한 조건으로 관계를 맺을 수 있을 만큼 강력할 것이다. 이는 '이민자들이 우리의 일자리를 빼앗고 있다'는 주장이나 단독 행동(미국이나 영국 또는 폴란드를 '우선'으로 두는)을 통해 단일 서구 국가가 집단으로 행동하는 것보다 중국이나 인도로부터 더 나은 무역 조건을 얻을 것이라는 명백히 터무니없는 주장처럼 서구 유권자가 혹하기 쉬운 메시지를 말하는 것이 아니다.

새로운 세대의 서구 지도자들과 유권자들이 이러한 도전에 맞서고 국내에서 식민지 유산을 버리려는 현재의 시도를 수행하며, 동시에 최근 우크라이나를 침략한 러시아에 대응해 좀 더 광범위하고 포용적인 국제 동맹을 구축할 기회를 잡는 것이 가능성을 입증했다면(196쪽), 옛 서구 제국의 피할 수 없는 종말은 여전히 최고로 긍정적인 결과를 만들 수 있다. 그리고 이 긍정적인 결과가 서구에만 일어나는 것도 아니다. 적절하게 탈식민 시대에 맞춰 재구성되고, 사회적으로 통합한 서구 민족국가의 기반 제도(모두의 이익을 지키려는 법률에 근거한 규칙, 적절하게 책임을 지는 정치 엘리트, 자유로운 언론, 효율적이고 공정한 공공 기관)는 경쟁하는 어떤 국가 형태보다 훨씬 광범위한 시민들에게 더 나은 삶의 질을 제공한다. 그러나 이러한 제도는 따로 동떨어져 존재할 수 없으며, 인위적으로 유지할 수도 없다. 그들의 가치가 일반적으로 인정된다고 하더라도 여전히 경제·정치적 힘의 균형에 달려 있다. 부채에 대한 대응을 잘못하고 충분한 사람이 재정 계약을 유지하는 식으로 발전하지 못하면 서구는 곧 국가의 죽음에 직면하게 될 것이고 국가는 훨씬 포용력이 떨어지는 정치적 대체물로 바뀔 것이다.

과거에는 국내의 정치적 안정이 위협받을 때 서구 사회의 정부는 주변부로 착취를 외주화해 압력을 완화할 수 있었다. 오늘날에는 그러한 선택지가 사라졌다. 착취할 수 있는 것은 동료 시민뿐이다. 따라서 현재 해외로부터 많은 부의 흐름이 없는 상황에서, 서구 국가들이 내부 긴장을 줄이려면 부유한 시민들, 특히 지난 수십 년 동안 세계화로 가장 큰 혜택을 받은 상위 10퍼센트가 새로운 유형으로 기능하는 사회·정치적 모델을 구축하기 위해 더 많은 자원을 내놓는 것이 불가피해 보인다. 코로나19 팬데믹으로 사회는 가장 취약한 소수의 이익을 위해 모든 사람이 희생해야 했고, 저임금 '필수' 근로자의 전반적인 사회·경제적 기여에 대한 커다란 인식을 불러왔다. 그 덕분에 서구의 사회적 결속을 재건하는 데 쓸 수 있는 일종의 정책에 관해 활발한 논의가 시작되었다. 그러나 이들 중 어느 하나라도 작동하려면 서구 사회는 거리에 나가서 손뼉 치는 것 이상의 일이 필요하다. 시도할 만한 새로운 재정 계약의 요소에는 부채 희년(특히 학생 부채)이나, 모든 사람에게 좀 더 넉넉한 최저 생활 수준을 보장하는 보편적 기본 소득, 적절한 가격의 주택에 대한 접근성을 확대하려고 주택 건설을 늘리는 정책, 그리고 소득이 아닌 부에 대해 좀 더 무거운 세금을 부과하도록 바꾸기 등이 있다. 다시 말하지만, 이것은 쉽지 않을 것이다. 특히 부유층이 정치 체제 내에서 많은 영향력을 갖고 있기 때문이다. 그러나 부유세는 지급 능력이 가장 큰 사람들을 대상으로 한다는 사실 외에도 경제를 다시 활성화하는 데 도움을 줄 수 있다. 즉, 새로운 소득을 창출하기 위해 부를 투자하는 사람들에게는 보상을 주고, 토지 투기든 슈퍼요트든 더 많은 부를 축적하려는 사람들에게는 벌칙을 가함으로써, 부유세로 돈을 좀 더 생산적인 용도로 사용할 수 있다. 이러한 변화에 덧붙여 적어도 일부 국가에서는 느슨한 노동법을 강화해 불안정한 고용을 줄이려는 조치가 있어야 할 것이다. 불안정한 고용이란 예를 들어 2022년 영국의 한 여객선 운항사가 하룻밤 사이에 직원을 불법적으로 해고하고 인건비가 싼 직원으로 대체한 다음 부과될 수 있는 최대 벌금을 내고 그것을 사업 비용으로 상각한 것과 같은 종류다. 더욱 안정적인 고용과 함께, 변화하는 고용 시장에 맞춰 재정비하는 동안 실업자들에게 적절한 소득을 제공할 제대로 된 최저임금, 무료 수업료 및 넉넉한 직업 재교육 계획은 사회적 결속력을 더욱 강화하고 틀림없이 더 생산적인 기업을 만들 것이다(이러한 모델은 기존 스칸디나비아의 것과 크게 다르지 않다).

사회 분열로 향하는 현재의 궤도를 줄이기 위해 재정 계약을 재조정하려면 국제 협력을 줄이는 것이 아니라, 좀 더 늘리는 것이 필요하다. 시작하기 좋은 곳은 현재 7조 달러 이상 신흥 재벌의 부를 보호하고 있는 것으로 추정되는 조세 피난처의 조세 회피 단속이거나, '조세 차익 거래(이러한 것들은 본국에서 그들을 찾아 세금을 부과하는 것을 어렵게 만든다)'를 줄일 목적의 국제 조세 조약일 수 있다. 다국적 기업과 부유층이 정교한 구조를 만들거나 혹은 부와 소득을 은닉할 저세율 국가를 찾기 때문이다. 이 중 일부는 이미 일어나고 있다. 2021년 OECD 국제 성명서는 130개 국가가 법인세율을 15퍼센트 이상으로 설정하기로 글로벌 최저세에 관해 합의한 것으로서 세계 정부에 매년 1,500억 달러의 추가 소득을 제공할 것으로 추산된다.

온실가스 감축에 관한 국제 조약과 그린 뉴딜^{Green New Deal} 역시 탄소 배출 악화 경쟁을 방지하고, 젊은 세대에게 좀 더 살기 좋은 미래를 보장할 수 있다. 이는 글로벌 탄소세 제도와 결합할 수 있으며, 특히 그러한 탄소세 수령액을 일반 대중에게 분배하는 배당 제도와 연계할 경우 더욱 효과적이다. 그러면 흔히 환경 정책으로 손해를 보았다고 느꼈던 노동계급 사이에서 더 많은 지지를 얻을 수 있다. 가장 오염을 많이 일으키는 부유한 사람들에게 비용을 부과하고 배당금을 균등하게 분배함으로써, 전 세계 소득 규모에서 가장 낮은 곳에 있는 사람들에게 적절한 보상을 줄 수 있다. 마지막으로, 서구 국가들은 연금 제도를 개혁해(예를 들어 지급 수준을 낮추는 방법 대신 은퇴 나이를 연기하는 등으로) 연금의 장기적 생존 가능성을 회복해야 할 것이다. 왜냐하면, 연금 제도가 창설되었을 때는 누구도 사람들이 일했던 기간만큼 은퇴 후에도 오래 사는 시대를 예상하지 못했기 때문이다.

이러한 필수 선택 중 어느 것도 쉽게 달성할 수 없다. 그러나 무슨 일이 일어나든 서구는 19세기와 20세기의 관점에서 다시는 위대해질 수 없다. 그것이 가능하기에는 세계 경제의 근본적인 구조가 너무 심오한 방식으로 변화했으므로 일부 지도자들은 다시 위대해질 수 있는 척하는 것을 멈춰야 한다. 또한, 현대 서구 제국이 애초에 만들어진 바탕이 된 강압과 착취의 정도에 조금이라도 정직하다면 누구든 그것의 죽음을 애도해서는 안 된다. 떠오르는 주변부의 시민은 자신들의 물질적 진보가 더는 위협으로 여겨지지 않고 환영과 격려를 받는다면 새로운 세계 질서를 받아들일 가능성이 훨씬 더 클 것이다. 그러면 좀 더 많은 과거 식민지의 수치스러웠던 구성국들이 서구 사회가 결국 내부 갈등을 통해 어떤 경쟁 체제보다 더 많은 시민에게 더 많은 것을 제공하는 합의된 사회정치적 조직 모델로 나아가는 길을 찾았다는 생각을 명확히 할 것이다. 이 모델이 제공하는 분야는 경제적 번영에 그치지 않고, 개인의 자유와 정치적, 법률적 권리의 측면까지 이른다. 이러한 것을 쉽게 당연한 것으로 여기겠지만 인류 역사를 통틀어 매우 드물었다.

서구 국가의 시민이 앞에 놓여 있는 핵심 과제를 파악할 수 있다면, 그리고 더 폭넓은 시민들에게 포용성과 공정성을 제공하는 방식으로 필연적으로 나타나는 분열적인 주장을 민주적으로 해결할 수 있다면, 특히 신흥 주변국 시민이 자신들도 같은 공유 가치에 기초한 더 넓은 체제 내에서 더 평등한 미래의 지분을 받고 있다고 믿을 수 있는 방식으로 그렇게 할 수 있다면, 그 이득은 잠재적으로 엄청날 것이다. 서구 민족국가의 형태(원래 지구의 나머지 지역으로부터 흘러 온 부의 흐름을 기반으로 만들어진 것)는 잠재적인 실존 위기의 순간을 협상할 수 있을 것이고, 시민들은 진심으로 자랑스러워할 진정한 위대함이라는 식민시대 후 유산을 생성할 것이다.

1 해당 정치적 스펙트럼의 이 부분 일각에서 서구 인구를 주변부의 이민자들로 대체하려는 '어두운 음모'를 식별하려는 시도가 있었다. 대체 이론Replacement Theory은 그 자체로 1973년 디스토피아 소설(장 라스파이Jean Raspail의 『성도들의 진영Le camp des saints』)에서 그 기원을 추적할 수 있지만, 1968년 이녁 파월Enoch Powell의 '피의 강Rivers of Blood' 연설에서는 고개를 끄덕이는 것 이상이다. 이들은 부분적으로 매우 존재감 없는 정치적 비주류(일부 테러 공격의 동기가 되었다)에서 약간 더 주류인 집단으로 이동했으며, 헝가리의 빅토르 오르반Viktor Orbán과 이탈리아의 마테오 살비니Matteo Salvini의 연설에 등장하고, 프랑스의 노란 조끼gilets jaunes 운동을 통해 퍼졌다.

2 플라비우스 스틸리코Flavius Stilicho는 로마 영토에서 태어났지만, 그의 아버지는 반달족 이민자였다. 9년 후 기회가 오자, 그의 경쟁자들이 유혈 쿠데타를 일으켰고 스틸리코는 자녀들과 함께 즉결 처형되었다.

3 자유주의 정권이 좀 더 역동적인 경제를 만든다는 주장을 뒷받침하기 위해 로마 역사를 인용하는 것을 좋아하는 특정 유형의 현대 지식인에게 애스모글루-로빈슨 Acemoglu-Robinson 이론이 직면한 불편한 사실은 로마 제국이 공화주의를 포기한 후에 번영했다는 사실이다.

4 오늘날에도 미국 경제 생산량의 대부분은 국내에서 소비되며, 대외 무역의 경우 캐나다와 멕시코가 절반을 차지한다. 과거로 거슬러 올라가 영국, 프랑스, 네덜란드 지배 시대에 작용했던 양상도 그다지 다르지 않았다.

5 이때까지 콘스탄티노플은 이집트와 로마 근동 속주에서 생산한 유사한 수출품의 주요 목적지였다.

6 제국 동부 출신의 많은 엘리트 개개인에 대해서도 같은 종류의 이야기를 할 수 있다. 그들의 교육은 그리스어로 완료되었지만, 정확히 같은 이데올로기적 메시지를 전달했으며 비슷하게 4세기 무렵 그들이 제국 구조에서 번영할 수 있도록 준비시켰다.

7 라틴아메리카는 서구 제국 체제에서 변칙적인 위치를 차지했다. 원래 스페인과 포르투갈 식민지 중 일부에 유럽인이 대규모로 정착했지만, 19세기 초 독립을 쟁취한 후에도 영국의 백인 자치령과는 달리 발전하는 서구 제국 체제 내에서 완전한 속주 지위를 얻지 못했다. 스페인과 포르투갈처럼 이 식민지들도 농업을 통해 창출된 엘리트 부동산 소유 계층의 부가 지배했다. 독립운동을 주도한 것은 이들 지역 지주들이었고, 그 후 그들은 자신들의 우월성을 확립해 온 경제 모델을 뒤집는 데 거의 관심이 없었다. 결과적으로 라틴아메리카 엘리트들은 시장, 개인의 자유, 민주주의에 점점 더 초점을 맞추던 서구 자본주의 신흥 문화의 바깥에 머물렀고, 그들이 지배하는 영토가 신흥 제국 체제의 내부 주변부 내에서 운영된다는 것이 그나마 좋은 점이었다.

8 "재무부가 보유한 금 220억 2,070만 446달러. 이 나라에 있는 세계 통화량의 약 80 퍼센트," 《뉴욕 타임스》, 1941년 1월 7일(https://www.nytimes.com/1941/01/07/archives/22020700446-gold-held-by-treasury-about-80-of-monetary-stock-of.html).

9 여러 라틴아메리카 국가와 이라크, 중국 등 주변부의 몇몇 독립 국가가 회의에 참석했지만, 최종 합의에 미치는 영향은 제한적이었다.

10 파운드 스털링은 1945년 세계의 주요 준비 통화였다가, 이후 수십 년 동안 꾸준히 미국 달러로 대체되었으며 오늘날 세계 외환보유액의 약 5분의 3이 미국에 예치되어 있다(Barry Eichengreen, Livia Chiṭu and Arnaud Mehl, *Stability or Upheaval? The Currency Composition of International Reserves in the Long Run*, European Central Bank Working Paper Series #1715, August 2014: https://www.ecb.europa.eu/pub/pdf/scpwps/ecbwp1715.pdf).

11 재무부는 실제로 실물 화폐를 찍어내지 않았다. 실제로 은행은 이론적으로 금으로 상환할 수 있는 달러 금액을 사용해 고객의 계좌에 입금하라는 지시를 받았을 뿐이다.

12 아옌데에 대한 소련의 지원을 평가한 1974년 CIA 문서가 솔직하게 제목을 '소련이 아옌데를 포기했다'라고 한 점에서 충격적이다. https://www.cia.gov/library/

readingroom/docs/DOC_0000307740.pdf.

13 유럽의 야만족들은 단명한 데키우스 황제를 이기고 살해했지만, 그는 제국의 극히 일부 자원만을 지휘했을 뿐이다. 그의 패배는 페르시아인들이 정기적으로 가했던 정도의 규모는 아니었다.

14 또 다른 기본적인 가능성은 대초원 세계에 더 큰 제국을 만들려는 지속적인 정치 혁명이 훈족의 도착을 주도했다는 것이다. 두 문장의 설명은 상호 배타적이지 않다.

15 결과적으로 마르쿠스 아우렐리우스가 로마에서 자신의 기념비에서 축하한 승리를 낳은 소위 마르코만 전쟁이라고 부르는 2세기의 전쟁도 비슷한 기원을 가졌다.

16 중세 시대의 일반적인 패턴(6세기 아바르족과 9세기 마자르족이 반복하는)은 침입 유목민이 먼저 흑해 북쪽 영토를 차지한 다음 이어서 2차로 헝가리 대평원을 향해 서쪽으로 이동하는 것이다.

17 그 효과는 395년에 작성된 동방 군대의 군사 목록인 노티티아 디그니타툼*Notitia Dignitatum*에서 볼 수 있으며, 여기에서 16개의 중보병 부대가 '실종'된 것을 볼 수 있다. 즉 그들은 그사이 20년 동안 다시 편성되지 않았다.

18 고고학적 증거에 따르면 국경 너머에서 야만족 보조병을 고용해 국경의 공백을 메웠다.

19 부르고뉴족은 훈족에게 타격을 받은 후 430년대 후반에 로마 땅에 정착했다. 그들은 분명히 서고트족 연맹만큼 강력하지 않았다.

20 나르본의 시야그리우스*Syagrius*와 레오*Leo*는 각각 부르고뉴족 왕과 서고트족 왕에게 조언을 제공했다. 아르반두스*Arvandus*라고 부르는 갈리아 집정장관과 세로나투스*Seronatus*라고 부르는 대관('대리인*vicar*')은 둘 다 이웃 왕들에게 자신의 통제하에 있는 갈리아 지역을 늘리도록 독려한 혐의로 반역죄 유죄 판결을 받았다.

21 DNA로 볼 때, 유럽인 후손은 모두 먼 과거의 서로 다른 세 가지 인구 그룹이 섞여서 형성되었다(장소에 따라 비율이 약간 다르긴 하지만). 즉 마지막 빙하기 이후 처음으로 대륙에 다시 거주했던 수렵 채집인들, 기원전 4000년경부터 전 세계로 퍼지며 이민 온 근동의 농부들, 그로부터 천년 후에 유라시아 대초원에서 추가 유입한 인구가 그것이다.

22 자신을 중산층 또는 심지어 노동계층이라고 생각하는 사람들(노조에 속한 일부 전문가들에게 이런 일이 일어난다)은 자신이 지구상에서 가장 부유한 1퍼센트의 사람들에 속한다는 사실을 알고 놀라는데, 이는 그들이 아는 대부분 사람이 그들과 같기 때문이다. 그러나 이는 우리가 사회화하는 방식, 즉 분류 혼합이라고 알려진 방식에서 보이는 우리의 (의식적이든 무의식적이든) 편견을 드러낸다. 한때 계층 간 결혼은 이러한 효과를 완화했지만, 최근 수십 년 동안 가장 부유한 사람들 간의

선택적인 결혼이 증가했으며, 이것이 상위 10퍼센트를 나머지 사회와 더 멀어지게 만드는 것으로 보인다.

23 https://ourworldindata.org/grapher/disposable-household-income-by-income-decile-absolute?time=1979..latest&country=~USA.

24 연방저당권협회Federal National Mortgage Association와 연방주택대출저당공사Federal Home Loan Mortgage Corporation는 구어로 각각 패니메이Fannie Mae와 프레디맥Freddie Mac이라고 부른다.

25 https://www.project-syndicate.org/commentary/western-sanctions-russia-oligarch-dark-money-by-daron-acemoglu-2022-03.

26 George Parker and Chris Giles, 'Johnson seeks to channel FDR in push for UK revival', 29 June 2020: https://www.ft.com/content/f708ac9b-7efe-4b54-a119-ca898ad71bfa.

27 물론 일부 경제학자들은 그것이 뭐가 그렇게 현대적인지 궁금해하며, 그것이 구식 케인스주의와 매우 유사하고 20세기 초 독일의 '법정화폐주의자chartalist' 화폐 이론에 더 깊은 뿌리를 두고 있다고 생각한다.

28 퇴직 나이에 가까워진 연금 제도 가입자로서, 펀드 매니저는 포트폴리오의 더 많은 부분을 국채와 같은 안전한 투자로 옮겨야 한다. 잠재적으로 수익성이 좋은 사업이라도 투자가 실패할 위험이 있으면 투자할 수 없다. 이는 장기 투자하는 펀드 매니저가 메꿀 수 있지만, 고객이 매달 정기적으로 돈을 받기를 기대하는 경우에는 선택할 수 없는 사항이다.

추가 자료

서론 | 돈을 따라가 보라

에드워드 기번Edward Gibbon의 걸작은 펭귄Penguin사가 전체 또는 요약본으로 출판 제공한다. 첫 번째 밀레니엄 기간에 대한 피터 헤더Peter Heather의 생각은 학문적 장치와 함께 *Empires and Barbarians: Migration, Development, and the Birth of Europe*(London, 2009)에 자세히 설명되어 있다. 존 래플리John Rapley는 Globalization and Inequality(Boulder, Lynne Riener, 2004)에서 현대의 세계화와 정권의 흥망성쇠의 깊은 순환에 관해 생각했다. 이것으로 고대와 현대의 유사점에 대해 피터 헤더와 대화를 시작했다.

1장 | 399년의 로마, 1999년의 워싱턴

클라우디안의 모든 시는 Maurice Platnauer, *The Works of Claudian, Loeb*(London, 1922)의 번역(관심 있는 경우 라틴어 텍스트와 함께)으로 읽을 수 있다. 그가 일했던 궁정은 Alan Cameron, *Claudian: Poetry and Propaganda at the Court of Honorius*(Oxford, 1970)이 훌륭하게 재현했다. 로마 말기 경제 붕괴의 오래된 정통성에 대한 고전적인 설명은 M. Rostovtzeff, *The Social and Economic History of the Roman Empire*, 2nd edn, rev. P. Fraser (Oxford, 1957)에 있다.

말기 로마 제국 시리아의 고고학자인 G. Tchalenko, *Villages Antiques de la Syrie du Nord*(Paris, 1953~1958)와 Bryan Ward Perkins, *The Fall of Rome and the End of Civilization*(Oxford, 2005)는 로마 말기의 경제 번영의 후속 증거를 설득력 있게 요약한다. 피터 브라운Peter Brown의 많은 작품, 특히 *The Rise of Western Christen-dom*, rev. 3rd edn(Oxford, 2013)은 제국 말기와 그 이후의 문화적 개화에 대해 명석한 통로를 제공한다. 영국 공무원 출신의 정부 구조에 대한 보고서는 A. H. M. Jones, *The Late Roman Empire: A Social Economic and Administrative Survey*, 3vols(Oxford, 1964)에서 찾을 수 있다.

로마와 평행이론은 현대 역사가들 사이에 긴 계보를 가지고 있으며, 좋든 나쁘든 여전히 일반 청중에게 인기가 있는 고전으로는 아놀드 토인비Arnold Toynbee의 *A Study of History*와 오스발츠 슈펭글러Osvald Spengler의 *Decline of the West*가 있다. 현대 평론가들, 특히 미국이나 유럽의 정치 우익 평론가들은 문명의 붕괴와 야만족의 맹공에 관한 생각에 사로잡혀 있지만, 그중 많은 부분은 선정적이거나 제대로 문서화한 것이 드물다. 그러나 (또다시 좋건 나쁘건 간에) 최근 외교 정책 사상에 영향을 미친 중요한 논문 중 하나는 로버트 캐플런Robert Kaplan의 "The Coming Anarchy"였으며, 이 논문은 *Atlantic*(1994)에서 논문으로 시작해 후에 책으로 출간되었다(New York, 2000).

현대 세계 경제에 대한 데이터는 가장 권위 있고 접근 가능한 데이터베이스 중 하나인 세계은행의 세계개발지표World Development Indicators에서 나온다. 국내총생산GDP과 역사 속 1인당 소득의 역사적 추정에 대한 표준 출처는 앵거스 매디슨Angus Maddison이 편집한 데이터베이스에 있으며, 현재는 다음 위치에 보관되어 있다. https://www.rug.nl/ggdc/historicaldevelopment/maddison/releases/maddison-project-database-2020?lang=en.

2장 | 제국과 풍요로움

아우소니우스Ausonius의 「모젤강Mosella」은 H. G. Evelyn White, *The Works of Ausonius*, Loeb, vol. 2(London, 1961)이 번역했고(여기서도 라틴어를 볼 수 있다), 심마니쿠스Symmachus의 화난 반응을 편리하게 이어서 보여준다. 두 사람 모두를 낳은 광범위한 문화적 진보는 G. Woolf, *Becoming Roman: The Origins of Provincial Civilization in Gaul*(Cambridge, 1988)과 R. A. Kaster, *Guardians of Language: The Grammarian and Society in Late Antiquity*(Berkeley, 1988)의 조합이 훌륭하게 재현한다. 두 사람이 모두 활동했던 궁정 세계에 관한 최고의 연구는 J. F. Matthews, *Western Aristocracacies and Imperial Court A.D. 364-425*(Oxford, 1975)이다. 20

세기 후반 고고학 조사에서 나온 흥미로운 결과는 T. Lewitt, *Agricultural Production in the Roman Economy A.D. 200-400*(Oxford, 1991)에 요약되어 있으며, C. Wickham, *Framing the early Middle Ages: Europe and the Mediterranean 400-800*(Oxford, 2005)에 추가로 반영되어 있다. 로마의 정치적 무관성은 4세기 평론가 테미스티우스Themistius의 네 번째 연설(동방 황제 콘스탄티우스 2세에 대한)에 나오는데, 이 연설의 전체 내용은 P. J. Heather and D. Moncur, *Politics, Philosophy, and Empire in the Fourth Century: Select Orations of Themistius*, Translated Texts for Historians (Liverpool, 2001)에서 읽을 수 있다.

현대 자본주의의 기원은 (우리가 알고 있는 것처럼) 유럽에서도 명백한 수수께끼로 남아 일반적인 호기심은 끌며, 여전히 상당한 논쟁의 주제로 남아 있다. 제러드 다이아몬드Jared Diamond는 *Guns, Germs and Steel: The Fates of Human Societies*(New York, 1997)에서 자본주의의 기원과 확장을 환경 요인으로 돌리는 논란의 여지가 많은 주장을 했다. 에릭 존스Eric Jones는 *The European Miracle: Environments, Economies and Geopolitics in the History of Europe and Asia*(Cambridge, 1981)에서 환경 요인에 정치적 요인을 더했다. 이 책은 자본주의가 왜 제국주의 중국에서 시작되지 않았는지에 대한 린이푸Justin Yifu Lin의 'The Needham Puzzle: Why the Industrial Revolution Did Not Originate in China', *Economic Development and Cultural Change*, vol. 43, no. 2(January 1995), pp. 269~292에서 볼 수 있는 논의와 함께 유익하게 읽을 수 있는 책이다. 그는 중국 공무원 시험 체계가 야심 찬 젊은이들을 산업계가 아닌 관료주의로 이끌었다는 흥미로운 주장을 하고 있다. 그러나 현재 자본주의의 제도적 기원을 종합해 가장 영향력 있는 책으로 남은 것으로 보이는 책은 대런 애스모글루Daron Acemoglu와 제임스 로빈슨James Robinson의 *Why Nations Fail*(New York, 2012)이다. 초기 이탈리아 자본주의에 관해서는 Frederic C. Lane, *Venice: A Maritime Republic*(Baltimore, 1973)이 좋은 사례 연구를 제공한다. 밴더빌트 가문의 역사는 https://longisland surnames.com을 이용해 재구성할 수 있으며, 20세기 전환기에 걸쳐 일어난 유럽의 대 이주에 관한 좋은 책은 다음을 보라. Tara Zahra, *The Great Departure: Mass Migration from Eastern Europe and the Making of the Free World*(New York, 2016).

3장 | 라인강의 동쪽, 다뉴브강의 북쪽

로마의 국경선 확립과 비로마 세계에서 뒤따른 경제 발전에 대해서는 풍부한 고고학 연구와 분석을 활용한 P. J. Heather, *Empires and Barbarians: Migration,*

Development, and the Birth of Europe(London, 2009), esp. ch. 2을 보라. 특히 로테 헤데아거Lotte Hedeager의 놀라운 *Iron-Age Societies: From Tribe to State in Northern Europe*, 500 BC to AD 700, trans. J. Hines(Oxford, 1992)도 있다. 로마의 흥(망)에 영향을 받지 않은 '외부' 유럽 세계를 소개하는 좋은 책은 P. M. Dolukhanov, *The Early Slavs: Eastern Europe from the early Settlement to the Kievan Rus* (Harlow, 1996)이 있다. 4세기 테르빙기족에 대한 고고학적 증거는 P. J. Heather and J. F. Matthews, *The Goths in the Fourth Century*, Translated Texts for Historians(Liverpool, 1991), ch. 2를 보라. 고대 호박의 경로에 대해서는 예를 들어 A. Spekke, *The Ancient Amber Routes and the Geographical Discovery of the Eastern Baltic*(Chicago, 1976)을 참조하라.

잠셋지 타타Jamsetji Tata의 인생 이야기는 F. R. Harris, *Jamsetji Nusserwanji Tata: A Chronicle of His Life*(Bombay, 1958)에서 찾을 수 있으며, 이는 타타 시대의 뭄바이 사업 공동체에 대한 S. M. Rutnagar의 다음 연구와 대조해 볼 수 있다. *The Bombay Cotton Mills: A Review of the Progress of the Textile Industry in Bombay from 1850 to 1926 and the Present Constitution, Management and Financial Position of the Spinning and Weaving Factories*(Bombay, 1927). 현대 전 세계 주변부의 진화는 John Rapley, *Understanding Development: Theory and Practice in the Third World*, 3rd edn(Boulder, 2006)에서 논의하며, 식민 자본주의의 발전에 대한 보다 세밀한 시각은 John Rapley, *Ivoirien Capitalism: African Entrepreneurs in Côte d'Ivoire*(Boulder, 1993)에서 찾을 수 있다. 외부 주변부 지역의 식민주의 층이 얼마나 얇은지에 대한 흥미로운 통찰은, 프랑스 식민 행정관 로버트 델라비네Robert Delavinette의 일기, *Freedom and Authority in French West Africa*(London, 1950)로 매우 쉽게 읽을 수 있다. 마찬가지로 인도의 경우, 앵거스 매디슨Angus Maddison의 *Class Structure and Economic Growth: India and Pakistan since the Moghuls* (London, 1971)은 영국 행정부가 거의 전적으로 현지 대리인에 의존하는 정도를 보여준다.

4장 | 돈의 힘

크노도마리우스Chnodomarius와 마크리아누스Macrianus의 역사는 로마의 역사가 아미아누스 마르셀리누스Ammianus Marcellinus가 기술했고 J. C. Rolfe, *Ammianus Marcellinus*, Loeb(London, 1935~1939)에 전체(라틴어 텍스트와 함께)가 번역되어 있다. 다른 훌륭한 펭귄 클래식스Penguin Classics 번역본에는 불행하게도 마크리아누스와 관련한 장 중 일부가 빠져 있다. John Drinkwater, *The Alamanni and Rome 213-496*(Oxford, 2007)은 항상 읽을 가치가 있지만, 알레마니족을 전혀 위협이 아닌 것으로 바꾸려고 (엄청난 양의 증거가 있는데도) 너무 애를 쓴다. P. J. Heather 'The Gallic War of Julian Caesar', Hans-Ulrich Wiemer and S. Rebenich(ed.), *A Companion to Julian the Apostate*(Brill, 2020)을 보라. 테르빙기족의 고딕 연맹에 대해서는 P. J. Heather, *Goths and Romans 332-489*(Oxford, 1991)을 참조하라. Dennis Green, *Language and History in the Early Germanic World*(Cambridge, 1998)은 게르만어권 세계에서 지도력이 군사화한 것에 대한 언어학적 증거를 논의한다. 로테 헤데아거Lotte Hedeager는 로마 시대 말기의 놀라운 무기 매장지에 관해서도 설명한다(3장 추가 자료 참조).

인도 기업계급의 정치적 각성과 민족주의 운동을 점차 받아들이는 것은 Claude Markovits, *Indian Business and Nationalist Politics, 1931-1939*(Cambridge University Press, 1985), p. 32에 나온다. 탈식민지화의 광범위한 움직임과 제3세계라고 부르는 것의 출현은 John Rapley, *Understanding Development: Theory and Practice in the Third World*(Boulder, 2006)에서 다룬다. 벤 스테일Benn Steil은 *The Battle of Bretton Woods: John Maynard Keynes, Harry Dexter White, and the Making of a New World Order*(Princeton, 2013)에서 전후 브레턴우즈 체제의 창설에 대해 두 명의 위대한 설립자 사이의 논쟁을 중심으로 재미있는 시각을 보여준다. 이 체제의 전체적인 정교함은 ch. 12 of John Rapley, *Twilight of the Money Gods*(London, 2017)에서 볼 수 있다. 그 이후 세계 기축 통화로서의 파운드화의 급격한 쇠퇴와 글로벌 달러 질서의 출현은 Barry Eichengreen, Livia Chiṭu and Arnaud Mehl, *Stability or Upheaval? The Currency Composition of International Reserves in the Long Run*, European Central Bank Working Paper Series #1715, August 2014에 자세히 설명되어 있다. 마지막으로, 칠레 쿠데타에 관한 모든 문헌 중에서 "소련이 아옌데를 포기했다The Soviet Abandon Allende"라고 간단한 제목을 붙인 CIA 메모보다 시작하기 좋은 곳은 없다. 이것은 https://www.cia.gov/library/readingroom/ docs/DOC_0000307 740.pdf에서 찾아볼 수 있다.

5장 | 무너지는 세계

서로마 제국 체제의 종말에 대한 피터 헤더의 견해는 *The Fall of the Roman Empire: A New History of Rome and the Barbarians*(London, 2005)에 더 자세히 설명되어 있다. 야만족 요소에 대한 가중치를 줄이는(그러나 그것을 부정하지는 않는)

대안적 구조는 예를 들어, Walter Goffart, "Rome, Constantinople, and the Barbarians in Late Antiquity," *American Historical Review 76*(1981), 275~306; Guy Halsall, *Barbarian Migrations and the Roman West 376~568*(Cambridge, 2007)과 Michael Kulikowski, *Imperial Tragedy: From Constantine's Empire to the Destruction of Roman Italy(AD 363-568)*(London, 2019)에서 찾을 수 있다. 제국이 북유럽으로 재편되는 것과 관련된 지정학적 변화에 대해서는 Peter Heather, *Empires & Barbarians: Migration, Development and the Creation of Europe*(London, 2009)과 Chris Wickham, *Framing the Early Middle Ages: Europe and Mediterranean 400-800*(Oxford, 2005)을 보라. 동부 로마를 비잔티움으로 줄어들게 만든 페르시아와의 전쟁과 이슬람의 부상에 대한 가장 좋은 설명은 James Howard-Johnston, *The Last Great War of Antiquity*(Oxford, 2021)와 Mark Whittow, *The Making of Orthodox Byzantium, 600-1025*(London, 1996), 그리고 John Haldon, *Byzantium in the Seventh Century: The Transformation of a Culture*(Cambridge, 1990)이다. 시도니우스 아폴리나리스Sidonius Apollinaris의 편지는 W. B. Anderson, *Sidonius Apollinaris Poems & Letters*, Loeb(London, 1936~1965)의 번역본(라틴어 방향)에서 읽을 수 있다.

6장 | 야만족의 침략

앵글로색슨족이 영국 남부를 장악한 것에 대한 오래된 견해 그리고 그 견해를 수정해야 하는 이유와 방법에 대한 훌륭한 소개로는 Simon Esmonde-Cleary, *The Ending of Roman Britain*(London, 1989, but multiple editions)이 있다. Peter Heather, *Empires & Barbarians: Migration, Development and the Creation of Europe*(London, 2009), ch. 6은 더 완전한 서술적인 재구성을 제공한다. 로마 시대 이후 영국 남부 물질문화의 급격한 단순화에 대해서는 Bryan Ward Perkins, *The Fall of Rome and the End of Civilization*(Oxford, 2005)와 Ellen Swift, *The End of the Western Roman Empire: An Archaeological Investigation*(Stroud, 2000)을 보라. P. Porena and Y. Rivière(eds.), *Expropriations et confiscations dans les royaumes barbares: une approche regionale*(Rome, 2012)의 다양한 논문은 Walter Goffart, *Barbarians and Romans AD 418-584: The Techniques of Accommodation*(Princeton, 1980)의 야만족 토지 강탈 현실에 대한 장밋빛 견해를 수정할 중요한 자료다.

극우 진영을 득세하게 한 '위대한 대체' 음모론은 르노 카뮈Renaud Camus가 쓴 2011

년 프랑스 책에서 그 기원을 찾을 수 있지만, 최초의 영감은 역시 프랑스 작가 장 라스파이Jean Raspail가 쓴 1973년 디스토피아 소설에서 나왔다. 이 책은 *The Camp of the Saints*라는 제목으로 영어로 번역되었다. OECD 국가의 현재 인구통계에 대한 자료표는 https://www.oecd.org/els/family/47710686.pdf에서 편리하게 확인할 수 있다. 서구 사회에서 불법 및 합법 이민의 경제적 영향을 평가하는 문헌은 매우 방대하지만, 몇 가지 유용한 출발점은 다음과 같다. Florence Jaumotte, Ksenia Koloskova, and Sweta C. Saxena, *Impact of Migration on Income Levels in Advanced Economies*(Washington, DC, 2016), Gordon H. Hanson, *The Economic Logic of Illegal Immigration*(New York, 2007), David K. Androff et al., 'Fear vs. Facts: Examining the Economic Impact of Undocumented Immigrants in the U.S.', *Journal of Sociology and Social Welfare* 39, 4(December 2012). 마지막으로, 서구 사회의 노동 생산성 저하에 관한 대규모 문헌 중에서 아마도 가장 권위 있는 책(미국에 초점을 맞춘 경우)은 Robert J. Gordon, *The Rise and Fall of American Growth*(Princeton, 2016)일 것이다. 유용하게 함께 볼 짧은 것으로는 Tyler Cowen, *The Great Stagnation*(New York, 2011)이 있다.

7장 | 힘과 주변부

서부 로마 제국 체제에 대한 영토 과세 기반의 점진적인 손실 효과는 Heather, *The Fall of the Roman Empire*, ch. 4와 그 이후 장을 보라. 사산 왕조 페르시아와 동로마가 벌인 파괴적인 세계대전에 대해서는 Howard-Johnston, *The Last Great War*를 참조하라. 다른 여러 책도 가능하지만, 이슬람 확장 시대의 도래에 관한 휴 케네디 Hugh Kennedy의 뛰어난 책 *The Great Arab Conquests: How the Spread of Islam Changed the World We Live In*(London, 2007)을 함께 보라. 피터 브라운Peter Brown의 *The Rise of Western Christendom*, 3rd edn(Oxford, 2013)은 고전적인 로마의 문화 요소가 로마 시대 이후 서부로 전달되는 것에 관한 훌륭한 시작점이다.

신자유주의의 등장과 확산은 John Rapley, *Globalization and Inequality: Neoliberalism's Downward Spiral*(Boulder, 2004)에서 길게 논의하며, 개발도상국에 대한 신자유주의의 영향은 Rapley, *Understanding Development*(Boulder, 2006)이 광범위하게 다룬다. 역사의 종말에 관한 프란시스 후쿠야마Francis Fukuyama의 논문은 원래 논문으로 작성했지만 1992년에 *The End of History and the Last Man*이라는 책으로 나왔다. 투키디데스의 함정 이론은 위대한 국제 관계 학자인 그레이엄 앨리슨Graham Allison이 2012년 파이낸셜 타임스 논문에서 처음으로 제기했지만, 나중에 그는 2017년 *Destined for War: Can America and China Escape Thucydides's Trap?*이라는 제목의 책에서 이 이론을 확장했다. 마지막으로 악명 높았던 보리스 존슨Boris Johnson의 기사 "아프리카는 엉망이다Africa is a Mess"는 2002년 *The Spectator*에 게재되었으며 잡지 웹사이트에서 확인할 수 있다.

8장 | 국가의 죽음인가?

로마 제국 체제의 핵심인 재정 계약과 그 내부의 정치적 통합 및 이견의 성격에 대한 피터 헤더Peter Heather의 견해는 *Rome Resurgent: War and Society in the Age of Justinian*(Oxford, 2017), chs. 1 and 2.에서 더 자세히 탐구한다. 농민 반란에 대한 멋진 설명은 많이 있지만, 로드니 힐튼Rodney Hilton의 훌륭한 *Bond Men Made Free: Medieval Peasant Movements and the English Rising of 1381*(London, 1988: 다른 여러 판도 역시 훌륭하다)은 시작하기 좋은 책이다.

현대 주변부의 부상이 서구를 풍요롭게 하는 데 도움을 주었던 자원 흐름을 바꾼 데 미친 영향은 John Rapley, *Twilight of the Money Gods*(London, 2017)에서 탐구한다. 국가가 침식 현상으로 비공식적 유형의 통치형태에 자리를 내주는 현상은 John Rapley, "The New Middle Ages," *Foreign Affairs*(2016)이 설명한다. 전 세계 1퍼센트의 부상과 상위 10퍼센트의 구성에 관해 선도적 권위자인 브랑코 밀라노비치Branko Milanovic보다 나은 사람은 없다. 그는 글로벌 불평등을 주제로 여러 권의 책을 출판했다. 시작은 *Haves and Have Nots*(New York, 2007)으로 하라. 유용한 자료로는 크레디트스위스Credit Suisse가 발행하는 『연례 전 세계 부 보고서Global Wealth Report』가 있다. 이 보고서를 통해 호기심 많은 독자는 전 세계 신흥재벌에서 자신이 어디에 속하는지 알 수 있다.

결론 | 제국의 죽음인가?

468년 비잔틴 함대의 중요성은 Heather, *The Fall of Rome*, chs. 8 and 9에서 더 자세히 탐구한다. 그것이 실패하지 않았을 수도 있다는 것은 532년 유스티니아누스의 원정 승리로 확인된다. Heather, *Rome Resurgent*, ch. 5를 보라.

찾아보기

제국은 왜 무너지는가

로마, 미국 그리고 새로운 세계 질서

초판 1쇄 찍은날	2024년 6월 18일
초판 1쇄 펴낸날	2024년 7월 5일
지은이	피터 헤더·존 래플리
옮긴이	이성민
펴낸이	한성봉
편집	최창문·이종석·오시경·권지연·이동현·김선형·전유경
콘텐츠제작	안상준
디자인	최세정
마케팅	박신용·오주형·박민지·이예지
경영지원	국지연·송인경
펴낸곳	도서출판 동아시아
등록	1998년 3월 5일 제1998-000243호
주소	서울시 중구 필동로8길 73 [예장동 1-42] 동아시아빌딩
페이스북	www.facebook.com/dongasiabooks
전자우편	dongasiabook@naver.com
블로그	blog.naver.com/dongasiabook
인스타그램	www.instargram.com/dongasiabook
전화	02) 757-9724, 5
팩스	02) 757-9726

ISBN   978-89-6262-435-9 03300

만든 사람들

편집	김경아·오시경
표지디자인	페이퍼컷 장상호